Kontaktadresse nach EU-Produktsicherheitsverordnung:
produktsicherheit@droemer-knaur.de

DROEMER

Über den Autor:

Jan Meinert, geboren 1973, ist Jurist und spielt seit 20 Jahren erfolgreich Poker im Internet und in Homegames. Ihm hat die Psychologie des Pokerspiels bereits bei zahlreichen juristischen Verhandlungen geholfen.

JAN MEINERT

DIE POKER SCHULE

DROEMER

Besuchen Sie uns im Internet:
www.droemer.de

Aktualisierte und erweiterte Taschenbuchausgabe
Droemer Taschenbuch

Ein Imprint der Verlagsgruppe
Droemer Knaur GmbH & Co. KG, München

Redaktion: Conrad Gminder
Covergestaltung: ZERO Werbeagentur, München
Coverabbildung: FinePic/shutterstock
Satz: Sandra Hacke
Printed in Germany
ISBN 978-3-426-30184-5

4 6 7 5 3

Danksagungen

Das Buch ist meinem Sohn Leonard und meiner Mutter Karin gewidmet.

Ich möchte an dieser Stelle meinem Vater Lothar »The Ironman« Meinert für alles danken, was er für mich getan hat.

Bei diesem Buch haben mir meine Freunde geholfen. Alle sind wirklich gute Pokerspieler und haben ihr Wissen und viel Zeit in dieses Buch investiert. Dafür möchte ich ihnen danken, u. a.:

Annalena Evers
Carsten König
Daniel Evers
Hilmar Evers
Kristina Steltzer
Martin Rohrbach

INHALTSVERZEICHNIS

EINLEITUNG – MEIN ERSTES MAL

Was ist Poker? Ein Kartenspiel, das ist klar. Aber was macht Poker aus? Warum grassiert das Poker-Fieber im Land? Warum läuft ständig Poker im Fernsehen? Warum verdienen Unternehmen wie PokerStars, 888 und PartyPoker Millionen? Warum können viele Menschen vom Poker und vor allem vom Online-Poker leben? Am besten, ich erzähle Ihnen von »meinem ersten Mal«:

Es war an einem kalten Herbstabend, und mir ging es wirklich schlecht, weil mein Examen zwei Tage später bevorstand. Ich hatte eigentlich überhaupt keine Lust, an dem Abend noch irgendwas zu machen, als das Telefon klingelte. Ein Freund rief mich an und fragte mich, ob ich Lust hätte, Poker zu spielen. Poker kannte ich nur aus irgendwelchen schlechten Western und hatte noch nie gespielt. Mir graute es vor einem langweiligen Spielabend. Ich musste mich aber irgendwie ablenken, und so machte ich schließlich mit.

Einmal angekommen, tauschte ich widerwillig und ein wenig gelangweilt 10 DM ein. Das Spiel ging los. *Draw Poker* mit fünf Karten. Ich bekam meine erste Hand. Drei Asse. Ich legte den Großteil meiner getauschten Chips in die Mitte des Tisches. Die erste Wette meines Lebens. Ich gewann die Hand am Ende mit einem *Full-House,* und als ich den Berg von Chips in der Mitte des Tisches an mich nahm, war es komplett um mich geschehen. Ab dem Moment, in dem ich die drei Asse auf die Hand bekam, wurde alles anders. Ich vergaß die Welt um mich herum. Für mich gab es nur noch das Spiel, und ich war wie im Rausch. Ich war glücklich. Es war ein toller Abend. Die 10 DM waren am Ende natürlich weg.

Poker ist mehr als nur ein Spiel. Poker ist für viele Menschen eine Einstellung und ein Lebensgefühl. Poker ist auch eine Metapher für das Leben. Es enthält wesentliche Elemente des menschlichen Lebens: Glück und Pech, Gewinnen und Verlieren, Täuschen und Getäuschtwerden und vor allem Geld. Aber Vorsicht! Poker ist nur ein Sinnbild des Lebens und nicht das Leben selbst. Nehmen wir das Beispiel von *Stu Ungar.* Er wird von vielen als der beste *No-Limit Texas Hold'em*-Spieler aller Zeiten angesehen und gewann dreimal die *World Series of Poker* in Las Vegas. Man könnte annehmen, dass Stu Ungar dank seines Pokertalents auch im wahren Leben erfolgreich gewesen sein müsste. Leider ist er an den Folgen einer Kokainsucht gestorben und war finanziell total ruiniert, weil er einmal zum Beispiel eine Million Dollar beim Golfen verwettete. Das Problem war, dass er ein schlechter Golfspieler war.
Das ist natürlich ein Extremfall. Viele Fähigkeiten im Poker können Ihnen im wahren Leben weiterhelfen. Oft steht man im Leben wie beim Pokern vor den gleichen Fragen: Blufft er, oder macht er Ernst? Lohnt sich der Einsatz überhaupt? Soll ich lieber weitermachen oder aufgeben?

Sie werden in diesem Buch keinen Königsweg präsentiert bekommen, wie man ein toller Pokerspieler wird. Den gibt es nicht. Ich werde Ihnen aber die wichtigsten Konzepte des Pokerspiels vorstellen. Freuen Sie sich, denn wir werden spannende Themen durchnehmen. Sie lernen zum Beispiel ganz genau, wie man einen Spieler beim Bluffen erkennt und wie Sie selbst am besten bluffen. Wenn Sie dieses Buch gelesen haben werden, werden Sie genug über *Texas Hold'em Poker* wissen, um eigenständig die richtigen Entscheidungen zu treffen. Gute Entscheidungen sind im Poker bares Geld. Poker kann man ganz schnell lernen, aber es ist eine Kunst, es wirklich gut zu spielen. Diese Kunst zu erlernen muss nicht teuer sein. Man muss nicht nach dem *Try and Error*-Prinzip lernen. Lesen Sie dieses Buch, und Sie werden teure Fehler von Anfang an vermeiden können. Auch wenn Sie bereits ein erfahrener Pokerspieler sind, wird *Die Poker-Schule* Ihnen helfen, Ihr Spiel zu trimmen und erfolgreicher zu machen.

Eines zur Sprache. Poker ist ein amerikanisch geprägtes Spiel, und ich werde in diesem Buch keine neue deutsche Pokersprache erfinden. Ich werde viele englische Begriffe verwenden, und das ist sehr wichtig, denn Sie wollen ja am Pokertisch verstehen, worum es geht. Sollten Sie etwas nicht verstehen, können Sie es sofort im Glossar am Ende des Buches nachschlagen. Die meisten Wörter werde ich jedoch direkt an Ort und Stelle erklären. Ich selbst habe die englische Sprache beim Poker nie als lästig empfunden. Im Gegenteil: Ich fand es immer wieder faszinierend, welche Ausdrücke die englische Sprache im Lauf der Zeit hervorgebracht hat. Nehmen Sie zum Beispiel das Wort für eine Straße mit zwei Lücken in der Mitte: *Double-Belly-Buster-Straight*, also eine »Doppel-Bauchschuss-Straße«. Einfach toll, oder? Klingt doch viel besser als »Zwei-Lücken-Straße«.

Viel Spaß bei der Lektüre!

PS: Bitte geben Sie beim Poker nicht viel auf eine *Double-Belly-Buster-Straight*. Es ist eine schlechte Hand.

POKER-GESCHICHTE

Woher kommt das Spiel, das die Menschen so begeistert? Manche sagen, direkt aus der Hölle.

Die Spielkarten wurden im 13. Jahrhundert von den Chinesen erfunden, und um 1360 erreichten über Ägypten die ersten Spielkarten Europa. Die Ägypter spielten ein Kartenspiel, das »Ganjifa« oder »Treasure-Cards« genannt wurde, welches bereits Wettelemente enthielt. Die Karten waren aus Elfenbein. Die Perser spielten das Wettspiel »As-Nas« mit 25 Karten und einer Hierarchie der Hände.

Richtig zur Sache ging es im Europa des 17. und 18. Jahrhunderts. Die Deutschen spielten »Pochen« (von dem Wort *pochen/ klopfen*). Auf Englisch heißt *klopfen* »to poke«, womit auch die Herkunft des Wortes »Poker« geklärt wäre. Die Franzosen vergnügten sich mit »Poque«. Dies sind alles Spiele, die sich aus dem spanischen »Primero«-Spiel entwickelten, welches dem heutigen Pokerspiel schon sehr ähnlich war.

Zu seiner Blüte gelangte das Spiel aber erst, als französische Siedler es nach New Orleans/Louisiana brachten. Von dort aus verbreitete es sich vor allem über die Mississippi-Dampfer über ganz Amerika. 1834 warnte Jonathan H. Green als Erster schriftlich vor Poker. Er sprach vom »Cheating-Game«, dem Schummelspiel, das auf den Mississippi-Dampfern gespielt wurde. Es sind Berichte bekannt über Siedler aus Europa, die ihr gesamtes Geld innerhalb weniger Stunden auf Mississippi-Dampfern an Betrüger oder einfach an bessere Spieler verloren und sich anschließend erschossen. Nicht gerade der amerikanische Traum. Vor allem der Goldrausch brachte das Spiel in den amerikanischen

Westen. Man kann sich vorstellen, dass es bei den Goldgräbern wegen ihrer Mentalität und des gefundenen Goldes mit Sicherheit viele spannende Spiele gab. Risikobereitschaft, ein knallharter Wille zum Sieg und eine kämpferische Einstellung waren damals mehr denn je überlebenswichtige Eigenschaften und sind heute noch beim Poker von großer Wichtigkeit. Das Leben eines professionellen Pokerspielers in dieser Zeit muss wahrlich einem Sergio-Leone-Western geglichen haben.

Nachdem sich das Spiel in Amerika verbreitet hatte, wurde das englische Kartendeck mit 52 Karten eingeführt. Der *Flush* wurde geboren. Während des Amerikanischen Bürgerkrieges von 1861 bis 1865 wurden viele Varianten eingeführt, so zum Beispiel *Draw-Poker* und *Stud-Poker.* Die Straße als Hand wurde erfunden. Um 1919 wurde die erste Form von *Texas Hold'em* gespielt. Vorher kannte man kein Poker mit Gemeinschaftskarten. Das Spiel hieß *Wild-Widow,* und bevor jeder Spieler seine fünfte Karte bekam, wurde eine Gemeinschaftskarte offen auf den Tisch gelegt, die die Spieler mit ihrem Blatt kombinieren konnten.

Das Westernimage begann in den 70er- und 80er-Jahren des letzten Jahrhunderts zu bröckeln. Man sah in den *Card-Rooms* von Las Vegas immer weniger Cowboy-Hüte, dafür aber immer mehr Mathelehrer und Universitätsprofessoren. In dieser Zeit erschienen auch die ersten ernst zu nehmenden Pokerbücher von Doyle Brunson, David Sklansky und Mike Caro. 1970 fand die erste *WSOP* im *Binion's Horseshoe Casino* in Las Vegas statt. Der Gewinner war Johnny Moss. Bei der ersten WSOP wurde der Sieger noch gewählt und nicht ausgespielt.

Heute ist Poker vor allem durch das Internet geprägt. Spieler können im Schlafanzug rund um die Uhr um hohe Einsätze spielen, ohne das Haus zu verlassen. Chris Moneymaker und Greg Raymer, die Gewinner der WSOP von 2003 und 2004, qualifizierten sich übers Internet. Dazu wird Poker seit einigen Jahren auch als Fernsehevent sehr populär, vor allem durch die Erfindung der sogenannten *Hole-Card-Cam*. Das ist eine Kamera, die die verdeckten Karten eines Spielers für die Fernsehzuschauer sichtbar macht.

Im Jahr 2011 erschütterte der »Black Friday« die Pokerwelt. Die amerikanischen Behörden erhoben Anklage gegen die drei größten Betreiber von Online-Pokerräumen: PokerStars, Full Tilt und das Cereus-Netzwerk. In der Folge gingen diese in den USA vom Netz, ein schwerer Schlag für das mittlerweile so beliebte Online-Poker.

Inzwischen erfreuen sich im Internet vor allem die vor einigen Jahren erfundenen Fast-Fold-Varianten wie zum Beispiel *Speed Poker* großer Beliebtheit. Hierbei wird man sofort nach Aufgeben der Hand an einen neuen Tisch mit neuen Spielern gesetzt.

Für großes Aufsehen sorgte 2017 ein KI-Programm namens Libratus, das von der Carnegie Mellon University im amerikanischen Pittsburgh entwickelt wurde. Das Programm hat in einer eindrucksvollen Machtdemonstration vier menschliche Gegenspieler auf höchstem Niveau im *Heads-Up-Poker* geschlagen. Ein Meilenstein in der Entwicklung der künstlichen Intelligenz.

WARUM TEXAS HOLD'EM?

In diesem Buch wird hautsächlich von *Texas Hold'em* die Rede sein, weil es die populärste Form des Pokers ist. Wenn Sie in eine Pokerrunde kommen und Sie wissen vorher nicht, was gespielt wird, so ist es meistens *Texas Hold'em*, sei es als Turnier oder als *Cash-Game, Limit* oder *No-Limit*.
Die Regeln der wichtigsten anderen Pokervarianten werden jedoch beschrieben. Ich habe diejenigen ausgewählt, die meiner Meinung nach am meisten Spaß machen, nämlich *Seven-Card-Stud*, *Omaha*, *Draw-Poker* und *Razz*. Über jede dieser Varianten könnte man natürlich ein eigenes Buch schreiben.
Texas Hold'em Poker ist von den Regeln her sehr leicht zu lernen. Daher werden Sie auch bei dieser Variante die meisten unerfahrenen Spieler antreffen, was natürlich für Sie von Vorteil ist. Ein bekanntes Poker-Sprichwort besagt: »*Man braucht nur eine Minute, um Texas Hold'em zu lernen, aber ein ganzes Leben, um es zu meistern.*«

1. TEIL

WIE SPIELT MAN TEXAS HOLD'EM POKER?

TEXAS HOLD'EM – DIE REGELN

Dealer, Hole-Cards und Blinds

Der Dealer mischt ein Kartenspiel mit 52 Karten ohne Joker. Das Spiel kann von 2 bis 10 Spielern gespielt werden.

Der Dealer ist normalerweise ein Spieler, der selbst am Spiel beteiligt ist. Die Rolle des Dealers wandert von Runde zu Runde im Uhrzeigersinn. Der Dealer ist immer derjenige, der links vom vorherigen Dealer sitzt. Im Casino und in Spielen, bei denen sich jemand bereit erklärt hat, die ständige Dealerrolle zu übernehmen – bei Turnieren meist ein früh ausgeschiedener Spieler –, verwendet man einen Dealerbutton. Dies ist ein großer Chip, der immer beim jeweiligen Dealer liegt. Der Dealer hat neben dem Kartengeben noch eine weitere Funktion: Er muss das Spiel vorantreiben und darauf achten, dass alles korrekt abläuft. Er ist verantwortlich für den geregelten Ablauf der Hand und entscheidet im Streitfall, wer recht hat. Er muss die Hand quasi moderieren.

Die zwei Spieler links vom Dealer setzen einen vorbestimmten Betrag als gezwungene Wette: zuerst der *Small-Blind* und dann der *Big-Blind*. Der Small-Blind beträgt zum Beispiel 1 € und der Big-Blind 2 €. Dies stellt sicher, dass Geld und damit Action ins Spiel kommt. Jeder Spieler erhält vom Dealer dann zwei verdeckte Karten, die sogenannten *Hole-Cards*.

1. Wettrunde:

Die erste Wettrunde beginnt mit dem Spieler links vom Big-Blind. Nur in der ersten Wettrunde werden der Small- und der Big-Blind übersprungen, sie mussten ihre Wetten ja schon gezwungenermaßen legen. Der Spieler nach dem Big-Blind ist *under the gun,* was so viel heißt wie »von der Waffe bedroht«, also im Zugzwang.

Im Poker hat man grundsätzlich die Auswahl zwischen drei möglichen Spielzügen:

- Aufgeben, auch *fold* oder passen genannt.
- Mitgehen, auch *call* genannt. Oder lediglich schieben, auch *checken* genannt, wenn vorher nichts gewettet wurde.
- Wetten, auch *bet* oder setzen genannt. Erhöhen oder *raise* genannt, wenn schon einmal gewettet wurde.

Eine typische erste Wettrunde in einem Texas Hold'em-Spiel ist zum Beispiel:

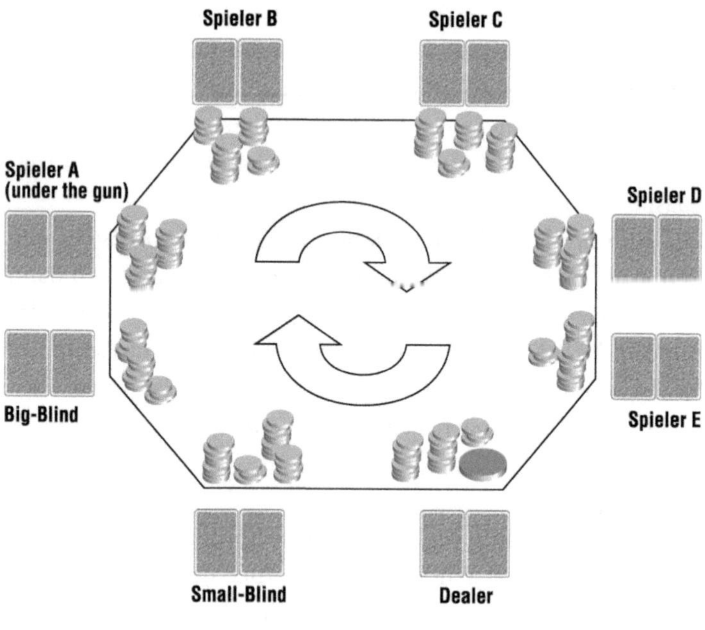

Die *Blinds* legen ihre gezwungenen Einsätze, zum Beispiel 1 €/2 €.

Spieler A, der *under the gun* ist, geht mit und legt 2 € hin.

Spieler B erhöht um 2 € und legt somit insgesamt 4 € hin.

Spieler C gibt auf.

Spieler D geht mit und legt 4 €.

Spieler E geht mit und legt 4 €.

Der Small-Blind und der Big-Blind müssen zum Mitgehen nur noch die Differenz zwischen Blind und momentaner Wetthöhe legen. Die Wetthöhe beträgt 4 € nach der Wette von Spieler A. Der Small-Blind muss also 3 € legen und der Big-Blind 2 €. Beide können natürlich auch noch mal erhöhen.

Die erste Wettrunde ist vorbei.

Wenn in der ersten Runde nicht gewettet wurde und jeder nur den Big-Blind mitgeht oder aufgibt, ist die Wettrunde vorbei, wenn der Small-Blind angeglichen hat und der Big-Blind von seinem Recht, als Letzter zu erhöhen, keinen Gebrauch macht.

Wenn in einem Turnier nur zwei Spieler am Tisch sitzen – ein sogenanntes *Heads-Up*-Spiel, ist der Dealer der Small-Blind und der andere der Big-Blind. Der Dealer muss dann in der ersten Wettrunde als Erster handeln und entscheiden, ob er den Big-Blind mitgeht, aufgibt oder erhöht. Ab der zweiten Wettrunde ist dann der andere Spieler als Erster dran.

2. Wettrunde: Flop

Nach der ersten Wettrunde kommt der *Flop,* die ersten drei Gemeinschaftskarten, offen auf den Tisch. Der Dealer legt die oberste Karte aus dem Stapel verdeckt weg und zeigt den Flop. Auf Englisch nennt man das *to burn and turn* (verbrennen und umdrehen).

Als Erster beginnt der Spieler links vom Dealer, der in der Vorrunde die Small-Blind legen musste. Er kann wetten oder schieben, also kein Geld setzen. Dann ist der nächste Spieler gefragt. Aufgeben macht keinen Sinn, da es noch nichts kostet, dabeizubleiben, solange noch nicht gewettet wurde. Trotzdem werfen viele unerfahrene Spieler an dieser Stelle unnötig ihre Hand weg.

Auch der nächste Spieler kann schieben. Schieben alle, so ist die Wettrunde vorbei, und die nächste Karte kommt, ohne dass ein Spieler in dieser Wettrunde Chips in den *Pot* gelegt hat. Hat aber ein Spieler gewettet, kann man nicht mehr schieben. Man kann nur noch mitgehen, indem man die Wette angleicht oder erhöht, oder aufgeben.

Es kann mehrmals rumgehen in einer Wettrunde, weil sich aus jeder Wette die Möglichkeit einer neuen Wette ergibt. Die Wettrunde ist erst dann vorbei, wenn die letzte Erhöhung von jedem verbliebenen Spieler mitgegangen wurde.

Je nach Vereinbarung kann die Anzahl der Erhöhungen pro Wettrunde eingeschränkt werden. Oft sind nur eine Wette und drei Erhöhungen, also *Bet, Raise, Re-Raise* und der sogenannte *Cap,* erlaubt.

3. Wettrunde: Turn

Nach der zweiten Wettrunde verbrennt der Dealer wieder eine Karte aus dem Stapel und legt anschließend die vierte Karte, auch *Turn* oder *Fourth Street* genannt, offen auf den Tisch. Es folgt die dritte Wettrunde, die genauso wie die zweite abläuft.

4. Wettrunde: River und Showdown

Nach der dritten Wettrunde verbrennt der Dealer noch einmal eine Karte aus dem Stapel und legt anschließend die fünfte und letzte Karte, auch *River* oder *Fifth Street* genannt, offen auf den Tisch. Jetzt kommt die vierte und letzte Wettrunde. Diese gleicht vom Ablauf her wieder der zweiten und dritten Wettrunde.

Wenn sie vorbei ist, zeigen die Spieler ihre Karten, der sogenannte *Showdown*. Derjenige, der zuletzt erhöht oder gewettet hat, muss als Erster seine Karten zeigen. Haben in der letzten Runde alle geschoben, zeigt derjenige seine Karten zuerst, der in der Runde als Erster dran war.
Hat ein Spieler gewettet, und alle anderen haben aufgegeben, so hat er den Pot gewonnen und muss seine Karten nicht zeigen. Dies kann auch schon in der ersten Wettrunde geschehen, sodass die Spieler überhaupt keine Gemeinschaftskarten zu Gesicht bekommen.
Es gewinnt der Spieler, der aus den sieben Karten, die ihm zur Verfügung stehen, also seinen zwei verdeckten Karten auf der Hand plus die fünf Gemeinschaftskarten, die beste Pokerhand kombiniert.
Da eine Pokerhand aus fünf Karten besteht, kann man auch einfach alle Gemeinschaftskarten benutzen. Man nennt es »das Board spielen«. In der Regel werden aber die Gemeinschaftskarten durch eine oder zwei der eigenen Karten noch verbessert.
Die Reihenfolge der Hände ist, vom Wert her absteigend dargestellt, folgende:

1. Royal-Flush

Die bestmögliche und seltenste Hand im Poker: Ass, König, Dame, Bube und Zehn in der gleichen Farbe *(suited)*. Der Spruch: *»If you wanna see a Royal-Flush in a casino, you must go to the toilet«,* den man hier nicht unbedingt übersetzen muss, sagt viel über die Häufigkeit dieser Kartenkombination aus. Zum Beispiel:

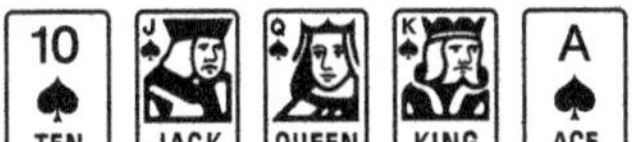

2. Straight-Flush

Eine Straße in der gleichen Farbe. Eine Straße und ein *Flush* (fünf Karten mit derselben Farbe) ergeben zusammen einen *Straight-Flush*. Zum Beispiel:

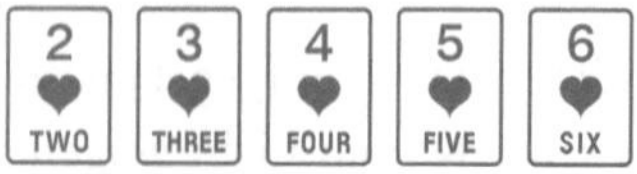

3. Four of a Kind

Vierling, auch *Poker* oder *Quads* genannt. Haben zwei Spieler den gleichen Vierling, weil sie das Board spielen, so entscheidet die höhere Beikarte. Zum Beispiel:

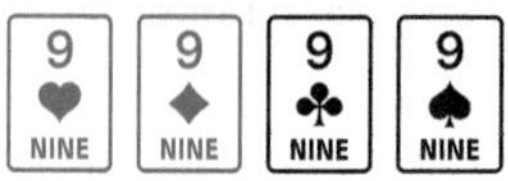

4. Full-House

Ein Drilling und ein Paar. Das *Full-House* mit dem höheren Drilling gewinnt gegen das *Full-House* mit dem niedrigeren Drilling. Ist der Drilling bei den Spielern gleich, entscheidet das höhere Paar. Zum Beispiel:

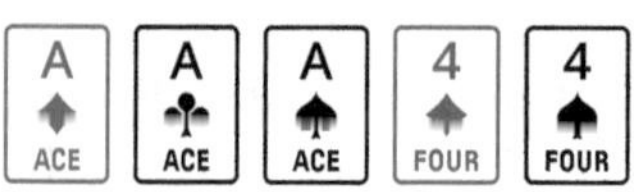

5. Flush

Beliebige fünf Karten in der gleichen Farbe ohne bestimmte Reihenfolge. Es gewinnt stets der Flush mit der höchsten Karte. Ist diese bei den Spielern gleich, entscheidet die zweithöchste Karte usw. In welcher Farbe der Flush ist, spielt keine Rolle.
Als *Nut-Flush* bezeichnet man den höchsten Flush in einer Runde, zum Beispiel mit einem Ass. Ein *Flush-Draw* ist ein Flush, bei

dem noch eine oder mehrere Karten fehlen und noch gezogen werden müssen (auf Englisch *to draw*).
Ein Beispiel für einen Flush:

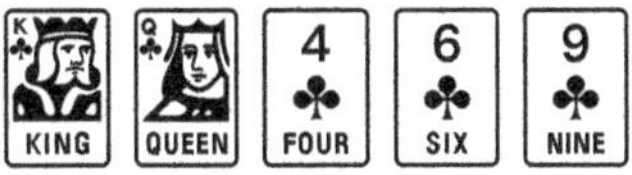

6. Straße

Eine Straße, auch *Straight* genannt, sind fünf Karten in Reihenfolge, die nicht die gleiche Farbe haben. Eine »kleine« Straße, die aus vier Karten besteht, gibt es nicht. Es gewinnt immer die Straße mit der höheren Karte am oberen Ende. Die kleinste Straße beginnt mit dem Ass und endet mit der Fünf. Diese Straße wird auch *Wheel* oder *Bicycle* genannt. Es gibt keine *round the corner street,* also eine Straße, die zum Beispiel. mit dem König anfängt und mit der Vier endet.
Eine *Open-End-Straight* ist eine nach beiden Seiten hin offene Straße, bei der noch eine Karte fehlt. Ein *Inside-Straight-Draw,* auch *Gutshot-* oder *Belly-Buster-Straight* genannt, ist eine Straße, bei der noch eine Karte in der Mitte fehlt. Eine typische Straße ist beispielsweise:

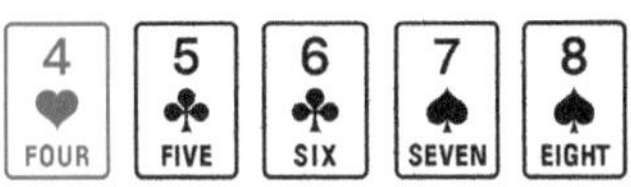

7. Drilling

Drei Karten mit dem gleichen Wert. Auch *Trips* oder *Three of a Kind* genannt. Bildet man den Drilling mit einem Paar, welches man auf der Hand hält, so spricht man von einem *Set*. Haben zwei Spieler den gleichen Drilling, so gewinnt der Spieler, der den höheren *Kicker*, also die höhere Beikarte, auf der Hand hat.

Zum Beispiel:

8. Two-Pair

Zwei Paare. Haben beide Spieler die gleichen zwei Paare, so gewinnt der Spieler, der die höhere Beikarte auf der Hand hat. Zum Beispiel:

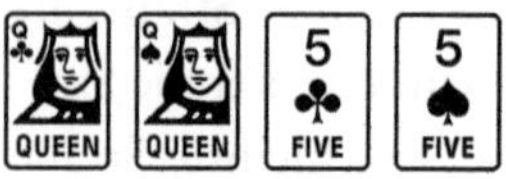

9. Pair

Zwei Karten desselben Wertes bilden ein Paar. Hat man das Paar auf der Hand, so heißt das Paar *Pocket-Pair.* Bildet man ein Paar mit seinen verdeckten Karten und der höchsten Karte des *Boards,* nennt man das *Top-Pair*. Bildet man ein Paar mit der niedrigsten Karte des *Boards,* nennt man es *Bottom-Pair*. Haben zwei Spieler das gleiche Paar, so gewinnt der Spieler, der den höheren *Kicker* auf der Hand hat. Zum Beispiel:

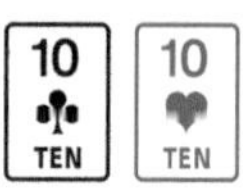

10. Höchste Karte

Auch *High-Card* genannt. Wenn eine Pokerhand keine der oben genannten Kombinationen enthält, so zählt einfach die höchste Karte. Ist diese bei den Spielern gleich, die zweithöchste usw. Zu beachten ist, dass beim Poker, im Gegensatz zum Skat, die Farbe der Karten für den Wert keine Rolle spielt. Pik ist also nicht höher als Karo und entscheidet im Zweifel nicht, wer gewinnt.

Wenn der Wert der Hände gleich ist, wenn beispielsweise zwei Straßen die gleiche höchste Karte und somit denselben Wert haben, so wird der *Pot* geteilt. Das gilt auch, wenn die Gemeinschaftskarten die beste Hand bilden, also wenn zum Beispiel ein *Full-House* auf dem *Board* liegt, das kein Spieler mit seinen Karten auf der Hand verbessern kann.

In unserer Beispielrunde sähe der Showdown am Ende der letzten Wettrunde so aus:

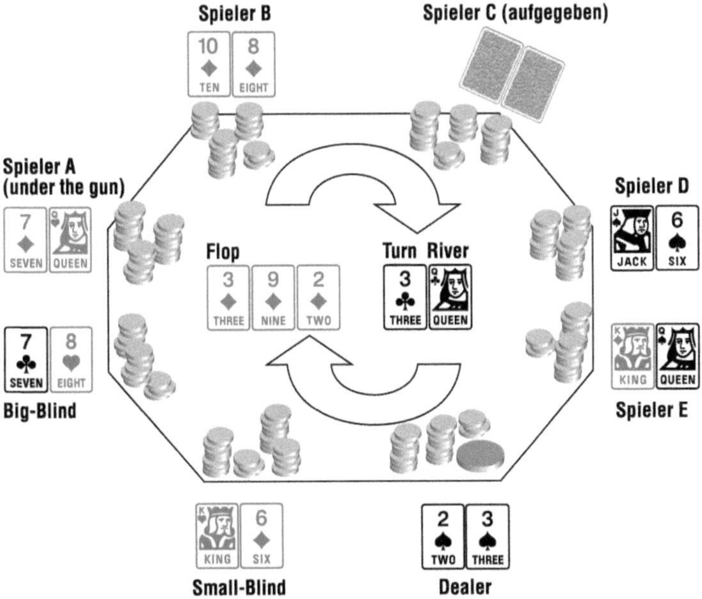

Das Ergebnis der Runde ist folgendes:
Der Dealer hat ein Full-House mit drei Dreiern und zwei Zweiern.
Spieler B hat einen Karo-Flush.

Spieler E hat zwei Paar: Damen und Dreiern mit König als Kicker.
Spieler A hat zwei Paare: Damen und Dreier.
Der Small-Blind hat das Dreier-Paar auf dem Board mit König als Kicker.
Spieler D hat das Dreier-Paar auf dem Board.
Der Big-Blind hat das Dreier-Paar auf dem Board.
Spieler C hat aufgegeben und ist daher beim Showdown nicht mehr dabei.

Der Dealer hat mit seinem Full-House gewonnen und darf die gesammelten Chips in der Mitte des Tisches, den Pot, an sich nehmen.

Ist der Pot ausbezahlt, beginnt die nächste Runde. Dealer ist nun derjenige, der links vom vorherigen Dealer sitzt. Die Rolle des Dealers wandert also von Runde zu Runde im Uhrzeigersinn.

DIE VERSCHIEDENEN TEXAS HOLD'EM-VARIANTEN

Limit Texas Hold'em

Beim *Limit Texas Hold'em* ist die Höhe der Wetten streng festgesetzt, sprich limitiert. Ein 2-€/4-€-Limit-Spiel wird so gespielt, dass in den ersten zwei Wettrunden der Wettbetrag auf 2 € festgesetzt wird. Man kann nicht mehr und nicht weniger wetten. In den letzten zwei Wettrunden, also ab der vierten Gemeinschaftskarte, kann man dann nur noch 4 € wetten oder um 4 € erhöhen.

Pot-Limit Texas Hold'em

Bei dieser Variante wird die maximale Höhe der Wette oder Erhöhung durch die aktuelle Größe des Pots bestimmt. Oft bildet die Höhe des Big-Blinds die Mindestwette. Der Spieler, der am Zug ist, muss also immer erst schauen, wie viele Chips im Pot liegen, bevor er mitgeht oder erhöht, um so seine maximale Wetthöhe zu bestimmen.

Wenn zum Beispiel 100 € im Pot sind und der Spieler vor ihm 100 € wettet, kann er maximal um 300 € erhöhen. Dies entspricht seinen 100 € zum Mitgehen plus 200 €, die nach der Wette des Gegners im Pot sind.

Aber Vorsicht! *Pot-Limit Texas Hold'em* steht von seiner Rasanz her dem No-Limit viel näher als dem Limit. Anfangs ist die Höhe der Wetten zwar noch relativ stark eingeschränkt, spätestens aber nach der zweiten Wettrunde steigt die maximale Wetthöhe sehr schnell an; wenn immer der ganze Pot gewettet wurde, sogar fast exponentiell.

Diese Variante verlangt sehr viel Aufmerksamkeit vom Spieler, da er neben vielen anderen Faktoren auch stets die Potgröße im Kopf haben muss. Nichts ist unangenehmer, als darauf hingewiesen zu werden, dass man überwettet hat, weil man die Potgröße gar nicht oder falsch bewertet hatte.

No-Limit Texas Hold'em – »Cadillac of Poker«

No-Limit Texas Hold'em ist die meistgespielte Variante. *No-Limit* heißt, dass die Wetthöhe nicht festgesetzt ist. Der Spieler kann immer alle Chips wetten, die er hat. Der Spieler ist dann All-In. Bei dieser Variante ist die Mindesthöhe der Wetten oft festgelegt, in der Regel der gleiche Betrag wie der Big-Blind.

Der berühmte Spieler Doyle Brunson nennt No-Limit Texas Hold'em »The Cadillac of Poker«. In keiner anderen Variante von Texas Hold'em sind die Geldschwankungen so hoch wie bei

No-Limit Texas Hold'em. Man wird viel öfter vor existentielle Entscheidungen um all seine Chips gestellt als bei den anderen Varianten.
Die offizielle Poker-Weltmeisterschaft (WSOP) wird als Hauptevent mit dem höchsten Preisgeld – 2006 waren es 14 Millionen Dollar – im No-Limit Texas Hold'em ausgetragen. In den meisten Pokerfernsehübertragungen wird ebenfalls diese Variante gespielt, weil sie für den Zuschauer am spannendsten ist.
Bei keinem anderen Spiel kann man so schnell so viel Geld verlieren und gewinnen. Viele Casinos in den USA haben dies erkannt und schon vor Jahrzehnten angefangen, Limit-Tische anzubieten, um die schlechteren Spieler nicht zu vergraulen.

DIE VERSCHIEDENEN SPIELFORMEN: TURNIER ODER CASH-GAME

Turnier

Bei einem *Turnier* bekommt jeder Spieler für seinen *Buy-In* eine bestimmte Anzahl von Chips, zum Beispiel 1000 Chips für 30 €. Hat man alle Chips verloren, so ist man ausgeschieden. Es gewinnt derjenige, der als Letzter übrig bleibt und alle Chips gewonnen hat. Die Blinds werden bei einem Turnier kontinuierlich erhöht, sodass es immer teurer wird, mitzuspielen.
Bei einem Turnier werden am Schluss die Chips nicht umgetauscht, wie bei einem *Cash-Game,* sondern die Auszahlung des Geldes wird nach einem vorher festgelegten Schlüssel vorgenommen, zum Beispiel 70 % für den Gewinner, 20 % für den Zweiten und 10 % für den Dritten. Meistens erhält der Veranstalter bzw. das Casino ebenfalls einen Anteil.

Cash-Game

Bei einem *Cash-Game,* auch *Ring-Game* genannt, kann man sich jederzeit einkaufen und mitspielen. Die Chips entsprechen realem Geld. Jeder Spieler kann nach Lust und Laune aufstehen und gehen und sich seinen *Stack,* das heißt die Chips, die er vor sich liegen hat, auszahlen lassen. Die Höhe der Blinds ist konstant, und jede Runde läuft exakt wie die Runde davor ab.

WIE ORGANISIERE ICH EIN TEXAS HOLD'EM-TURNIER?

Was brauche ich?

Sie brauchen zunächst ein Kartenspiel mit 52 Blatt ohne Joker. Nehmen Sie lieber beschichtete Karten, damit sie nicht so schnell kaputtgehen. Darüber hinaus brauchen Sie eine Uhr oder Stoppuhr, am besten mit Countdown, um jede neue Blind-Erhöhung zeitlich zu stoppen. Sie benötigen des Weiteren Chips. Zur Not kann man anstelle der Chips auch Monopoly-Geldscheine, Spiralnudeln o. Ä. nehmen. Das wirkt natürlich nicht gerade professionell, vor allem wenn ein Spieler anfängt, die Nudeln aufzuessen, oder sich beim Gang zur Toilette die Taschen in der Küche wieder mit »Chips« füllt. Besorgen Sie sich also richtige Chips. Am besten einen Chipkoffer, in dem auch noch Karten und ein Dealerbutton Platz haben. Diese sind praktisch und chic, und es gibt sie schon für ein paar Euro zu kaufen.

Wie wird gespielt?

Jeder Spieler kauft sich für einen festgesetzten Betrag, das sogenannte *Buy-In,* in das Turnier ein. Jeder Spieler erhält die gleiche

Anzahl von Chips, zum Beispiel 5000. Man nimmt am besten Chips im Wert von 25, 100 und 500.

Die Sitzreihenfolge wird dann ausgelost, indem jeder Spieler eine Karte zieht. Nachdem bestimmt wurde, auf welchem Platz derjenige mit der niedrigsten Karte sitzen wird, nehmen die anderen Teilnehmer im Uhrzeigersinn in der aufsteigenden Kartenwertigkeit links von ihm Platz.

Wenn zwei Spieler die gleiche Karte gezogen haben, so entscheidet hier, im Gegensatz zum Pokerspiel selbst, die Farbe. Die aufsteigende Reihenfolge ist anders als beim Skat: Kreuz, Karo, Herz, Pik. Die höchste Karte ist das Pik-Ass, die niedrigste die Kreuz-Zwei.

Sie können sich die Reihenfolge einfach merken, indem Sie die englischen Begriffe alphabetisch sortieren: *Club (Kreuz), Diamond (Karo), Heart (Herz), Spade (Pik).*

Derjenige mit der höchsten Karte ist der Dealer in der ersten Runde. Die Blinds, also die Zwangseinsätze, betragen am Anfang zum Beispiel 25/50 und steigen im Lauf des Turniers gemäß einem vorgegebenen Schlüssel an. Der Schlüssel kann zum Beispiel so aussehen (siehe Tabelle auf der nächsten Seite):

Die Blinds werden in der Regel alle 15 Minuten erhöht. Im Einzelfall kann auch etwas mehr oder weniger Zeit festgelegt werden. Vor allem ab sieben Mitspielern sollte man sich eher für 20 Minuten oder mehr entscheiden. Am besten, man lässt eine Uhr mit Countdown oder eine Eieruhr laufen. Wenn die Uhr klingelt, werden die Blinds in der darauffolgenden Hand erhöht.

Es gibt mittlerweile auch sehr gute Computerprogramme, die neben dem Countdown für die Blindlevel auch die Höhe der jeweiligen Blinds, die Pausen, die Anzahl der Spieler oder die aktuelle Höhe der Geldmenge darstellen.

LEVEL	SMALL-BLIND	BIG-BLIND
1	25	50
2	50	100
3	75	150
4	100	200
5	150	300
6	200	400
7	300	600
8	400	800
9	600	1200
10	800	1600
11	1000	2000
12	1500	3000
etc.	etc.	etc.

Re-Buy

Man kann das Turnier auch mit *Re-Buy* und *Add-On* spielen. Durch ein Re-Buy kann sich ein Spieler, der keine Chips mehr hat, wieder in das Turnier einkaufen. Man erhält genauso viele Chips wie am Anfang. Ein Re-Buy ist nur bis zu einem bestimmten Blind-Level möglich, zum Beispiel bis 400/800. Man kann aber auch mit unbegrenzten Re-Buys spielen oder bestimmen, dass das Re-Buy nur einmal möglich ist. Durch das Re-Buy kommt mehr Geld ins Turnier, und man hat, ähnlich wie in einem Computerspiel, noch ein zweites oder drittes »Leben«.

Add-On

Das *Add-On* wird zu Beginn eines bestimmten Blind-Levels vorgenommen. Die Spieler können zu einem bestimmten Zeitpunkt im Turnier einmalig und billig Chips nachkaufen, egal, wie viel

Chips sie inzwischen noch vor sich liegen haben. Man kann zum Beispiel festlegen, dass nach dem Ende des 400/800-Blindlevels ein Add-On in Höhe von 20 € für 7500 Chips möglich ist. Das Re-Buy und das Add-On sind natürlich freiwillig. Kein Spieler wird gezwungen, neue Chips zu kaufen.

Side-Pots

Manchmal muss man in einem Pokerspiel einen sogenannten *Side-Pot* bilden. Wenn einem Spieler mitten in einer Runde die Chips ausgehen, so bildet man einen Side-Pot, um den der All-In-Spieler kämpft. Der All-In-Spieler kann natürlich nur so viele Chips von den anderen gewinnen, wie er in den Pot gelegt hat. Die anderen Spieler wetten dann separat weiter. Es kann in einer Runde auch mehrere Side-Pots geben.

Chip-Race

Im weiteren Verlauf des Turners kann man zum Beispiel die 25er-Chips aus dem Spiel nehmen. Jeder Spieler baut die ihm verbliebenen 25er-Chips vor sich auf und erhält dafür 100er-Chips. Die gegebenenfalls übrig gebliebenen 25er-Chips bleiben jeweils vor den Spielern liegen. Spieler A hat zum Beispiel zwei 25er- und Spieler B drei 25er-Chips übrig. Jeder erhält dann Karten in der Anzahl seiner übrigen 25er-Chips. Spieler A bekommt also zwei Karten und Spieler B drei Karten. Wer am Ende die höchste Karte vor sich liegen hat, gewinnt alle verbliebenen 25er-Chips. Das nennt man *Chip-Race*.

Bubble-Boy und Ende des Turniers

Wenn ein Spieler keine Chips mehr hat und keine neuen kaufen kann, so ist er aus dem Turnier ausgeschieden. Das Turnier endet, wenn ein Spieler alle Chips gewonnen hat. Der Gewinn wird dann nach einem vorher festgelegten Schlüssel unter den letzten Spielern verteilt. Bei einer Teilnehmerzahl von sechs oder weniger Spielern werden nur die ersten zwei Plätze ausbezahlt. Man sagt von den Spielern, die knapp am Geld vorbeigehen, dass sie auf der *Bubble* ausgeschieden sind. Dies ist eine sehr undankbare und frustrierende Situation, weil man der Letzte ist, der ohne Geld gehen muss.

Will man ein Turnier mit sehr vielen Spielern und mehreren Tischen veranstalten, so schreibt man am besten kleine Zettel, auf denen jeder Tisch einen Buchstaben (A, B, C usw.) und jeder Platz eine Nummer erhält. Der Dealer hat die Nummer 0, der Spieler links vom Dealer die Nummer 1 usw. Wenn auf einem Zettel C5 steht, sitzt dieser Spieler am Tisch C auf dem fünften Stuhl links vom Dealer. Man kann die Zettel, zusammen mit den Chips, die jeder Spieler zu Beginn erhält, in verschließbare Tüten tun und dann an die Spieler verteilen.
Man muss die Tische zusammenlegen, wenn eine bestimmte Anzahl von Spielern ausgeschieden ist. Bei 100 Teilnehmern spielt man zum Beispiel an acht Tischen, wenn nur noch 80 Spieler übrig sind, an sechs Tischen, wenn nur noch 60 Spieler übrig sind, usw. Wenn nur noch 10 Spieler dabei sind, werden diese an den letzten Tisch, den sogenannten *Final-Table,* gesetzt. Das Umsetzen sollte in den Spielpausen geschehen, um Unruhe zu vermeiden. Die Blinderhöhungen und die Spielpausen gelten für alle Tische gleichzeitig und sollten vom Turnierleiter jeweils angesagt werden.

Und noch eines zum Schluss: Ein Spieler, der bei einem Turnier ausgeschieden ist, kann nicht mehr spielen. Ich habe schon mehrfach erlebt, dass Spieler so lange genervt haben, bis sie sich wieder einkaufen konnten. Ich werde ein Privat-Turnier in Italien nie vergessen: Nach Stunden ist ein Spieler regulär ausgeschieden. Er hat lange versucht, uns zu überreden, ihn wieder reinzulassen, aber wir sind hart geblieben. Er ist dann mit einem traurigen Hundeblick weggegangen, aber wir hatten so viel Mitleid mit ihm, dass er sich schließlich für 20 € wieder einkaufen durfte. Wie durch ein Wunder wurde seine Stimmung sofort besser, und das traurige Gesicht wich einem Hai-Grinsen. Er hat uns am Ende alle geschlagen und gewonnen. Ich habe in der Nacht vor lauter Wut kein Auge mehr zugemacht.

WIE ORGANISIERE ICH EIN TEXAS HOLD'EM-CASH-GAME?

Ich brauche nur ein Kartenspiel mit 52 Blatt ohne Joker sowie Chips in ausreichender Menge.
Jeder Spieler kauft Chips ein, wobei jeder im Gegensatz zum Turnier so viele Chips kaufen kann, wie er will. Die Chips entsprechen beim Cash-Game echtem Geld. Man kann also zum Beispiel mit 25-Cent-Chips, 1-€-Chips und 5-€-Chips spielen.
Wie bei einem Turnier werden der Dealer und die Sitzreihenfolge ausgelost, und es kann losgehen. Die Blinds bleiben konstant, und man kann jederzeit aufhören und seine Chips in echtes Geld umtauschen lassen, der sogenannte *Cash-Out*. Gleichzeitig können neue Spieler nach Belieben in das Cash-Game einsteigen, indem sie sich einfach Chips kaufen. Der Spieler kann auch jederzeit außerhalb einer Hand Chips nachkaufen.

Natürlich muss ich mich bei einem Turnier oder einem Cash-Game an die bestehenden Gesetze halten. Lesen Sie hierzu bitte den Abschnitt über *Poker und Recht*.

2. TEIL

WEITERE BEKANNTE POKERVARIANTEN UND IHRE REGELN

Dieses Buch handelt zwar hauptsächlich von Texas Hold'em Poker, aber ich versichere Ihnen, dass die anderen Varianten auch Spaß machen. Ein wenig Abwechslung kann manchmal nicht schaden. Wenn Sie also kein Texas Hold'em Poker mehr sehen können, probieren Sie einfach die folgenden Varianten aus.

DRAW-POKER

Oft wenn ich mich mit jemandem unterhalte, der schon einmal in der Vergangenheit gepokert hat, sich aber nicht mehr genau erinnern kann, stellt sich heraus, dass es *Draw-Poker* war. Ich weiß nicht, warum, aber Draw-Poker scheint im europäischen Raum die am meisten verbreitete Pokervariante gewesen zu sein. Beim Draw-Poker gibt es keine gezwungenen Wetten. Stattdessen muss jeder Spieler eine sogenannte *Ante,* auch *Frau Antje* genannt, legen. Vor Beginn eines Spiels legt zum Beispiel jeder 1 € bzw. einen 25er-Chip in einem Turnier in den Pot. Dann erhält jeder Spieler fünf verdeckte Karten. Der Spieler links vom Dealer eröffnet die erste Wettrunde. Diese verläuft genau wie eine normale Wettrunde beim Texas Hold'em Poker, jedoch ohne Blinds. Wenn die erste Wettrunde vorbei ist, können die Spieler bis zu vier Karten ihres Blattes beim Dealer austauschen, der ihnen neue Karten aus dem Kartendeck gibt. Zuerst tauscht der Spieler links vom Geber usw. Daraufhin beginnt die zweite und letzte Wettrunde, gefolgt vom Showdown.

Wie Sie sehen, ist Draw-Poker nicht so kompliziert, es gibt nur zwei Wettrunden, während wir beim Texas Hold'em vier und beim *Seven-Card Stud* sogar fünf Wettrunden haben.

SEVEN-CARD STUD POKER

Seven-Card Stud war vor allem in den USA das meistverbreitete Pokerspiel, bevor Texas Hold'em in Mode kam. Es macht eine Menge Spaß, und es lohnt sich, es mal auszuprobieren.

Seven-Card Stud kann von bis zu acht Spielern gespielt werden. Beim Seven-Card Stud erhält jeder Spieler zunächst zwei verdeckte und eine offene Karte. Es folgt die erste Wettrunde. Beim Seven-Card Stud gibt es keine Blinds, stattdessen muss der Spieler mit der niedrigsten offenen Karte einen vorher festgesetzten *Bring-In* bezahlen, der als erste Wette zählt. Falls zwei Karten denselben Wert haben, so entscheidet die niedrigste Farbe. Die Wertigkeit ist aufsteigend Kreuz, Karo, Herz, Pik.

Danach erhalten die Spieler drei weitere offene Karten, gefolgt von jeweils einer Wettrunde. Die Wettrunden werden immer von dem Spieler eröffnet, dessen offene Karten die höchste Pokerhand bilden, zum Beispiel High-Card, Paar oder Drilling.

Am Schluss erhält jeder Spieler eine verdeckte Karte, gefolgt von der fünften und letzten Wettrunde.

Beim Showdown gewinnt der Spieler, der mit seinen sieben Karten die beste Pokerhand bilden kann. Er darf hierzu fünf Karten auswählen.

RAZZ

Razz ist dem Seven-Card Stud sehr ähnlich, mit dem Unterschied, dass am Ende die schlechteste Hand gewinnt. In der ersten Wettrunde setzt der Spieler mit der höchsten offenen Karte den *Bring-In*. Ab der zweiten Wettrunde beginnt derjenige die Runde, dessen offene Karten die schlechteste Pokerhand bilden. Bei der Bewertung der schlechtesten Hand zählen weder Straßen noch Flushs. Das Ass zählt immer als niedrigste Karte. Die beste Hand im Razz ist A2345. Paare und Drillinge etc. zerstören die Hand, da sie nicht mehr niedrig genug sind.

OMAHA POKER

Die Regeln von *Omaha* entsprechen denen von Texas Hold'em mit folgenden Unterschieden:
Beim Omaha-Poker erhält jeder Spieler zu Beginn vier verdeckte Karten. Beim Showdown am Ende des Spiels müssen genau zwei der vier verdeckten Karten und genau drei Gemeinschaftskarten zur Bildung der bestmöglichen Poker-Hand kombiniert werden. Beim Omaha-Poker können maximal neun Personen an einem Tisch spielen.

OMAHA HIGH/LOW POKER

Die Regeln von *Omaha High/Low* gleichen den Regeln von Omaha bis auf einen entscheidenden Unterschied: Der Pot wird am Ende zwischen der besten und der schlechtesten Hand geteilt. Um sich für den Pot um die schlechteste Hand zu qualifizieren, muss man fünf Karten zwischen Ass und Acht haben. Das Ass hat die Wertigkeit 1. Die niedrigste Hand ist A2345, auch *Wheel* oder *Bicycle* genannt. Sieger ist derjenige, dessen höchste Karte niedriger ist als die höchste des Gegners.

Zum Beispiel: Ein Spieler mit 24567 hat eine bessere Hand als einer mit A2468. Wenn die höchsten Karten gleich sind, schaut man auf die nächsthöchste. Flushs und Straßen haben bei der Bestimmung der *Low-Hand* keine Bedeutung. Ansonsten wäre A2345 nicht die beste Low-Hand, die man haben könnte. Wenn sich niemand für die schlechteste Hand qualifizieren konnte, gewinnt derjenige mit der höchsten Hand den gesamten Pot.

Man kann auch den ganzen Pot gewinnen, ein sogenannter *Scoop,* wenn man die beste *High-* und *Low-Hand* gleichzeitig hat, zum Beispiel bei A2345. Man kann für die Low-Hand und die High-Hand unterschiedliche zwei Karten aus seinen vier verdeckten Karten verwenden.

Diese Variante hört sich kompliziert an. Sie macht aber vor allem wegen der vielen unerwarteten Wendungen und Kombinationsmöglichkeiten eine Menge Spaß. Aber ganz ehrlich: Wenn es um große Beträge geht, würde ich persönlich kein Omaha High/Low spielen.

3. TEIL

TEXAS HOLD'EM-STRATEGIE – DIE BASICS

WAS MACHT EINEN GUTEN POKERSPIELER AUS?

In dem berühmten Poker-Film *Rounders* sagt die Freundin des Protagonisten, als sie sich von ihm trennt, den folgenden Satz: *»Ich würde dir Glück wünschen, aber ich weiß, dass es bei deinem Spiel nicht um Glück geht.«*

Und hiermit wirft sie eine interessante Frage auf: Ist Poker ein Glücksspiel oder ein *Skill-Game,* das heißt ein Spiel, bei dem es mehr um Können als um Glück geht? Gleicht Poker also eher dem Roulette oder dem Schach?

Diese Frage ist nicht ganz eindeutig zu beantworten. Poker ist eine Mischung aus beiden: Wäre Poker wie Schach ein reines *Skill-Game,* so würden die unterlegenen Spieler sehr schnell erkennen, dass sie keine Chance gegen überlegene Gegner haben. Sie würden ihr Geld einmal verlieren und hätten dann genug. In gewisser Weise ist also gerade das Glückselement der Grund, warum Poker so profitabel sein kann. Schlechte Spieler sehen nicht so schnell ein, dass sie keine Chance haben, und kehren deshalb immer und immer wieder zurück, um den Profis mehr Geld in den Rachen zu werfen. Poker ist also ein Skill-Game, das gerade so viele Glückselemente enthält, wie nötig sind, um schlechten Spielern weiszumachen, es sei ein Glücksspiel.

Auf lange Sicht hat jeder gleich viel Glück oder Pech. Ein guter Pokerspieler ist in der Lage, in den Situationen, in denen er Glück hat, einen maximalen Profit zu erzielen und in unglücklichen Situationen seinen Verlust zu minimieren.

Ein guter Pokerspieler hat maximale Kontrolle über den Glücksfaktor. Um den Glücksfaktor zu minimieren, muss er die Grundzüge der Wahrscheinlichkeitsrechnung beherrschen. Er muss zum Beispiel wissen, wie hoch seine Chance ist mit der letzten Gemeinschaftskarte, noch einen *Flush* zu treffen, um auf dieser Grundlage eine möglichst gewinnbringende Entscheidung zu treffen.

Aber dies hat auch eine seltsame Konsequenz: Sitzen nämlich an einem Tisch gute Spieler und keiner macht große Fehler, sind die Faktoren Glück und Psychologie wieder umso wichtiger. Das Spiel ist also immer spannend und unvorhersehbar.

Beim Poker geht es darum, die Entscheidung mit der maximalen Gewinnaussicht zu treffen, egal, wie das Ergebnis der einzelnen Hand dann aussieht. Nehmen wir zum Beispiel folgende Situation aus einem No-Limit-Turnier an:

Sie haben:

Der Gegner hat:

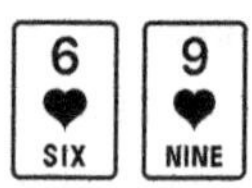

Sie wetten auf Ihre Könige 3000 Chips, und Ihr Gegner geht mit. Der Flop kommt, und die Situation stellt sich wie folgt dar:

Flop

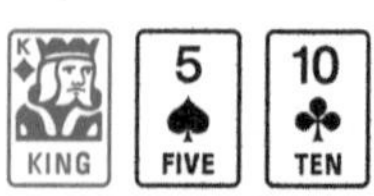

Sie haben einen Königsdrilling und gehen All-In mit Ihren letzten 6000 Chips. Der Gegner callt, und die letzten zwei Karten werden aufgelegt, da Sie mangels Chips nichts mehr wetten können:

Sie haben:

Der Gegner hat:

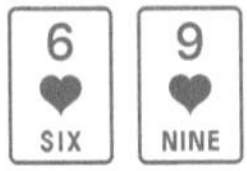

Flop

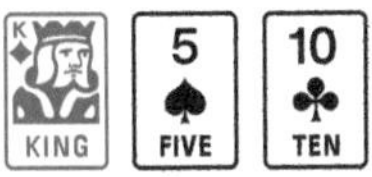

Turn

River

Eine Katastrophe. Der Gegner hat eine Straße gezogen. Sie haben all Ihre Chips verloren und sind ausgeschieden, obwohl Sie korrekt gespielt haben. Es ist Ihr Gegner, der falsch gespielt hat, weil er *against all odds,* also entgegen jeder Wahrscheinlichkeit, auf dem Flop mitgegangen ist. Die Chance, die Straße zu machen, war auf dem Flop einfach zu schlecht. Deshalb war sein Mitgehen eigentlich ein großer Fehler. Warum war das ein Fehler? Er hat doch gewonnen, werden schlechte Spieler nun sagen. Ganz einfach: Stellen Sie sich vor, ein schlechter Spieler mache zehnmal hintereinander einen solchen schlechten *Call* auf dem Flop. Wie oft wird er wohl solches Glück haben und genau die zwei fehlenden Karten bekommen?

Die Kunst der richtigen Entscheidung

Ein Pokerspieler sieht sich stets mit der gleichen Entscheidung konfrontiert: Soll er aufgeben, mitgehen oder wetten? Es klingt im Prinzip einfach, ist es aber nicht. Es ist in manchen Situationen eine Kunst, die richtige Entscheidung zu treffen. Die richtige Entscheidung ist immer diejenige mit der höchsten Gewinnerwartung.

Der Unterschied zwischen einem guten Pokerspieler, auch *Shark* oder *Hai* genannt, und einem schlechten, auch *Fisch* genannt, ist,

dass der gute Spieler in der Summe mehr richtige Entscheidungen trifft als der schlechte. Der gute Spieler hat am Ende des Jahres Plus gemacht, der Schlechte hat sein Geld verspielt, weil er zu oft eine falsche Entscheidung getroffen hat. Er ist zu oft mitgegangen, wenn er hätte aufgeben sollen, er hat zu oft aufgegeben, obwohl er hätte dabeibleiben müssen.
Das Glück kann das Ergebnis eines Abends bestimmen: Auch ein schlechter Spieler kann mal groß gewinnen. Auf ein Jahr gesehen, gleichen sich jedoch Glück und Pech wieder aus.

Die böse Varianz

Rick Bennet hat einmal gesagt: *»In the long run there's no luck in poker, but the short run is longer than most people know.«* (Langfristig gesehen, gibt es kein Glück im Poker, aber kurzfristig kann länger dauern, als man denkt.) Eine schöne Beschreibung der verhassten Varianz, die allen guten Pokerspielern das Leben schwer macht. Als Varianz bezeichnet man in der Wahrscheinlichkeitsrechnung die Abweichung einer reellen Zufallsvariablen von ihrem Erwartungswert – also genau das, was in der Katastrophenhand oben passiert ist.
Natürlich verliert auch ein guter Spieler eine, mehrere oder viele Hände in Folge. Selbst er (oder sie) ist nicht davor gefeit, dass der Gegner entgegen aller Wahrscheinlichkeit am Ende doch noch gewinnt. Solche Situationen werden *Suckouts* genannt. Auf lange Sicht wird der schlechte Spieler in ähnlichen Situationen die Straße jedoch nicht bekommen und somit ein Verlierer sein, der zu viel Geld auf schlechte Hände setzt.
Die große Frage ist somit, wie man im Poker möglichst oft die richtige Entscheidung trifft. Neben den gerade erwähnten genauen Kenntnissen der Wahrscheinlichkeiten und den speziellen Eigenheiten des Spiels, die in den folgenden Kapiteln näher erläutert werden, spielt die Psychologie eine große Rolle.

Ein wichtiger Satz im Poker lautet: *»You don't play the cards, you play the man.«* (Du spielst nicht die Karten, du spielst den Menschen.)
Beim Poker ist es absolut notwendig, seinen Gegner genau zu kennen. Dies ist eine der wichtigsten Aufgaben im Spiel. Kennt man seinen Gegner, so ist es möglich, auch mit schlechteren Karten gegen ihn zu gewinnen, indem man zum Beispiel im richtigen Moment blufft. Es ist wichtig, Schwäche bzw. Stärke beim Gegner »riechen« zu können und dies auszunutzen.

Spiel der unvollständigen Informationen

Poker ist ein Spiel der unvollständigen Informationen. Das heißt schlicht und einfach, dass ich die Karten des Gegners und die Karten, die noch kommen werden, nicht kenne. Genau diese Wissenslücke versuche ich zu schließen, um zu der richtigen Entscheidung zu kommen. Im Poker ist Information gleichbedeutend mit Stärke. Es ist wie bei einer Waage mit zwei Waagschalen. Je mehr Informationen ich habe, die ich präzise der einen oder anderen Waagschale zuordnen kann, desto richtiger wird der Ausschlag zugunsten einer der Schalen sein. Gerade hierbei spielt die Psychologie eine große Rolle. Was ist mein Gegner für ein Spieler? Wie ist seine Laune? Zeigt er Schwäche, um Stärke zu verbergen, oder umgekehrt?

Dieses Buch wird Ihnen helfen, die Qualität Ihrer Entscheidungen im Spiel zu verbessern. Sie werden die Grundlagen des Spiels kennenlernen und die Psychologie des Spiels begreifen. Hierdurch werden Sie ein besserer Pokerspieler, der dauerhaft Geld gewinnt.
Eine Sache ist besonders für diejenigen, die schon eine Weile spielen, sehr wichtig: Lassen Sie die Informationen, die dieses Buch enthält, langsam auf sich wirken. Versuchen Sie nicht, Ihr

Spiel plötzlich komplett umzuwerfen, sondern beginnen Sie die Konzepte langsam und bedachtsam in Ihr Spiel einfließen zu lassen. Es sei denn, Sie sind ein hoffnungsloser Fisch, der permanent haushoch verliert. In dem Fall wäre es wahrscheinlich besser, alles zu vergessen und mit diesem Buch komplett neu anzufangen. Ich selbst habe sehr gute Spieler erlebt, die vor einem wichtigen Turnier herumtönten, sie hätten jetzt das Buch XY gelesen und seien nun *unbreakable,* also unschlagbar. Tatsache war, dass sie meist innerhalb der ersten Hände ausschieden, weil sie nicht mehr nach Gefühl oder eigenen Überlegungen gespielt haben, sondern ein fremdes Konzept blind übernommen hatten.

Die Entscheidung im Spiel kann ich nicht für Sie treffen. Ich kann Ihnen nur helfen, dass Sie selbst zu der richtigen Entscheidung finden. Es gibt im Poker kein Patentrezept nach dem Motto: »Immer, wenn die Karte X kommt, müssen Sie Y machen, und Sie werden Ihren Lebensunterhalt mit Pokern bestreiten können.« Sogenannte *ABC-Player* sind leicht zu lesen und werden von guten Spielern, vor allem wenn es um höhere Beträge geht, ausgenommen. Sie sind zu berechenbar. Im Poker ist jede Hand anders und muss unterschiedlich gespielt werden. Ich werde Ihnen Werkzeuge an die Hand geben, die Ihnen helfen werden, stets eine möglichst gute Entscheidung zu treffen.

Wichtig ist vor allem, dass Sie oft spielen! Ob im Casino, zu Hause oder im Internet, um viel oder um wenig Geld. Spielen Sie viele Hände. Diese Erfahrung ist Gold wert. Vor allem im Internet kann man sehr viele Hände pro Zeit absolvieren, und das sogar an mehreren Tischen gleichzeitig. Lernen Sie aus Ihren Fehlern. Denken Sie über Hände nach, in denen Sie viel gewonnen oder verloren haben. Stellen Sie sich die Frage: »Was habe ich da besonders gut gemacht? Was war besonders schlecht gespielt?« Lesen Sie parallel dazu dieses Buch.

Schauen Sie sich viel Poker im Fernsehen oder in Livestreams an. Der Lerneffekt ist nicht zu unterschätzen. Allerdings müssen Sie bedenken, dass Sie in der Realität die Hände der anderen nicht kennen. Trotzdem lernt man hierbei gut, ohne einen Cent zu riskieren. Beachten Sie aber bei den Poker-Fernsehübertragungen, dass oft nur ausgewählte Hände nacheinander gezeigt werden. Sie könnten sonst ein falsches Bild von den Wahrscheinlichkeiten bekommen. In vielen Livestreams dagegen verraten die Profis ihre Tricks und erklären ihr Spiel.

Eine große, komplexe Maschine

Betrachten Sie Ihr Pokerspiel wie eine große, komplexe Maschine mit vielen kleinen Einstellhebeln. Wenn Sie alle diese Hebel schlagartig umlegen, so kann die Maschine nicht mehr ordentlich funktionieren. Versuchen Sie vielmehr langsam, die Hebel neu zu justieren. Probieren Sie hier ein bisschen, dort ein bisschen, um letztendlich zu der Einstellung zu gelangen, die die Maschine das meiste Geld in Ihre Taschen pumpen lässt. Denn darum geht es beim Poker.

Sie werden niemals einen guten Pokerspieler sagen hören: »Ich habe zwar gestern Geld verloren, aber es war trotzdem ein schönes Spiel, weil ich nette Leute getroffen habe.« Alles im Poker dreht sich ums Geld. Machen Sie sich das klar. Es geht natürlich auch um den Spielspaß, aber ich habe umso mehr Spaß, je mehr Geld ich gewinne.

Bitte verstehen Sie mich nicht falsch, aber beim Pokern würde ich meine eigene Oma in die Insolvenz spielen. Ich würde meine eigene Freundin ausnehmen, wenn die Gelegenheit dazu da wäre. Diese Einstellung ist zwingend erforderlich. »Beißhemmung« einer schönen Frau gegenüber ist ebenso fehl am Platz wie die Rücksichtnahme auf einen schwächeren Spieler. Das bedeutet aber nicht, dass Sie, um ein guter Spieler zu sein, ihre ethischen

Grundsätze über Bord werfen müssen. Es kann Ihnen nicht schaden, von den anderen als ein angenehmer Zeitgenosse wahrgenommen zu werden. Die *Loser* haben immer weniger Probleme damit, ihr Geld an einen *Nice Guy* zu verlieren, als an eine Person, die durch unangenehmes Verhalten versucht, den Tisch zu dominieren. Einen solchen Spieler nennt man *Bully*. Seien Sie nach außen hin freundlich, aber wenn es um einen Pot geht, seien Sie ein Pitbull! Sie müssen sich auch nicht entschuldigen, wenn Sie gegen jemanden hoch gewinnen. Ein guter Pokerspieler versteht das. Canada Bill Jones hat einmal gesagt: *»It's morally wrong to let a sucker keep money.«* (Es ist unmoralisch, einem schlechten Spieler sein Geld zu belassen.)

POSITION – DAS A UND O BEIM POKERN

Position ist das Entscheidende beim Texas Hold'em und spielt in allen Spielsituationen eine wichtige Rolle. Deswegen ist es notwendig, dass wir uns vorab damit befassen. Viele gute Spieler und Angeber, die weniger gut spielen, behaupten, sie könnten mit jedem Blatt gewinnen, solange sie nur in der besseren Position sitzen.

Im Poker ist es immer ein Vorteil, wenn man *nach* einem anderen Spieler an der Reihe ist. Man kann sich in Ruhe anschauen, was er macht, und kann dann entscheiden, wie man selbst darauf reagiert. Man hat sozusagen das letzte Wort. Man sagt auch: *»Ich habe Position auf dich«,* wenn man, im Uhrzeigersinn gesehen, hinter einer Person sitzt.

Als Position bezeichnet man im Poker die Position, in der man sich in Bezug auf einen anderen befindet. Wenn man im Uhrzeigersinn gesehen hinter jemandem sitzt, hat man grundsätzlich die bessere Position.

Der Spieler, der vor einem an der Reihe ist, ist gezwungen, Informationen über sich preiszugeben. Man hat dann durch Beobachtung die Möglichkeit, ihn auf eine starke oder schwache Hand zu setzen und dementsprechend zu handeln. Gerade im Texas Hold'em kommt es oft vor, dass niemand eine besonders tolle Hand hat. In dem Fall kann derjenige, der als Letzter dran ist, dies erkennen und für sich ausnutzen, indem er durch eine Erhöhung die anderen Spieler zum Aufgeben bringt.
Der Letzte der Runde hat den größten Überblick, da alle anderen vor ihm gehandelt haben. Grundsätzlich kann man sagen, dass ein Bluff eher funktioniert, wenn man in der besseren Position ist. Vor einem Bluff muss ich den anderen einschätzen können. Das kann ich am besten, wenn derjenige vor mir dran ist. Ansonsten laufe ich Gefahr, dass mein Bluff mitgegangen wird – tödlich.

Im Texas Hold'em unterscheidet man üblicherweise vier Positionstypen:

- **Die Blinds**
- **Early-Position**
- **Middle-Position**
- **Late-Position**

Machen wir uns das Konzept der Position an einem Beispiel klar. Wir nehmen einen vollen Pokertisch (siehe Abb. auf der nächsten Seite):

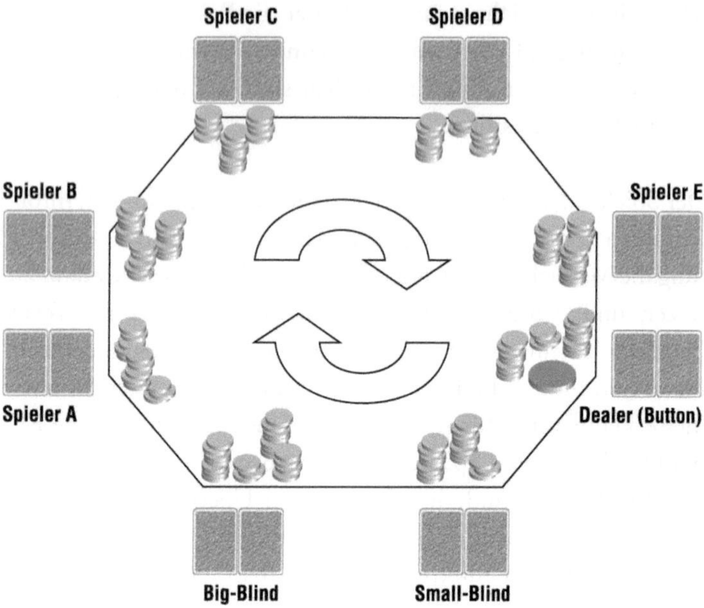

Die Runde geht los: Der Dealer teilt die Karten aus, und die *Blinds* legen ihre Zwangseinsätze.

Spieler A muss in der ersten Wettrunde als Erster entscheiden, ob er den Blind mitgeht oder erhöht. Er ist *under the gun.* Er hat in der ersten Wettrunde die schlechteste Position.

Nacheinander handeln nun Spieler B bis E. Der Dealer, der wegen des *Dealerbuttons*, der am Pokertisch die Rolle des Dealers anzeigt, auch *Button* genannt wird, hat die beste Position. Er ist ab der zweiten Wettrunde nach allen anderen am Zug, verfügt somit über die meisten Informationen am Tisch und kann sein Handeln am besten auf den Tisch abstimmen. Merken Sie sich:

Als Dealer hat man immer die beste Position. Man sitzt am Knopf (Button) und hat das Kommando.

Hat beispielsweise der gesamte Tisch Schwäche gezeigt und der Button diese »gerochen«, so kann er oft durch eine entsprechende Erhöhung den Pot »stehlen«. Der Dealer kann allein wegen seiner Position den Pot abräumen. Eine Erhöhung, die nur wegen der guten Position gemacht wird, bezeichnet man als *Position-Raise*.
Nach dem Flop muss dann der *Small-Blind* als Erster entscheiden, was er macht, und hat somit die schlechteste Position in der zweiten Wettrunde. Der Button freut sich wiederum darauf, das letzte Wort zu haben.

Blinds und Early-Position

Man kann also sagen, dass die Blinds und Spieler A und B die schlechteste Position im Texas Hold'em Poker haben.

Middle-Position

Spieler C und D sind in *Middle-Position*. Auch nicht gerade eine tolle Sache. Man sieht, was ein paar Spieler vor einem gemacht haben, und verfügt so über etwas mehr Information. Auf der anderen Seite des Tisches kommen aber noch mehrere Spieler dran, die sich aus der besseren Position heraus in Ruhe das eigene Handeln anschauen und entsprechend reagieren können.

Late-Position

Der Dealer und Spieler E haben die beste Position, nämlich die *Late-Position*. Sie können den Tisch kontrollieren und haben den Überblick. Sie können es sich leisten, auch mal schlechtere Hände zu spielen, da die Position diesen Nachteil wieder ausgleicht.
Oft habe ich erlebt, dass nach einer Spielpause plötzlich jemand für sich beansprucht, Dealer zu sein. Ein anderer ruft sofort, dass er aber an der Reihe sei. Es entbrennt ein regelrechter

Streit darum, die Karten austeilen zu dürfen. Jetzt wissen Sie, warum.

Bitte beachten Sie, dass sich die Position immer relativ zum Dealerbutton ergibt. In der nächsten Runde verschiebt sich die Positionseinteilung natürlich um einen Platz, weil der Dealerbutton nach links weitergegeben wird.

Zur Veranschaulichung übertragen wir die Positionstypen auf unsere Beispielrunde:

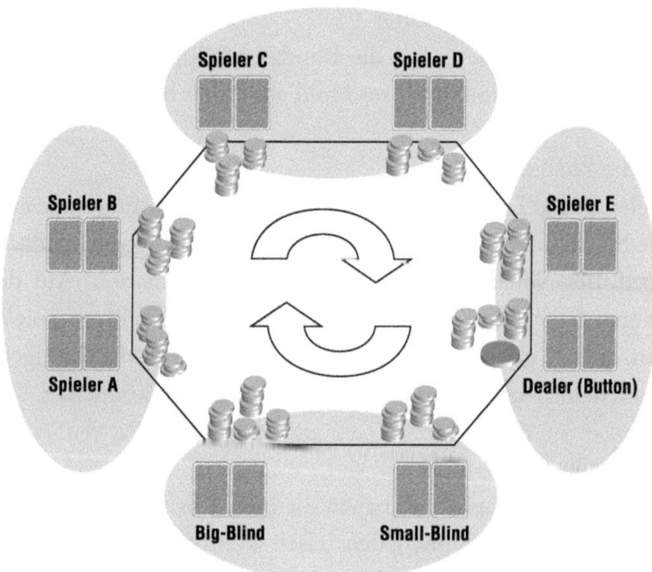

Wie kann ich die Position am besten für mich nutzen?

Ich muss mir beim Texas Hold'em immer klarmachen, auf welcher Position ich mich befinde. Dies hilft mir bei der Entscheidungsfindung.

Grundsätzlich gilt, dass ich in *Early-Position* schon eine etwas stärkere Hand brauche, um zu spielen, während ich es mir in der *Late-Position* erlauben kann, eine schlechtere Hand zu spielen, da die Position einiges ausgleicht.
Wichtig ist, dass Sie die Position bei der Platzwahl beachten, sofern die Plätze nicht ausgelost werden. Einerseits müssen Sie darauf achten, dass Sie keinen guten Spieler links von Ihnen, also hinter Ihnen, sitzen haben, da dieser dann zusätzlich zu seiner Spielstärke in den meisten Runden Position auf Sie hat. Andererseits müssen Sie stets versuchen, dass rechts neben Ihnen die schlechteren Spieler sitzen. Sie können diese dann im Verlauf des Pokerabends aus der besseren Position heraus ausnehmen.
Ein weiterer berühmter Satz im Poker lautet: *»Make friends with the guy on your left.«* (Freunde dich mit dem Typ links von dir an.) Da ist etwas dran. Verärgern Sie nie denjenigen, der links von Ihnen sitzt und somit Position auf Sie hat. Seien Sie freundlich. Hören Sie sich seine Geschichten an, auch wenn sie todlangweilig sind. Es besteht dann die Chance, dass er aus seiner besseren Position heraus weniger aggressiv ist.

The money flows clockwise

Verinnerlichen Sie auch bitte den folgenden Ausspruch im Poker: *»On the Poker table, the money flows clockwise.«* (Am Pokertisch fließt das Geld im Uhrzeigersinn.) Warum das so ist, ist nun leicht zu verstehen. Das Geld fließt im Uhrzeigersinn, weil es zu demjenigen fließt, der die bessere Position hat.
Behalten Sie beim Poker stets Ihre Position im Auge. Bedenken Sie immer, wer nach Ihnen noch dran ist und was vor Ihnen passiert ist. Berücksichtigen Sie bitte diesen Faktor bei allen Entscheidungen, die Sie treffen. Beachten Sie die Position nicht, werden Sie auf lange Sicht ein Fisch bleiben. Neben den Karten ist die Position der wichtigste Faktor in jeder Texas Hold'em-Runde.

PRE-FLOP-PLAY – WIE VERHALTE ICH MICH IN DER ERSTEN WETTRUNDE?

Die erste Wettrunde im Texas Hold'em ist eine eigenartige Sache: Man hat seine zwei Karten bekommen und muss jetzt beurteilen, wie sich diese Karten im Lauf des Spiels entwickeln. Man muss zu einer Entscheidung kommen, obwohl man weniger als ein Drittel der gesamten Hand kennt. Schließlich kommen noch fünf Karten auf den Tisch, die Sie benutzen können. Diese Entscheidung ist eine der wichtigsten im Texas Hold'em, denn es geht um die Frage, mit welchen Starthänden man überhaupt mitspielen soll.

Es ist noch alles offen. Die Überlegungen, die man hier anstellen muss, sind trotzdem nicht besonders kompliziert, da der Flop noch nicht gekommen ist und noch keine Wettrunde stattgefunden hat. Es gibt nur wenige Informationen, die verarbeitet werden müssen. Dies ist auch die Situation im Texas Hold'em, bei der ich Ihnen die größte Hilfe geben kann. Es kommt hier oft zu Standardsituationen, und es gibt im Vergleich zum Spiel nach dem Flop weniger Variablen, sodass sich vor dem Flop bessere Faustregeln aufstellen lassen. Ist der Flop erst einmal da, wird es komplizierter. Eine solide *Pre-Flop*-Strategie verhindert, dass man mit einem schlechten oder mittelmäßigen Blatt in späteren Runden Probleme bekommt oder, noch schlimmer, mit dem zweitbesten Blatt hoch verliert. Zunächst müssen wir uns fragen, welche Starthände im Texas Hold'em gut sind.

- Grundsätzlich will man im Texas Hold'em hohe Karten haben. Am besten Asse. Im Zweifel gewinnt nämlich immer das höhere Paar, der höhere Kicker, die höhere Straße, das höhere Full-House.

- Die Karten sollten auch die Möglichkeit eröffnen, sich durch das Board zu verbessern. Karten, die suited sind, also die gleiche Farbe haben, können leichter zum Flush werden. Karten, die fünf Ränge oder weniger auseinanderliegen, können leichter eine Straße bilden. Das ist auch der Grund, warum 72 *offsuit* die schlechteste Hand im Poker ist. Ich kann die Karten nicht einmal für eine Straße benutzen, wie zum Beispiel 23 offsuit, und die Chancen auf einen Flush sind auch nicht besonders gut.

Einteilung der Starthände beim Texas Hold'em

Im Texas Hold'em Poker hat sich eine Einteilung der guten und somit spielbaren Starthände in Gruppen herausgebildet. Hier die aktuelle Hitliste der besten Starthände im Texas Hold'em:

Gruppe	Starthände, in der Wertigkeit absteigend dargestellt, T = 10; s = suited	Rang	Wahrscheinlichkeit, eine Hand der Gruppen oder besser zu bekommen
1	AA, KK, QQ, JJ, AKs	1–5	11 %
2	ATs, KJs, AQ, 99, QJs, KTs	6–10	
3	88, QTs, A9s, AJ, JTs, KQ, A8s, AT	11–16	
4	88, QTs, A9s, AJ, JTs, KQ, A8s	17–24	
5	K9s, A7s, KJ, A5s, Q9s, T9s, 77, J9s, A6s, QJ, A4s, KT, QT, A3s, K8s, JT, A2s, Q8s	25–42	20 %
6	T8s, K7s, 98s, 66, J8s, A9, K6s, K5s, A8	43–51	24 %
7	87s, 97s, K4s, Q7s, T7s, K9, J7s, T9, 55, Q6s, Q9, K3s, J9, A7, Q5s, A5, K2s	52–68	33 %
8	Q4s, A6, T6s, J6s, A4, J5s, K8, Q3s, 44, T8, A3, J8, Q8, K7, A2, K6	69–84	44 %

Dies sind die spielbaren Starthände im Texas Hold'em. Ich möchte es an dieser Stelle nicht zu kompliziert machen, aber man kann sagen, dass man generell in weniger als 30 % der Fälle eine spielbare Starthand der Gruppen 1–7 bekommt. Merken Sie sich diese Zahl. Wenn Sie in mehr als 30 % der Hände dabei sind, wetten oder mitgehen, spielen Sie zu viele Hände. Gerade als Anfänger sollte man eher weniger Hände spielen.
Bei allen Aktionen in der ersten Wettrunde muss ich stets meine Position beachten:

- Je besser meine Position ist, desto schwächer kann meine Hand sein. Eine Hand der Gruppe 4 wie zum Beispiel **88**, auch *Snowmen* genannt, in Early-Position zu spielen ist gefährlich, da man nicht wissen kann, ob die nächsten Spieler besser sind und erhöhen. Man hat es dann mit dem niedrigen 8er-Paar meist schwer.
- Wenn Sie sich in einem Limit-Spiel mit 8 oder mehr Mitspielern in den Blinds oder in Early-Position befinden, spielen Sie nur etwa 5–10 % der Starthände aus den Gruppen 1–3, eher weniger.
- In Middle-Position können Sie auch die Gruppe 4 zu den spielbaren Händen hinzuzählen, sodass Sie auf 5–15 % der Starthände kommen.
- In Late-Position kann man bis zu 20 % der Hände spielen.
- Spielen Sie grundsätzlich weniger Hände in Early-Position und mehr Hände in Late-Position.

Bei den Aktionen in der ersten Wettrunde muss ich auch stets die Gesamtzahl der Spieler am Tisch beachten. Je weniger Mitspieler, desto wertvoller ist eine Hand:

- Am wertvollsten ist eine Hand beim *Heads-Up Game*, also beim Pokern zu zweit. Hier sollte man grundsätzlich über

50 % der Starthände spielen. Der Gegner hat ja meist auch nur Schrott bekommen.

- Bei 3–4 Spielern sollte man ungefähr 30 % der Starthände spielen, eher weniger.
- Bei 5–6 Spielern weniger als 20 %.
- Bei 7 oder mehr Spielern 5–15 %, also wirklich nur die besten 3 oder 4 Gruppen.

Beachten Sie unbedingt, wie sich die Spieler vor Ihnen verhalten haben. Ein Beispiel: Wenn Sie in Middle-Position sitzen und es vor Ihnen bereits eine Wette, eine Erhöhung und einen Call gab, sind Ihre **TT** natürlich nicht mehr so viel wert, als wenn vor Ihnen alle aufgegeben hätten. Die Wahrscheinlichkeit ist dann höher, dass andere Spieler ein besseres Blatt haben. Dies gilt vor allem, wenn diese Spieler aus Early-Position heraus spielen. Je mehr Spieler vor Ihnen Geld bezahlt haben, umso mehr sinkt der Wert Ihrer eigenen Hand.
Noch einmal, weil es so wichtig ist:

- Lassen Sie sich nicht verwirren. Spielen Sie nur gute Hände. Weniger als ein Drittel der Starthände sollte überhaupt im Texas Hold'em gespielt werden.
- Je besser Ihre Position, das heißt, je weiter Sie in der Runde hinten sitzen und je weniger Spieler am Tisch sind, desto eher wird eine Hand spielbar. Sie sollten also prozentual mehr Hände spielen, wenn Sie in guter Position sind und/oder wenn Sie mit weniger Mitspielern spielen.

Es folgen nun Überlegungen zu einzelnen Starthänden. Beachten Sie aber, dass dies nur eine Richtschnur ist. Die Regeln gelten insbesondere für volle Tische ab sieben Spielern und unterstellen den anderen Spielern ein konservatives Spiel. Im Einzelfall kann eine andere Entscheidung erforderlich sein, um zum Beispiel für die anderen weniger vorhersehbar zu sein.

Die Monsterstarthände

AA, KK, QQ, JJ, AKs sind die Monsterhände im Texas Hold'em. Erhöhen Sie damit vor dem Flop, egal aus welcher Position heraus. Im No-Limit sollte die Wette mit diesen Blättern mindestens zweimal die Höhe des Big-Blinds betragen. Grundsätzlich ist es verfehlt, auf eine solche Hand vor dem Flop nicht zu wetten. Sie wollen mit diesen Händen schon zu Beginn viele Spieler vergraulen. Sie wollen ja nicht, dass die anderen Spieler mit ihren unwahrscheinlichen Draws mitgehen und am Ende noch gegen Ihre Monsterstarthand gewinnen, weil sie irgendeine Gemeinschaftskarte treffen. Gehen die anderen Spieler mit, dann haben Sie in jedem Fall gute Chancen, am Ende zu gewinnen, und haben auch noch mehr Geld im Pot.
Zu **AA** ist zu sagen, dass es die beste Starthand beim Texas Hold'em ist. Hiermit sollten Sie wetten und erhöhen, egal auf welcher Position Sie sitzen und was die Spieler vor Ihnen gemacht haben. Seien Sie sich aber immer bewusst, dass auch **AA** im weiteren Verlauf der Wettrunden geschlagen werden kann.
Gerade im Fall von **KK, QQ** oder **JJ** wird es ab dem Moment gefährlich, in dem ein Ass auf dem Board auftaucht. Die meisten Spieler spielen gerne Asse, und so ist es wahrscheinlich, dass mindestens ein Spieler ein Ass auf der Hand hat. Im Einzelfall kann es auch aus Gründen der Täuschung angebracht sein, mit einer Monsterhand nur mitzugehen, um seine Handstärke nicht zu offenbaren.

Marginal Hands, z. B. AK, AQs, KQs, AJs, KJ

Auf den ersten Blick haben wir es hier mit sehr starken Händen der Gruppen 2 bis 4 zu tun. Aber passen Sie auf: Dies sind sogenannte *Marginal-Hands*. Diese zu spielen erfordert das meiste Geschick, und gerade bei diesen Händen beweist sich das ganze Können eines Spielers. Genau diese Hände füttern die Monsterhände. Sie sind oft die gefürchtete und teure *Second-Best-Hand*.

Je weiter wir in der Wertigkeit nach unten wandern, desto größer ist die Gefahr, dass man im Lauf des Spiels von einer anderen Hand geschlagen wird. Dies zu verstehen ist sehr wichtig. Daher ein Beispiel aus einem Limit-Texas Hold'em-Spiel:

Sie haben:

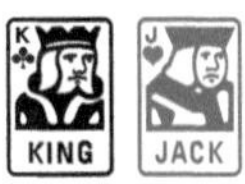

Sie sitzen im *Big-Blind,* und ein fortgeschrittener Spieler in früher Position erhöht. Alle anderen Spieler geben auf. Sie gehen mit.

Der Flop kommt:

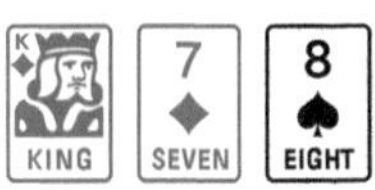

Wie bewerten Sie Ihre Hand? Zunächst einmal sieht Ihre Hand Erfolg versprechend aus. Sie haben mit Ihrer *Kojack-Starthand* das Top-Pair mit einem recht guten Kicker getroffen. Es hätte durchaus schlechter kommen können. Trotzdem sollten Sie es vermeiden, sich mit einer solchen Hand zu weit aus dem Fenster zu lehnen. Ihr Gegner hat vor dem Flop Stärke gezeigt und hat zudem Position auf Sie. Er handelt bei jeder der kommenden Wettrunden nach Ihnen. Ihre Hand ist offensichtlich stark genug, um zu wetten. Allerdings kann Ihr Gegner viele Starthände

haben, die Ihnen Probleme bereiten: **AA, KK, AK, KQ, K8, K7, 77, 88** und **78** schlagen Sie im Augenblick.
Sie selbst schlagen **KT, QQ** bis **99** und **66** bis **22. K9, K6** bis **K2** ignorieren wir, da ein fortgeschrittener Spieler diese Karten selten aus früher Position erhöhen würde. Zwei Karos geben Ihrem Gegner einen Flush-Draw. **T9, 96** und **65** geben ihm einen Open-End-Straight-Draw.
Sie kommen zu dem Schluss, dass Ihre Hand mit Top-Pair zum Wetten stark genug ist. Sie entscheiden sich schließlich, den Gegner mit einer Wette zu testen. Sie wetten 10 €. Der Gegner erhöht auf 20 €. Die Erhöhung hat nicht unbedingt viel zu sagen, denken Sie sich. Der andere versucht möglicherweise nur, die Stärke, die er vor dem Flop gezeigt hat, aufrechtzuerhalten. Er könnte eine Monsterhand haben, vielleicht aber auch nur einen Draw. Sie gehen mit, die 4. Gemeinschaftskarte kommt:

Sie haben: Der Gegner hat:

Flop: Turn:

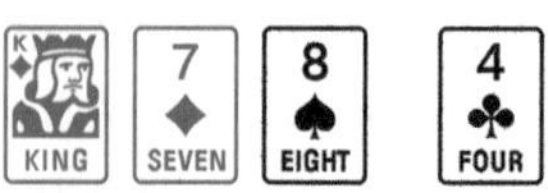

Diese Karte ist gut für Sie, denn sie hat die Situation nicht maßgeblich verändert. Sie wetten 20 €, und Ihr Gegner geht mit. Der Dealer legt die letzte Karte auf. Die endgültige Situation ist jetzt folgende:

Sie haben:

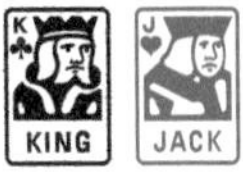

Der Gegner hat:

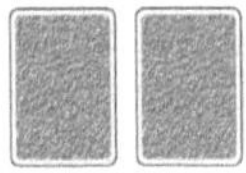

Flop:

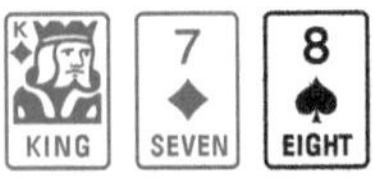

Turn:

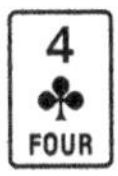

River:

Jetzt haben Sie einen Drilling mit einem Jack als Kicker. Der König hat Sie erneut getroffen. Sie wetten erneut 20 €. Der Gegner geht mit, und Sie müssen Ihre Karten aufdecken. Stolz präsentieren Sie Ihren Drilling. Allerdings bemerken Sie schon beim Aufdecken, dass irgendetwas nicht stimmt. Das Gefühl ist richtig. Der Gegner legt genüsslich seine Hand auf:

Er hat:

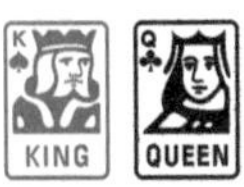

Wie Sie hat er einen Drilling, aber mit der Dame hat er leider den höheren Kicker. **KJ** hat Sie insgesamt 80 € gekostet.

Dies war ein Beispiel, wie sich eine Starthand wie **KJ** im Lauf des Spiels entwickeln kann und welche Überlegungen man im Lauf der Hand anstellen sollte. Das soll jetzt nicht heißen, dass Sie **KJ** nie spielen sollen. Es ist aber wichtig, dass Sie sich immer des Second-Best-Hand-Problems bewusst sind. Gerade bei einem Spiel mit wenigen Spielern und/oder in einer guten Position ist **KJ** eine durchaus spielbare Hand.

Asse in der Starthand

Grundsätzlich ist ein Ass gut. Es ist die höchste Karte, die, wenn Sie vom Flop getroffen wird, das höchste Paar bildet. Allerdings werden Asse gerne gespielt, und deswegen sind meist mehrere Asse am Tisch »unterwegs«. Wenn Sie also ein Ass auf der Hand haben und das Board Ihnen ein Ass-Paar beschert, haben Sie oft ein zweites Ass-Paar gegen sich. Es gewinnt am Ende das Ass-Paar mit dem höheren Kicker. Wenn Ihre Beikarte nicht besonders hoch ist, haben Sie weniger Chancen und verlieren mit Ihrer Hand sehr viel Geld. Sie haben *Kicker-Trouble.* Vorsicht also vor einem Ass mit einer relativ niedrigen Beikarte. Denn es gilt: *»Don't fall in love with the ace.«* (Verlieb dich nicht in das Ass.)

Bitte beherzigen Sie diesen Satz und machen Sie nicht den typischen Anfängerfehler, ständig wegen Kicker-Trouble zu verlieren. Die Beikarte ist wichtig. Zwischen **AK** und **A7** liegen, was die endgültige Gewinnwahrscheinlichkeit betrifft, Welten. Es macht auch einen großen Unterschied, ob die Hand suited oder offsuit ist. Eine suited Hand mit einem Ass ist immer gut, da der Flush mit einem Ass immer der höchste Flush ist.

Natürlich muss man auch hier wieder bedenken, dass das Ass mit niedrigem Kicker umso spielbarer wird, je weniger Personen am Tisch sitzen und je besser die Position ist. In einem Heads-Up-Game ist **A7** schon eine sehr gute Hand.

Mittlere und niedrige Suited Connectors und kleine Paare

Suited Connectors, zum Beispiel **78s, 56s, 89s,** sind Startkarten, die von ihrer Wertigkeit her direkt beieinanderliegen und somit Straßen-Potenzial haben und wegen der gleichen Farbe auch gleichzeitig Flush-Potenzial haben. Zu den niedrigen Suited Connectors, wie zum Beispiel **76s,** ist zu sagen, dass diese umso besser sind, je mehr Spieler vor einem mitgegangen sind. Wenn der Flop einen mit einer solchen Hand trifft, dann hat man oft die beste Hand, da die anderen Spieler mit ihren *Overcards,* also Starthänden, die von ihrer Wertigkeit her höher als das Board sind, auf dem Flop nichts haben.

Das Gleiche gilt auch für kleine Paare, zum Beispiel **55, 66, 77.** Sie sind nach dem Flop leicht zu spielen, da man mit einem Set, Flush oder Full-House am Ende meistens gewinnt. Mit einer kleinen Pre-Flop-Investition hat man hier gute Chancen auf einen großen Pot. Außerdem spielen sich diese Hände nach dem Flop sehr einfach. Entweder man trifft und spielt, oder man trifft nicht und gibt auf. Suited Connectors und kleine Paare sind sogenannte *Multiway-Hands,* da sie viel Geld bringen können, wenn viele Spieler dabei sind.

Kleine Paare ab **77** abwärts sowie Suited Connectors zu spielen kann aber gerade für Anfänger gefährlich sein, weil die Chance, dass jemand ein höheres Paar bekommt, hoch ist. Es ist möglich, ein Set oder gar ein Full-House zu machen, wenn man ein Paar auf der Hand hat, aber die Chance hierauf ist gering und die Nachteile überwiegen. Gerade ein Anfänger kann sich oft nur sehr schwer von diesen Händen trennen, wenn die Situation aussichtslos ist.
Bitte spielen Sie nach Möglichkeit keine niedrigen Offsuit-Connectors vor dem Flop, sondern werfen Sie sie weg. Sie haben einfach zu wenig Potenzial.

Warum sind Hände wie K6s, J3s, J7s, Q7s, T6s so schlecht?

Spielen Sie diese Hände lieber nicht. Solche Hände sind noch viel schlechter als **KJ** aus unserem Eingangsbeispiel. Ich weiß, man kommt nach einer längeren Durststrecke in Versuchung, auch mal **K6** suited oder unsuited zu spielen. Man könnte meinen, dass es sich lohnt, mitzugehen und zu schauen, ob vielleicht der König auf dem Flop kommt.

Sie sollten es aber lassen. Betrachten wir an einem Beispiel, wie sich eine Hand wie **K6s** entwickeln kann. Nehmen wir an, der König trifft Sie tatsächlich auf dem Flop. Sie haben dann zwar Top-Pair, aber ein sehr gefährliches Top-Pair, da Ihr Kicker sehr niedrig ist. Sie können leicht in die teure Falle der Second-Best-Hand tappen. Wenn die **6** Sie auf dem Flop trifft, haben Sie nur ein niedriges Paar. Selbst wenn die **6** auf dem Board die höchste Karte ist und Sie mit der **6** das Top-Pair getroffen haben, besteht immer noch die Möglichkeit, dass ein Gegner auf Turn oder River mit Overcards ein höheres Paar bildet. Die Chancen auf Flush, Drilling oder eine Straße sind zu gering.

Letztendlich sind diese Hände einfach zu schlecht, um gespielt zu werden. Sie können sehr teuer werden, und sie gewinnen nur, wenn man sehr viel Glück hat. Auf das Glück wollen wir uns im Poker aber nach Möglichkeit nicht verlassen, und so sollte man die Finger von diesen miesen Händen lassen, es sei denn:

- Man sitzt in der *Blind*, und es kostet nichts oder sehr wenig, den *Flop* zu sehen.
- Man sitzt in Late-Position, und es besteht eine gute Chance, die Blinds erfolgreich zu »stehlen«.

Zum Schluss noch einmal die Grundregeln zum Spiel in der ersten Wettrunde vor dem *Flop:*

- Spielen Sie in der Regel nur in weniger als 30 % der Fälle überhaupt mit.

- Spielen Sie nur mit den Starthänden aus den ersten fünf Gruppen. Dadurch vermeiden Sie dauerhaft viele unprofitable Wettrunden und sparen Geld. Oft ist es wegen der Langeweile schwer, **Q9** in der gleichen Farbe nicht zu spielen. Vor allem wenn lange keine gute Starthand mehr gekommen ist, erscheint eine solche Hand wie das Licht am Ende des Tunnels. Es ist aber ein Irrlicht. Genau an dieser Stelle trennt sich die Spreu vom Weizen. Ein guter Pokerspieler weiß, dass nicht alles Gold ist, was glänzt. Oft lassen sich Spieler von einer Bildkarte, auch *Paint* genannt, also einem Jack, einer Dame oder einem König, blenden. Sie sind zum Beispiel vom Skat noch gewohnt, dass sie gut sind. Sie beachten ihren Kicker dabei nicht und rennen in ihr Verderben.
- Seien Sie geduldig und warten Sie auf gute Starthände. Geduld ist eine Tugend im Poker. Sie können die Wahrscheinlichkeiten nicht beeinflussen oder übers Knie brechen, sondern eben nur auf gute Starthände warten. Ein Tipp von mir: Ärgern Sie sich nicht über schlechte Starthände, sondern freuen Sie sich darüber. Die Entscheidung aufzugeben ist dabei immer richtig. Sie erinnern sich: Im Poker geht es darum, möglichst viele gute Entscheidungen zu treffen. Jede weggeworfene schlechte Hand ist eine richtige Entscheidung mehr.
- Spielen Sie in schlechter, also früherer Position wirklich nur gute Starthände der Gruppen 1–3. In guter, also späterer Position können Sie es sich erlauben, schwächere Starthände bis zur Gruppe 6 zu spielen. Spielen Sie also *tight* in Early- und eher *loose* in Late-Position.
- Je weniger Mitspieler, desto wertvoller ist Ihre Starthand, da nicht so viele höhere Blätter im Spiel sein können. Am wertvollsten ist Ihre Starthand in einem *Heads-Up*-Game. Hier reicht oft schon ein Ass oder ein König, um zu gewinnen. Sie können also hier noch mehr Starthände spielen, als in den oben

genannten Gruppen aufgezählt sind, sogar mehr als 50 %. An einem vollen Tisch ab acht Mitspielern sollten Sie eher 10 % oder weniger der Starthände spielen.

- Erhöhen Sie, wenn Sie denken, Sie hätten momentan noch die bessere Hand, um die anderen Spieler mit ihren Draws zu verscheuchen. Grundsätzlich ist es immer besser, den Pot direkt abzuräumen, wenn man nicht gerade Monsterhände wie **AA** oder **KK** auf der Hand hat.
- Spielen Sie bitte nicht nach einem starren System. Man kann hierbei seine Hand und seine Position in Tabellen nachlesen, und die Tabelle sagt einem, ob aufgeben, mitgehen oder erhöhen das Richtige ist. Ich halte diese Systeme aber für verfehlt. Das System versagt zum Beispiel bereits, wenn an meinem Tisch totale Anfänger spielen, die immer mitgehen. Über sie sagt die Tabelle gar nichts. Jede Runde im Poker ist anders. Wenn ich nur nach System spiele und keine eigene Entscheidung mehr treffe, die jeweils auf die Runde abgestimmt ist, habe ich keine Chance, weil wachsame Spieler ihre Entscheidungen präzise auf jede Runde und jeden Spieler abstimmen. Sie sind mit einem solchen System zudem lesbar wie ein offenes Buch.

Beherzigen Sie diese Regeln und treffen Sie eigene Entscheidungen. Nachfolgend noch eine Tabelle, die Ihnen einen Eindruck darüber vermittelt, wie häufig man bestimmte Starthände bekommt. Auch wenn Sie jetzt vielleicht enttäuscht sind, dass **AA** nur in 0,45 % der Fälle kommt. Ich sage Ihnen eins: Es kommt öfter, als man denkt – vor allem bei den anderen.

Wahrscheinlichkeiten für ausgewählte Starthände

STARTHAND T = 10 s = suited	WAHRSCHEINLICHKEIT IN PROZENT, DIESE HÄNDE ZU BEKOMMEN:
AA	0,45 %
Hohes Paar (KK, QQ oder JJ)	1,36 %
Mittleres Paar (TT–66)	2,30 %
Niedriges Paar (66–22)	2,30 %
Irgendein Paar	5,88 %
AKs	0,30 %
AK	1,21 %
AQs oder AJs	0,60 %
AQ oder AJ	2,41 %
Suited Karten	23,53 %
Suited Connectors	3,92 %
Offsuit-Connectors	11,76 %

FLOP-PLAY – WIE VERHALTE ICH MICH IN DER ZWEITEN WETTRUNDE?

Der *Flop,* also das Auflegen der ersten drei Gemeinschaftskarten, ist ein entscheidender Moment in einer Texas Hold'em-Runde. Es werden auf einmal 60 % des *Boards* aufgedeckt. Sie wissen nun, ob Sie Ihre Hand getroffen haben, und Sie werden es meistens mit einem ausgedünnten Spielerfeld zu tun haben, da einige Spieler schon vor dem Flop aufgegeben haben. Jetzt stellen sich wichtige Fragen. Kann sich die eigene Hand noch verbessern?

Wie gut ist sie bis jetzt? Was können die anderen auf dem Flop getroffen haben? Wie Sie sehen, wird es hier etwas komplizierter. Hier gibt es nicht so viele eindeutige Richtlinien wie vor dem Flop, und es kommt darauf an, eine eigene, auf die jeweilige Runde abgestimmte Entscheidung zu treffen.

Zunächst ist es sehr wichtig, das Board lesen zu können. Natürlich müssen Sie darauf achten, welche Verbesserung der Flop Ihrer Hand gebracht hat. Auf der anderen Seite ist es auch wichtig, welche Kombinationen die Gegner aufgrund der Gemeinschaftskarten haben können. Ich nenne Ihnen jetzt einige typische Situationen, die nicht nur für den Flop, sondern für das gesamte Board gelten.

- Das Board zeigt drei oder mehr Karten derselben Farbe: Achtung! Hier kann jemand einen Flush haben. Einen Flop, der aus drei unterschiedlichen Farben besteht und somit einen Flush im weiteren Verlauf der Hand wenig wahrscheinlich macht, nennt man *Rainbow-Flop*.
- Auf dem Board liegt ein Paar: Bedenken Sie, dass Ihre Gegner Drillinge oder ein Full-House haben könnten.
- Auf dem Board liegen die Karten von ihrer Wertigkeit nah zusammen: Hier können Straßen unterwegs sein. Eine Straße kann sehr schwer zu erahnen sein, da der Gegner ja auch genau die zwei fehlenden Karten in der Mitte der Straße auf der Hand haben kann.

Grundsätzlich können Sie sich, nachdem der Flop gekommen ist, in drei Situationen befinden:

1. Der Flop hat Sie nicht getroffen und Ihnen auch keine Aussicht auf eine gute Hand gegeben.
2. Sie haben durch den Flop eine mittelgute bis sehr gute

Hand, zum Beispiel Top-Pair, Drilling, eine Straße oder einen Flush.

3. Sie haben durch den Flop einen Draw bekommen, das heißt, dass Sie im weiteren Verlauf der Runde die Aussicht auf eine gute Hand haben.

Ich zeige Ihnen im Folgenden Richtlinien, wie Sie sich in diesen Situationen verhalten und welche Überlegungen Sie anstellen sollten. Das sind aber wirklich nur Richtlinien. Jede Aktion von Ihnen erfordert eine eigene Entscheidung, die exakt an die Spielsituation angepasst ist. Beachten Sie immer Ihre Position und wer wann wie gewettet hat. Folgen Sie Ihrem Instinkt, um zu erkennen, ob die Gegner stark oder schwach sind. Gerade im Turnier und beim No-Limit-Spiel ist auch die Anzahl der verbliebenden Chips ein Element, das Sie im Auge behalten sollten.

Ausgehend von Ihrer eigenen Hand und Ihrer Einschätzung der Gegner, müssen Sie sich Gedanken machen, wie die Runde weitergeht. Wollen Sie möglichst billig weitere Gemeinschaftskarten sehen? Wollen Sie Gegner durch Wetten eliminieren oder lieber im Spiel belassen? Wollen Sie den Pot »mästen« oder direkt abkassieren? Das sind die Fragen, die man sich stellen muss. Im Einzelnen:

1. Der Flop hat Sie nicht getroffen und Ihnen keine Aussicht auf eine gute Hand gegeben.

In dem Fall sollten Sie in der Regel bei einer Wette eines anderen Spielers nicht mehr mitgehen und aussteigen. Bedenken Sie, dass Sie noch zwei Wettrunden vor sich haben, die Sie viel Geld kosten können. An dieser Stelle ist es wichtig, sich gegebenenfalls auch von sehr guten Starthänden zu trennen.

Ein Beispiel: Sie haben **AK** auf der Hand, und der Flop ist **879**.

Ein Spieler vor Ihnen wettet, und ein anderer erhöht. Nun ist es an der Zeit, sich von **AK** zu trennen, weil die Gefahr einfach zu groß ist, dass Sie aussichtslos geschlagen werden. Es ist wahrscheinlich, dass eine Straße oder auch nur ein Paar unterwegs ist.

Lernen Sie loszulassen. Keine Angst, Sie lesen immer noch ein Pokerbuch und befinden sich nicht in einem psychotherapeutischen Seminar. Ich kann es nicht oft genug wiederholen: Gehen Sie einfach raus. Das ist ein starker Zug im Poker, der auf Dauer unendlich viel Geld spart. Der Flop ist der Moment der Wahrheit. Hier zeigt sich, was Sache ist. Wenn Sie sehen, dass Sie chancenlos sind, dann handeln Sie entsprechend und schmeißen Sie Ihre Karten weg.

Bedenken Sie auch, dass im Limit-Poker die Wettrunde auf dem Flop noch die letzte billige Wettrunde ist. In den nachfolgenden Wettrunden ist die festgelegte Wetthöhe doppelt so hoch.

2. Sie haben durch den Flop bereits eine mittelgute bis gute Hand, zum Beispiel Top-Pair, Drilling, eine Straße oder einen Flush.

Hier muss man differenzieren. Ihr weiteres Verhalten hängt davon ab, wie stark Ihre Hand tatsächlich ist.

Nehmen wir zuerst den seltenen Fall an, dass Sie eine Monsterhand bekommen haben, also eine sehr gute Hand, zum Beispiel Flush, Straße oder Full-House. Passen Sie zuerst auf, dass Sie sich nichts anmerken lassen, und denken Sie nach: Sie wollen mit Ihrer Monsterhand den maximalen Profit machen. Deshalb möchten Sie, dass möglichst viele Spieler im Verlauf des Spiels dabeibleiben und entweder wetten oder mitgehen, damit der Pot, den Sie mit an Sicherheit grenzender Wahrscheinlichkeit gewinnen werden, schön groß wird.

Deswegen ist es wichtig, dass Sie jetzt nicht zu hoch wetten. Andere Spieler, die mittelmäßige Hände oder einen Draw haben, würden sonst sofort rausgehen und Ihnen eben nicht mehr helfen, den Pot zu »mästen«. Daher halten Sie sich etwas zurück. Wetten Sie im No-Limit nicht zu hoch bzw. wetten Sie im Einzelfall gar nicht und gehen Sie nur mit, wenn schon ein anderer gewettet hat.

Denken Sie immer daran: Je mehr Spieler denken, sie hätten eine Chance zu gewinnen oder noch eine Hand zu bekommen, desto besser für Sie. Das gilt natürlich nur, wenn Sie wirklich die beste Hand, die sogenannten *Nuts,* haben und es aufgrund des Boards nicht möglich oder sehr unwahrscheinlich ist, dass die anderen Spieler Sie noch schlagen. Achten Sie darauf, dass ein anderer Spieler keinen besseren Flush oder keine bessere Straße haben kann. Sonst gibt es beim Showdown eine böse Überraschung.

Die Nuts – Die bestmögliche Hand

Beim Poker nennt man die bestmögliche Hand in einer bestimmten Situation die *Nuts*. Die zweitbeste Hand nennt man *Second-Nut-Hand,* die drittbeste Hand *Third-Nut-Hand* etc. Nehmen wir ein Beispiel:

Flop:

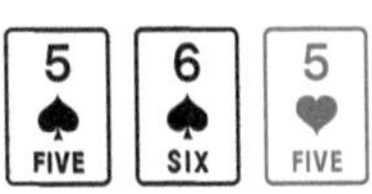

Ein Flop mit niedrigen Karten. Welche Hand ist hier momentan am besten? Ein Spieler mit **55** auf der Hand hat die Nuts, weil er damit einen Vierling bildet. Ein Spieler mit **66** hat die Second-Nut-Hand, weil er ein Full-House mit einem Sechserdrilling

hat. Ein Spieler mit **56** auf der Hand hat die Third-Nut-Hand, da er ein Full-House mit einem Fünferdrilling hat, usw.
Man benutzt auch das Wort *Nuts,* um die bestmögliche Hand in einer bestimmten Kategorie zu bezeichnen, zum Beispiel *Nut-Flush*, *Nut-Straight* oder *Nut-Full-House*. Die Herkunft dieses Ausdrucks liegt, wie sollte es anders sein, im Wilden Westen. Ein Spieler, der beim Poker alles setzte, was er besaß, musste die *Nuts,* die Holzschraubenmutter seines Wagenrades, auf den Tisch legen. Das sollte sicherstellen, dass er sich nicht einfach davonmacht. Da man annahm, dass ein Spieler, der eine solche Wette machte, auch sicher war zu gewinnen, wurde *Nuts* die Bezeichnung für die bestmögliche Hand.
Passen Sie also genau auf, ob Sie wirklich die Nuts haben. In unserem Beispiel hätte ein Spieler mit **55** zwar momentan die Nuts, es wäre aber rein theoretisch möglich, dass ein Spieler im Verlauf des Spiels mit weiteren Gemeinschaftskarten noch einen Straight-Flush macht. Das ist zwar sehr unwahrscheinlich, aber eben doch möglich.
Eine Hand, die momentan und im Verlauf der weiteren Wettrunden die beste Hand ist, also nicht mehr geschlagen werden kann, nennt man *Stone-Cold-Nuts* oder *Immortal*. Im Texas Hold'em sind die Stone-Cold-Nuts sehr selten, und man ist dementsprechend selten ganz sicher. Aber man sollte auch nicht zu theoretisch denken. Wenn ich in unserem Beispiel **66** oder **56** auf der Hand hätte, würde ich davon ausgehen, die beste Hand zu haben, und dementsprechend spielen.

Der nächste Fall betrifft die Situation, in der Sie eine gute Hand haben, die aber keineswegs die Nut-Hand ist. Wenn Sie denken, es bestehe noch die realistische Gefahr, dass die Hand durch weitere Gemeinschaftskarten von anderen geschlagen werden kann, wird es komplizierter. Sie müssen genau abwägen, was jetzt sinnvoll ist. Ein häufiger Fall ist zum Beispiel, dass Sie durch den Flop Top-Pair treffen. Ich werde jetzt einige Beispiele besprechen, damit Sie eine Vorstellung davon bekommen, wie man solche Hände spielt. Bitte bedenken Sie, dass es immer Situationen gibt, in denen man die Hände auch anders spielen würde.

Beispiel 1
Sie haben:

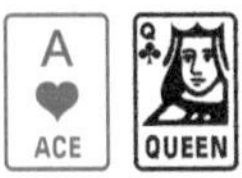

Flop

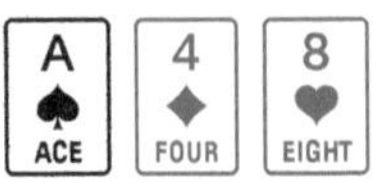

Sie haben Top-Pair und einen relativ hohen Kicker, die Dame. Nun analysieren Sie den Flop. Flushs und Straßen sind unwahrscheinlich, da der Flop unterschiedliche Farben aufweist, ein sogenannter Rainbow-Flop, und die Karten von ihrer Wertigkeit her nicht dicht beieinanderliegen. Ihr Top-Pair ist also gut, weil der Flop relativ sicher ist.

Jetzt kommt es darauf an. Wenn der Pot bereits groß ist, sollten Sie versuchen, Gegner durch kräftiges Wetten zu eliminieren. Ist der Pot noch relativ klein, so sollten Sie hier eher versuchen, ihn zu mästen, indem Sie andere Spieler bei der Stange halten. Dies erreichen Sie am besten durch niedrige Wetten oder dadurch, dass Sie nur mitgehen.

Beispiel 2
Sie haben:

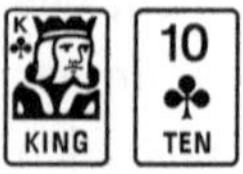

Flop

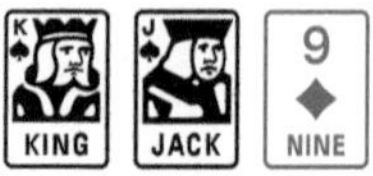

Sie haben wieder Top-Pair, aber diesmal eben kein so gutes Top-Pair wie im ersten Beispiel. Wegen der zwei Pik-Karten könnten andere Spieler einen Flush-Draw haben. Es sind auch Straßen-Draws möglich, da die Karten von ihrer Wertigkeit her relativ eng beieinanderliegen. Im Übrigen kann noch ein Ass auf Turn oder River kommen und Ihr Königspaar schlagen, sofern noch ein Spieler mit einem Ass auf der Hand dabei ist. Da Asse gern gespielt werden, ist es insofern wahrscheinlich. Hier ist also Vorsicht angebracht. Entscheidend sind hier wieder Ihre Position und das Wettverhalten der anderen, die Anzahl der verbliebenen Spieler etc.

Es kann hier sinnvoll sein, durch eine Wette herauszufinden, wie man steht. Das heißt, man wettet und versucht, anhand der Reaktion der anderen Spieler die relative Stärke der eigenen Hand herauszufinden. Es ist besser, eine Entscheidung auf dem Flop herbeizuführen, als dass man am Ende des Spiels verliert. Sollten Sie hierbei zu der Einschätzung kommen, dass Ihre Hand im Vergleich doch nicht so toll ist, hören Sie an dieser Stelle auf. Wenn zum Beispiel ein Gegner meine Wette noch einmal erhöht und ich weiß, dass er das meistens nur macht, wenn er auch eine gute Hand hat, ist es Zeit, das sinkende Schiff zu verlassen.

Solange Sie kein eindeutiges Anzeichen dafür haben, dass Ihr Gegner besser ist als Sie, sollten Sie Ihre Hand aggressiv durch Wetten oder Erhöhen verteidigen. Merken Sie sich, dass derartige Hände alles andere als »kugelsicher« sind und immer noch die Möglichkeit besteht, dass der Gegner Sie am Ende noch schlägt.

Beispiel 3
Sie haben:

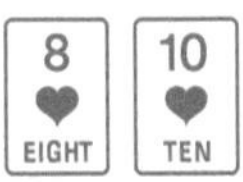

Flop

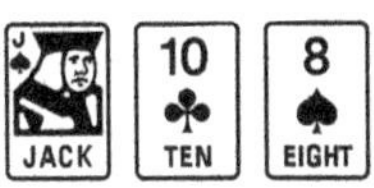

Sie haben zwei Paare getroffen. Auf dem ersten Blick ist es eine gute Hand, zwar besser als ein Paar, aber schlechter als ein Drilling. Sie müssen hier jedoch vorsichtig bleiben, denn der Flop birgt die Gefahr eines Pik-Flush-Draws und einer Straße. Wenn noch ein Bube kommt, haben Sie möglicherweise einen Drilling gegen sich. Schlimmer noch: Ihr Achter-Paar verschwindet, wenn noch ein Bube kommt. Wie geht das? Ganz einfach. Wenn ein Buben-Paar auf dem Board liegt, haben Sie immer noch zwei Paare, aber Buben und Zehner. Es gibt keine drei Paare, da man nur fünf Karten für eine Hand benutzen kann. Das kleine Achter-Paar wird *overcoated.* Ihre Two-Pairs vom Anfang sind faktisch zu einem Middle-Pair mutiert.

Beispiel 4
Sie haben:

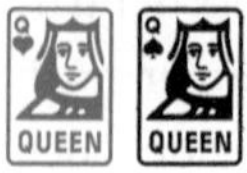

Flop

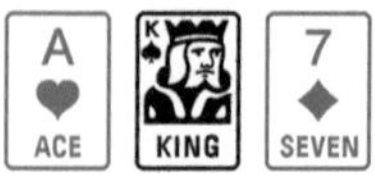

Hier hatten Sie vor dem Flop eine schöne *Made-Hand,* die sogenannte *Lady-Luck*. Leider ist die Made-Hand nach dem Flop nicht mehr so toll wie zu Beginn. Es ist ziemlich wahrscheinlich, dass jemand ein Ass oder einen König auf der Hand hat und Ihr Paar somit schlägt. Seien Sie also auf der Hut und spielen Sie vorsichtig. Je mehr Spieler noch in der Hand sind, desto gefährlicher wird es. Besonders wenn hier sehr konservative Spieler vor Ihnen gewettet oder erhöht haben, ist es Zeit, sich von Ihren Damen zu verabschieden. Asse und Könige werden gerne gespielt. Die Chance, dass Ihre Hand geschlagen ist, ist also hoch.

Beispiel 5
Sie haben:

Flop

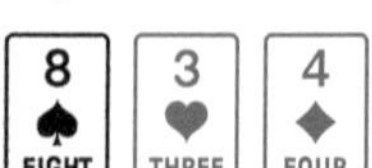

Das ist ein Traumflop für ein Königspaar. Hier kann Ihnen nicht viel passieren. Kein Spieler kann mit dem Flop ein höheres Paar bilden, Flushs und Straßen sind unwahrscheinlich. Hier sollten Sie versuchen, den Pot zu mästen, wenn er bisher nur relativ klein ist. Allerdings müssen Sie sich der Gefahr bewusst sein, dass noch ein Ass auf dem Board erscheint und somit ein höheres Ass-Paar möglich ist.

Beispiel 6
Sie haben:

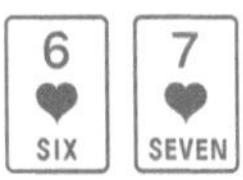

Flop

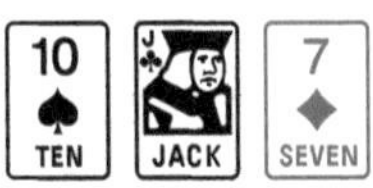

Sie haben ein Paar getroffen, aber leider eben nur das Bottom-Pair, also ein Paar, das mit der niedrigsten Gemeinschaftskarte gebildet wird. Eigentlich keine gute Hand. Wenn Sie hier auch nur das geringste Anzeichen für eine stärkere Hand am Tisch bemerken, sollten Sie aufgeben.
Aber wie gesagt, ist jede Situation anders. Es kann zum Beispiel sein, dass Sie mit zwei Spielern, die Overcards haben, auf dem Flop übrig sind. Dann sind Sie momentan besser und sollten wetten. Allerdings sollten Sie dann schon deutliche Anzeichen dafür haben. Wenn mehrere Spieler in der Hand sind und durch Wetten oder Erhöhen Stärke gezeigt haben, ist es üblicherweise Zeit, mit dem Bottom-Pair das Spiel zu verlassen.

Dies waren einige Beispiele zum Spiel auf dem Flop mit einer relativ guten Hand. Wie gesagt, es handelt sich hier nur um Richtlinien. Sehen Sie dieses Buch wie einen Baukasten, aus dem Sie sich Ihren persönlichen Stil zusammenbasteln können.

3. Sie haben durch den Flop einen Draw bekommen

Zuerst stellt sich hier die Frage, was überhaupt ein spielbarer Draw ist. Ein Draw ist eben keine Made-Hand, sondern eine Hand, die noch Verbesserung braucht. Die Qualität eines Draws bemisst sich daran, wie wahrscheinlich es ist, dass er noch kommt, und wie hoch die Gewinnchancen sind, wenn er dann kommt. Wenn man den Draw nicht bekommt, so hat man im Showdown meistens eine Hand, die keinen Pfifferling wert ist. Dies sollten Sie stets bedenken. Im Texas Hold'em Poker spielen vor allem Flush- und Straßen-Draws eine große Rolle.

Flush-Draws

Ein Flush-Draw ist auf dem Flop in der Regel spielbar, wenn nur noch eine Karte einer bestimmten Farbe fehlt. Braucht man noch zwei Karten, den sogenannten *Runner-Runner,* so lohnt es sich nicht, den Flush-Draw allein zu spielen, da die Wahrscheinlichkeit, dass zum Beispiel noch zwei Herz auf Turn und River kommen, einfach zu gering ist.

Fehlt auf dem Flop nur eine Karte zum Flush, so haben Sie allein durch den Draw eine spielbare Hand. Die Chance, den Draw auf Turn oder River noch zu bekommen, liegt bei 35 %. Je nachdem, wie die anderen Spieler sich verhalten, kann es Sinn machen, hier schon hoch zu wetten, um die anderen rauszuwerfen bzw. um zu sehen, wie man steht.
Durch eine Wette können Sie immer auf zwei Arten gewinnen: Entweder die anderen geben auf, oder Sie machen noch Ihren

Draw und gewinnen so den Pot. Mehr dazu können Sie im Kapitel *Semi-Bluffing* lesen. Wenn man zu dem Ergebnis kommt, dass die anderen sich nicht rausbluffen lassen, zum Beispiel in einem sehr *loosen* Limit-Game, so sollte man so spielen, dass man möglichst billig weitere Karten sieht.

Straight-Draws

Bei einem Straßen-Draw ist es so, dass er sich überhaupt nicht lohnt, wenn zwei Karten oder mehr zur Straße fehlen. Die Chance, dass genau die zwei Karten, die Sie zur Vervollständigung Ihrer Straße brauchen, auf Turn und River kommen, ist verschwindend gering.

Bei einer Straße, der nur eine Karte fehlt, kommt es entscheidend darauf an, ob die Straße nach beiden Seiten hin offen ist, eine sogenannte *Open-End-Straight,* oder ob sie in der Mitte eine Lücke hat, eine sogenannte *Gutshot-Straight.*

Der Unterschied ist gravierend. Ich habe nach dem Flop nur eine Wahrscheinlichkeit von 16,5 %, meine Gutshot-Straight zu treffen. Ich habe aber eine Wahrscheinlichkeit von 31,5 %, die Straße zu machen, wenn es sich um einen Open-End-Straight-Draw handelt. Bei der Gutshot-Straight helfen mir vier Karten weiter, zum Beispiel alle Buben, während es bei der Open-End-Straight acht Karten sind, zum Beispiel alle Asse und alle Sechsen. Die Karten, die mir helfen, meine Hand zu verbessern, nennt man *Outs.*

Wir merken uns: Nur ein Open-End-Straight-Draw ist eine spielbare Hand auf dem Flop. Ein Gutshot-Straight-Draw ist für sich allein in der Regel nicht spielbar. Das Gleiche gilt auch für eine Straße, die nur nach einer Seite hin offen ist.

Drilling-Draw

Ein weiterer Draw, der für sich allein nicht spielbar ist, ist ein *Drilling-Draw.* Sie haben ein Paar und spekulieren auf einen

Drilling auf dem Turn oder dem River. Wenn Ihrer Meinung nach Ihr Paar für sich allein nicht reicht, dann gehen Sie raus. Spekulieren Sie nicht darauf, dass ein Drilling kommen könnte. Die Chance, den Drilling auf Turn oder River zu treffen, beträgt insgesamt nur 8,42 %.

Bitte machen Sie nicht den typischen Anfängerfehler, nach dem Flop irgendwelchen unprofitablen Draws hinterherzujagen. Das kostet auf Dauer einfach zu viel Geld. Sie können natürlich auch mal Glück haben und Ihre Gutshot-Straight treffen. Dauerhaft werden Sie aber die Straße nach dem Gesetz der Wahrscheinlichkeit eher nicht treffen und sehr viel Geld verlieren.
Die einzigen Draws, die für sich allein eine realistische Chance haben, sind Flush-Draws und Open-End-Straight-Draws, bei denen jeweils nur eine Karte fehlt. Bedenken Sie vor allem eines: Wenn Sie den Draw nicht treffen, stehen Sie völlig chancenlos da und haben die Hand im Showdown mit an Sicherheit grenzender Wahrscheinlichkeit verloren. Auf dem Flop ist also die Zeit, sich von unprofitablen Draws zu trennen. Wenn es nichts oder sehr wenig kostet, eine weitere Gemeinschaftskarte zu sehen, ist das kein Problem. Wenn es aber Geld kostet dabeizubleiben, gehen Sie raus.

Denkbar sind natürlich auch Kombinationen aus verschiedenen Draws.

Ein Beispiel
Sie haben:

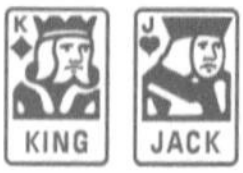

Flop

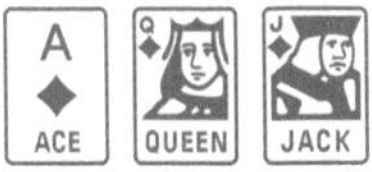

Ganz schön rot alles, oder? Sie bilden mit Ihrem Buben ein Paar. Der Bube ist aber hier die niedrigste Gemeinschaftskarte, insofern handelt es sich um ein Bottom-Pair. Es ist wahrscheinlich, dass andere Spieler ein Ass oder eine Dame haben und Sie momentan noch schlagen. Ihr Paar für sich allein genommen ist also nicht so besonders gut. Jetzt kommen die Draws ins Spiel. Sehen Sie, welches Potenzial Ihre Hand hat?

Sie haben zunächst einen starken Karo-Flush-Draw. Es ist sogar der Nut-Flush-Draw, da Sie durch den Karo-König im Zweifel den besten Flush haben. Außerdem haben Sie einen Straight-Draw. Eine Zehn beschert Ihnen die höchstmögliche Straße. Eine Karo-Zehn würde Ihnen die höchstmögliche Hand im Poker ermöglichen, nämlich einen *Royal-Flush*.

Die Kombination aus Made-Hand und den sehr starken Draws macht diese Hand für Sie extrem wertvoll. Sie können sich fast sicher sein, dass die anderen Spieler wegen der Gemeinschaftskarten auch etwas haben, und es wird am Tisch viel los sein. Zögern Sie nicht, hoch zu wetten.

Das waren einige Grundüberlegungen zum Spiel auf dem Flop. Wie gesagt, es sind nur Richtlinien. In jeder Spielsituation gibt es Besonderheiten, die Sie beachten sollten. So ist es zum Beispiel im No-Limit-Poker auf dem Flop in guter Position oft möglich, den Pot zu »klauen«, wenn alle verbliebenen Spieler Schwäche gezeigt haben. Bei einem solchen Bluff kann es sein, dass die Hand, die man hat, überhaupt keine Rolle spielt. Es kann auch manchmal notwendig sein, anders zu spielen, damit

man unberechenbar bleibt und um die anderen Spieler zu täuschen.
Im weiteren Verlauf des Buches werden Sie weitere wichtige Spielkonzepte kennenlernen, die gerade auch das Spiel auf dem Flop betreffen.

TURN-PLAY – WIE VERHALTE ICH MICH IN DER DRITTEN WETTRUNDE?

Wir befinden uns jetzt in der dritten Wettrunde, nachdem die vierte Gemeinschaftskarte aufgedeckt wurde. Es ist die vorletzte Wettrunde in einem Texas Hold'em-Spiel und die vorletzte Gemeinschaftskarte. Die Überlegungen, die man hier anstellen muss, ähneln denen aus der zweiten Wettrunde.
Zunächst muss ich genau analysieren, wie die vierte Gemeinschaftskarte meine Hand und die Hände der Gegner beeinflusst. Wenn ich in der zweiten Wettrunde gewettet oder erhöht habe, weil ich nach meiner Einschätzung die beste Hand hatte, so muss ich hier konsequent weiterwetten und erhöhen, wenn die vierte Gemeinschaftskarte keine offensichtliche Bedrohung für mich darstellt.
Jetzt ist also die Zeit zum Wetten und Erhöhen gekommen. Man kann es sich in der Regel nicht erlauben, an dieser Stelle passiv zu spielen. Bitte lassen Sie nicht zu, dass schwache Spieler durch Ihr Nichtwetten umsonst die fünfte und letzte Gemeinschaftskarte sehen. Das können Sie sich beim Texas Hold'em nicht leisten. Es besteht nämlich immer die Gefahr, dass ein Gegner seinen Draw, zum Beispiel eine Straße oder einen Flush, mit der letzten Gemeinschaftskarte noch macht. Zum anderen werden diese Geg-

ner in der letzten Wettrunde einfach nur aufgeben, wenn sie ihren Draw nicht bekommen. Insofern haben Sie in der vorletzten Wettrunde auf dem Turn noch die Möglichkeit, eine Extrawette von diesen Spielern zu kassieren. Wenn die Draws Ihrer Gegner auf dem River erst einmal endgültig gescheitert sind, werden Sie keinen Cent mehr aus Ihren Gegnern herausbekommen. Auf dem Turn lässt die Hoffnung sie aber oft noch mitgehen und bezahlen.

Diese Überlegungen setzen natürlich voraus, dass Sie denken, die vierte Gemeinschaftskarte stellt keine ernsthafte Gefahr für Sie dar. Nehmen wir folgendes Beispiel:

Sie haben:

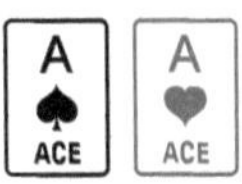

Flop

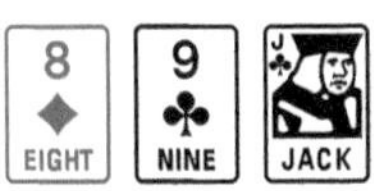

Turn

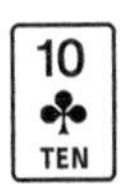

Sie haben **AA** als Starthand, was natürlich immer super ist. Bis zum Flop sahen die Asse auch gut aus, aber die Turn-Card ist leider denkbar ungünstig für Sie. Auf dem Board liegt jetzt eine Open-End-Straight, und die drei Kreuz deuten auf einen möglichen Flush oder Flush-Draw hin. Vor allem, wenn jetzt noch mehrere Spieler in der Hand sind, ist es wahrscheinlich, dass Ihre Hand geschlagen ist. Wenn jetzt plötzlich Spieler aktiv werden, die normalerweise nur wetten, wenn sie wirklich etwas haben, sollten Sie checken, wenn es nichts kostet, bzw. aufgeben. Natürlich besteht immer die Möglichkeit, dass ein anderer Spieler nur blufft. Hierfür müssen Sie ein Gefühl entwickeln, aber in der Regel sollten Sie in einer solchen Situation mit mehreren Spielern in der Hand, die jetzt plötzlich wetten oder erhöhen, aufgeben.

Auch wenn Sie bereits viel Geld in den Pot einbezahlt haben und es oft schwer ist, sich von einer guten Starthand wie **AA** zu trennen, müssen Sie aufgeben, wenn Sie für sich zu dem Schluss kommen, dass Ihre Hand geschlagen ist und andere Spieler sich durch einen Bluff auch nicht verscheuchen lassen.

Ein guter *Lay-Down,* also das richtige Aufgeben an der richtigen Stelle, ist eine Kunst. Hier zeigt sich wahres Können im Poker. Sie werden kein guter Pokerspieler, wenn Sie jedes Spiel bis zum Ende durchziehen, koste es, was es wolle.

Ihr Verhalten auf dem Turn hängt davon ab, wie die Turn-Card die Spielsituation beeinflusst. Diese Einschätzung erfordert zunächst eine genaue und realistische Analyse des Boards:

- Wenn ich keine eindeutige Bedrohung durch die vierte Gemeinschaftskarte sehe, sollte ich davon ausgehen, dass meine Hand immer noch die beste ist, und wetten oder erhöhen.
- Wenn die vierte Karte mir Probleme bereitet und auch das Verhalten der anderen Spieler mir Sorgen macht, sollte ich in der Regel checken oder aufgeben.

RIVER-PLAY – WIE VERHALTE ICH MICH IN DER VIERTEN UND LETZTEN WETTRUNDE?

Die letzte Wettrunde. Alle Gemeinschaftskarten liegen jetzt auf dem Tisch. Draws gibt es nicht mehr. Entweder man hat seinen Draw jetzt getroffen oder eben nicht. Anhand des Boards können Sie meist ganz gut sehen, ob die letzte Gemeinschaftskarte einem Ihrer Gegner etwas Gutes beschert haben könnte.

Grundsätzlich ist es in der letzten Wettrunde so, dass die Spieler bereits relativ viel Geld in den Pot einbezahlt haben. Das bedeutet, dass die Spieler auf dem River die Tendenz haben, an ihrer Hand festzuhalten. Beachten Sie dies bitte, wenn Sie zum Beispiel einen Bluff versuchen. Die Wette sollte dann entsprechend hoch sein.

Wenn Sie weiterhin der Meinung sind, Sie hätten eine gute Hand, so wetten Sie bitte weiter. Machen Sie nicht den Fehler, an dieser Stelle zu kneifen, nur weil Ihre Hand theoretisch geschlagen sein könnte.

Geben Sie an dieser Stelle Ihre Hand nicht einfach so auf. Wenn es billig ist, den Showdown zu erleben, dann sollten Sie es tun, vor allem wenn Ihrer Einschätzung nach die Chance zu gewinnen besteht.

Nehmen Sie sich Zeit und lassen Sie die vorangegangenen Wettrunden Revue passieren. Was haben Ihre Gegner gemacht? Worauf lässt das schließen? Versuchen Sie, die Gegner auf Hände zu setzen. Beachten Sie Ihre Position und die Position der Gegner. Entscheidend ist auch, wie viele Spieler auf dem River noch mit dabei sind. Je mehr Spieler es sind, desto größer ist die Chance, dass Sie geschlagen sind.

Wenn Sie wegen bestimmter Indizien überzeugt sind, dass Sie geschlagen sind, so ist es auf dem River noch nicht zu spät, um aufzugeben. Auch wenn Sie schon viel Geld in den Pot einbezahlt haben und es Sie im Vergleich dazu wenig kostet dabeizubleiben, schmeißen Sie Ihre Karten lieber weg.

Wenn der River eine für Sie gefährliche Karte aufdeckt, zum Beispiel eine Karte, die eine Straße oder einen Flush beim Gegner möglich macht, ist es kein Zeichen von Schwäche, ein wenig Aggression einzubüßen und nur zu checken oder mitzugehen.

Sie müssen auf dem River besonders aufpassen, keine Wetten zu machen, die unprofitabel sind, weil Ihr Gegner immer aufgeben wird, wenn er eine schlechtere Hand hat als Sie. Er wird aber immer mitgehen oder sogar erhöhen, wenn er eine bessere Hand hat. Dies ist ein verwirrendes Konzept, aber es ist wichtig, dass Sie die Logik darin verstehen.

Beispiel
Sie haben:

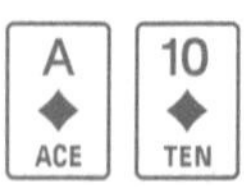

Flop Turn River

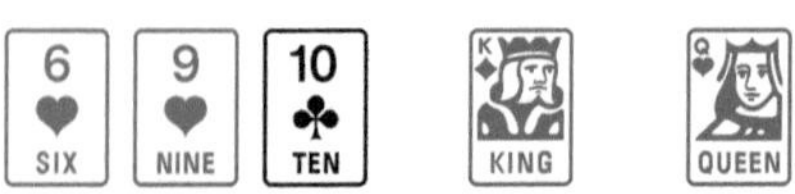

Sie haben bisher auf dem Flop und dem Turn gewettet, und der Spieler hinter Ihnen ist mitgegangen. Sollten Sie auf dem River noch einmal wetten? Die Antwort ist ein klares Nein. Warum? Dies wäre eine Wette, die keinen Profit zeigen kann, weil Ihr

Gegner aufgibt, wenn er eine schlechtere Hand hat, aber mitgeht oder erhöht, wenn er eine bessere Hand hat.
Sehen Sie das Ganze aus der Sicht des Gegners. Er ist bisher mitgegangen, und nun steht er vor der Entscheidung, Ihre Wette auf dem River mitzugehen. Angenommen, Ihr Gegner hat ein kleines Paar, hier Sechser, Neuner oder Zehner, mit kleinem Kicker. Sie haben ihn geschlagen. Das ist schön, aber Ihr Gegner wird Ihre Wette mit einer solchen Hand und einem solchen Board nie mitgehen. Sie machen also keinen weiteren Profit. Wenn Ihr Gegner ein hohes Paar oder zwei Paare hat, wird er wahrscheinlich immer mitgehen und Sie im Showdown schlagen. Mit einer Straße oder einem Flush wird er noch einmal erhöhen.
Vermeiden Sie also, auf dem River unprofitable Wetten zu machen, die keine *upside,* dafür aber eine gewaltige *downside* haben.

»Flop out of bed, go round the turn, make your way down the river – that's the journey called Texas Hold'em Poker.« (Lass dich aus dem Bett fallen, geh die Wegbiegung entlang und dann den Fluss hinunter – das ist die Reise namens Texas Hold'em Poker.)

4. TEIL

TEXAS HOLD'EM –
DIE EINTEILUNG DER SPIELER

TIGHT – LOOSE: WIE VIELE HÄNDE WERDEN GESPIELT?

Was ist *tight* und was ist *loose?* Man hört ständig diese Wörter im Poker. »Tight« heißt auf Deutsch »eng, streng«, und »loose« bedeutet »lose, locker«. Das hilft nicht direkt weiter, gibt uns aber schon eine Ahnung.

Tight **bezeichnet eine Spielweise, in der nur die guten Hände gespielt werden. Ein** ***Tight-Player*** **spielt nur, wenn er wirklich etwas hat. Er ist selten in der Hand, aber wenn er drin ist, hat er auch meistens etwas Gutes.**

Loose **bezeichnet eine Spielweise, in der nicht nur gute, sondern auch mittelgute oder gar schlechte Hände gespielt werden. Ein** ***Loose-Player*** **ist bei vielen Händen dabei und geht auch mit, wenn er sich nicht sicher ist, die beste Hand zu haben.**

Die Einteilung tight – loose betrifft also die **Anzahl der Hände,** die von einem Spieler gespielt werden. Wenn Sie schon ein wenig Poker gespielt haben, so haben Sie mit Sicherheit schon mal den folgenden Satz gehört: *»Tight is right«* (Tight ist richtig). Da ist was dran. Machen wir uns die Vorteile einer tighten Spielweise klar:

- Wenn ich nur gute Hände spiele, so kann ich mir sicher sein, in den meisten Fällen auch die beste Hand zu haben, wenn es zum Showdown kommt.
- Wenn ich tight spiele, so verschwende ich kein Geld. Ich gehe nicht mit, wenn ich mir nicht relativ sicher bin, auch zu gewin-

nen. Ich laufe nicht Gefahr, zu einer grottigen *Calling Station* zu werden, also zu einem schlechten Spieler, der oft mitgeht und in vielen Pötten dabei ist, ohne eine gute Hand zu haben.

Eins müssen Sie sich beim Poker klarmachen: *»Money you don't loose is just as good as money you win.«* (Geld, das man nicht verliert, ist genauso gut wie Geld, das man gewinnt.)
Unterm Strich ist es für Ihren Berg Chips völlig egal, ob dessen Höhe durch Gewinne oder Nichtsetzen zustande gekommen ist.
Im Poker ist Aufgeben kein schwacher Spielzug. Es ist im Gegenteil der stärkste Zug, den es gibt. Es ist eine wunderbare Möglichkeit, sich jeder unangenehmen Situation zu entziehen. Niemand zwingt Sie, ständig mitzugehen und Geld zu verlieren. Abgesehen von den Blinds, kann Ihnen theoretisch kein Geld abgenommen werden.
Ein guter Fold kann oft spielentscheidend sein, weil er sehr viel Geld spart. Gerade Anfänger denken oft, es gebe eine Art moralische Verpflichtung, die Hand noch durchzuziehen, und die anderen Spieler würden denken, man sei ein schlechter Spieler, weil man aufgibt.
Das ist Quatsch. Gerade die Top-Pokerspieler rühmen sich gerne mit ihren guten Lay-Downs. Das Motto *Tight is right* hat daher auf jeden Fall seine Berechtigung. Vor allem für Anfänger, die dadurch die Fehler vermeiden können, die durch Unerfahrenheit entstehen.

Andererseits darf man es auch nicht übertreiben. Wenn man den ganzen Abend nur auf zwei Asse auf der Hand wartet, hat man das Pokerspiel nicht verstanden und wird, ehe man sich's versieht, von den Blinds aufgefressen.
Gerade im No-Limit ist es theoretisch möglich, durch einen Bluff mit jeder Hand zu gewinnen. Darüber hinaus ist man für

seine Gegner extrem durchschaubar, wenn man ausschließlich die guten Hände spielt.

AGGRESSIV – PASSIV: WIE IST DAS WETTVERHALTEN EINES SPIELERS?

Bei dieser Einteilung ist der Name bereits Programm:

***Aggressive* Spieler sind solche, die erheblich öfter wetten oder erhöhen als der Durchschnitt.**

***Passive* Spieler sind solche, die selten wetten. Ihre bevorzugten Spielzüge sind Aufgeben oder Mitgehen.**

Aggressive Spieler agieren, während passive Spieler reagieren. Die Einteilung aggressiv – passiv bezieht sich also auf das **Wettverhalten** eines Spielers.
Grundsätzlich kann man sagen, dass Poker eine aggressive Spielweise belohnt. Es ist meist ein Vorteil, in der Rolle des Aggressors zu sein, da man andere herumstoßen kann. Während sich der aggressive Spieler voll auslebt, ist der Passive durch die Aktionen des aggressiven Spielers eingeengt und kann nur reagieren. Dies gilt vor allem, weil man zum Mitgehen grundsätzlich eine stärkere Hand braucht als zum Erhöhen. Während ich beim Mitgehen weiterspiele und zum Showdown kommen kann, besteht bei einer Erhöhung immer die Möglichkeit, dass der andere aufgibt und es so auf meine Karten gar nicht mehr ankommt.
Vor allem in Situationen, in denen keiner ein gutes Blatt hat oder sich über die eigene Handstärke in Relation zum Tisch sicher ist,

gewinnt meist der Spieler, der durch aggressives Wetten oder Erhöhen die Initiative ergreift und Stärke zeigt. Vor allem konservative Spieler schmeißen im Zweifel eher eine Hand weg, als einen Showdown zu riskieren.
Je weniger Spieler am Tisch sind, desto wichtiger wird aggressives Verhalten. Wenn zehn Spieler am Tisch sitzen, kann es gefährlich sein, sehr aggressiv zu spielen, weil man oft in eine bessere Hand hineinläuft und so viel Geld verlieren kann.

DIE SPIELERTYPEN

Wir haben nun eine Art Koordinatensystem mit zwei Achsen zur Einteilung der Pokerspieler:

1. Tight – Loose
2. Aggressiv – Passiv

Es geht darum festzustellen, wie viele Hände jemand spielt, das heißt, ob er eher eine tighte oder eine loose Spielweise hat und wie sein Wettverhalten ist, passiv oder aggressiv.
Das sind die wichtigsten Eigenschaften eines Spielers, über die Sie sich im Klaren sein sollten. Um beim Pokern erfolgreich zu sein, ist es wichtig, durch Beobachtung vor dem Spiel oder während der ersten Runden, die Gegner und deren Spielweisen zu analysieren. Egal, ob Sie selbst im Pot sind oder nicht, passen Sie genau auf, wenn es zum Showdown kommt und Ihre Gegner ihre Hände aufdecken. Das ist der Moment der Wahrheit. Passen Sie gerade in Situationen, in denen es für Sie um nichts geht, besonders auf. Sie erhalten hier kostenlos Informationen und haben zudem noch die Zeit, diese in Ruhe zu verarbeiten.

Die meisten Spieler bewegen sich auf den oben genannten Koordinaten. Sie haben einen Basisstil, den sie dauerhaft nicht verstecken können. Es ist genau wie mit der Persönlichkeit des einzelnen Menschen: Man kann sich zwar kurzzeitig verstellen, aber auf Dauer kommt das wahre Gesicht zum Vorschein. Man ist gefangen in seinem Wesen, in seinem Stil.
Im Poker ist es oft ratsam, »die Gänge zu wechseln«, das sogenannte *Change-Gears,* und die Gegner durch diverse Aktionen zu verwirren, um seinen Stil zu kaschieren und sich undurchschaubar zu machen. Hierzu mehr in den Kapiteln über die *Spielpsychologie* und die *wichtigen Spielkonzepte im Texas Hold'em*.

Wenn Sie die Einteilung tight – loose und aggressiv – passiv beherrschen, können Sie die meisten Pokerspieler durchschauen, indem Sie deren Spielweise analysieren und Ihre eigene Spielweise darauf einstellen. Kombiniert mit anderen Informationen, gibt Ihnen die Einteilung der Spieler ein nützliches Werkzeug an die Hand, um Spieler auf Hände zu tippen. Je mehr ich die Hand eines anderen Spielers gedanklich eingrenzen kann, desto besser und gewinnträchtiger werden meine Entscheidungen sein.
Natürlich ist die Einteilung manchmal nicht einfach, und vielfach werden sich Spieler finden, die irgendwo dazwischenliegen, dennoch lässt sich das Gros der Spieler so einteilen. Kombiniert man die oben genannten Eigenschaften, so lassen sich vier Spielertypen bilden:

- **Spielertyp 1: *The Stone Killer* – Der tight-aggressive Spieler**
- **Spielertyp 2: *The Rock* – Der tight-passive Spieler**
- **Spielertyp 3: *The Maniac* – Der loose-aggressive Spieler**
- **Spielertyp 4: *The Calling Station* – Der loose-passive Spieler**

SPIELERTYP 1:
THE STONE KILLER –
DER TIGHT-AGGRESSIVE SPIELER

Dieser Spieler spielt in der Regel nur die guten Starthände, zum Beispiel **AA, KK, AK, JJ.** Wenn er ein gutes Blatt auf der Hand hat, so lässt er sich nicht lumpen und wettet hoch. Wenn man in einen solchen Spieler hineinwettet, muss man auch auf einen Re-Raise, eine nochmalige Erhöhung, gefasst sein.

Man erkennt den *Stone Killer* daran, dass er selten im Pot ist, also in weit weniger als 30 % der Hände, aber wenn er dabei ist, dann wettet er viel und hoch.

Die Vorteile einer solchen Spielweise liegen auf der Hand:

- Der tight-aggressive Spieler spielt weniger Hände. Bei diesen Händen hat er aber dann meistens auch gute Chancen, den Pot am Ende abzuräumen.
- Andere Spieler respektieren die Wetten dieses Spielers. Der tight-aggressive Spieler kann leicht bluffen, weil die anderen Spieler in dem Glauben sind, er spiele nur gute Hände.
- Da der tight-aggressive Spieler nur die besten Starthände spielt, ist die Entscheidungsfindung generell einfach. Die Hand ist entweder gut oder schlecht und so ist die Entscheidung gerade vor dem Flop leicht. Auch nach dem Flop ist es relativ unkompliziert. Entweder der Flop trifft und er hat eine sehr gute Hand, oder der Flop trifft ihn nicht. Im letzten Fall hat er oft immer noch die beste Hand, wenn er zum Beispiel ein hohes Paar auf der Hand gespielt hat.

Viele sagen, diese Art zu spielen sei die beste. Zugegeben, sie ist gut, aber bitte hüten Sie sich davor, diese Herangehensweise sklavisch zu befolgen. Poker ist komplex. Es gilt, unberechenbar zu bleiben und auf alles gefasst zu sein. Unter dem Strich hat sich diese Spielweise vor allem für Anfänger als die effektivste bewährt, da man durch reges Wettverhalten den Gewinn mit starken Händen maximieren kann. Gleichzeitig minimiert man das Risiko, mit schlechten Händen zu verlieren.

Auf der anderen Seite birgt das tight-aggressive Verhalten aber auch Gefahren:

- Hohe Verluste. Vor allem beim No-Limit Texas Hold'em läuft man durch diese Taktik Gefahr, in die bessere Hand eines anderen hineinzulaufen. Man denkt, man hätte die beste Hand, und wettet folglich aggressiv. Da beim No-Limit-Poker jede Hand die Gefahr mit sich bringt, durch ein All-In alle Chips und damit sehr viel Geld zu verlieren, ist hier Vorsicht angebracht.
- Ein weiterer Nachteil ist ganz einfach, dass man an Abenden, an denen man nichts Gutes auf die Hand bekommt, auch wirklich fast keine Hand spielen kann.

Dennoch ist tight-aggressive eine anerkannte Spielweise, da letztendlich nur relativ risikofreie Hände gespielt werden und mit diesen der meiste Profit erzielt wird.

Wie begegnet man aber einem tight-aggressiven Spieler?

- Man muss ganz einfach selbst sehr tight spielen. Auf jeden Fall sollte man es vermeiden, mittelmäßige Hände gegen diesen Spielertyp zu spielen. Man muss ganz einfach abwarten und den aggressiven Spieler in sich hineinlaufen lassen. Seien Sie geduldig. Irgendwann haben Sie eine bessere Hand als der *Stone Killer*. Er wird dann wegen seines aggressiven Wettverhaltens die ganze Arbeit für Sie erledigen und den Pot fett und fetter machen. Sie brauchen dann nur noch abzuräumen.

- Sorgen Sie dafür, dass der *Stone Killer* rechts von Ihnen sitzt.
- Grundsätzlich kann jeder Spieler, der tight spielt, auch relativ leicht geblufft werden. Seien Sie aber vorsichtig. Der tight-aggressive Spieler könnte Ihnen mit einem Re-Raise begegnen.

SPIELERTYP 2: *THE ROCK* – DER TIGHT-PASSIVE SPIELER

Dieser Spielertyp spielt nur, wenn er etwas Gutes hat, und wettet dann sehr konservativ. Er blufft selten, da es ihm meistens zu risikoreich erscheint. Man erkennt ihn daran, dass er weit weniger als 25 % der Hände spielt und dann eher mitgeht oder schiebt, anstatt zu wetten oder zu erhöhen.

Der sogenannte *Rock* erzielt dauerhaft keine großen Profite, da er wegen seines zurückhaltenden Wettverhaltens aus seinen guten Händen wenig Geld herausholt. Andererseits minimiert der *Rock* auch seine Verluste, da er nur gute Hände spielt und diese auch nicht überwettet. Dank seines passiven Wettverhaltens läuft er nicht – wie ein aggressiver Spieler – so leicht in stärkere Hände hinein.

Die Vorteile dieser Spielweise sind demnach:

- Geringe Verluste. Kein großes Risiko.
- Konstante, kleine Profite, da nur gute Hände gespielt werden.

Der Hauptnachteil dieser Spielweise ist aber, dass sie dauerhaft zu wenig Profit bringt. Sie erscheint insgesamt zu passiv und ermöglicht es dem Spieler nicht, den Tisch zu kontrollieren. Nach einer Weile reagiert man nur noch auf das Spiel der anderen, was beim Texas Hold'em meistens ein Nachteil ist.

Haben Sie einen solchen Spieler entdeckt, so passen Sie Ihre Spielweise wie folgt an:

- Spielen Sie nicht gegen den *Rock*, wenn Sie nur eine mittelgute oder schwache Hand haben. Der *Rock* wird aufgrund seiner tighten Spielweise meist etwas Gutes haben.
- Bluffen. Sollte ein Flop kommen, der dem *Rock* erkennbar nicht weitergeholfen hat, bluffen Sie. Ist der *Rock* in der Blind und macht keinen starken Eindruck, bluffen Sie. Er ist zu tight, um mitzugehen, und nicht aggressiv genug, um zu erhöhen. Dies gilt logischerweise vor allem bei No-Limit-Spielen.

Zusammenfassend kann man sagen, dass tight-passiv dauerhaft keine tolle Gewinnstrategie ist, dennoch kann es ratsam sein, sein Spiel phasenweise möglichst risikoarm zu gestalten. Dies gilt vor allem zu Beginn von No-Limit-Turnieren oder wenn man merkt, dass man auf *Tilt* ist und wegen einer unglücklich verlorenen Hand nun schlecht spielt. Indem man tight-passiv spielt, zieht man quasi die Notbremse, wenn man merkt, dass man anfängt, vermehrt schlechte Entscheidungen zu treffen, und die Chips vor einem bedenklich schwinden.

SPIELERTYP 3: *THE MANIAC* – DER LOOSE-AGGRESSIVE SPIELER

Jetzt stelle ich Ihnen eine ganz besondere Spezies vor: den *Maniac*. Ein *Maniac* kümmert sich wenig um die Stärke seiner Hand. Er spielt fast alles und berücksichtigt keineswegs die Position. *Maniacs* können sehr viel Geld gewinnen, wenn sie eine gute Hand haben, weil andere Spieler ihnen immer Bluffs oder *Overplay,* das heißt, dass sie zu viel Geld auf eine schlechte Hand gesetzt haben, unterstellen. Sie sind unberechenbar, laufen aber auch oft Gefahr, mit schlechten Händen in sehr gute hineinzulaufen.

Man erkennt den *Maniac* daran, dass er in über 30 % der Hände dabei ist und dann oft wettet, erhöht und noch mal erhöht. Er blufft häufig und zeigt beim Showdown oft miserable Hände.

Gegen den *Maniac* zu spielen ist sehr unangenehm. Man weiß nie, woran man bei ihm ist, und muss seinen Irrtum oft teuer bezahlen. Dennoch ist diese Spielweise meiner Meinung nach gerade für Anfänger nicht zu empfehlen, da sie zu unsicher ist. Gerade bei vielen Mitspielern ist es sehr wahrscheinlich, dass ich mit dieser Spielweise in gute Hände hineinlaufe und dann meine Chips verliere.

Die Vorteile dieser Spielweise sind:

- Wenn der *Maniac* gewinnt, ist es wegen seines aggressiven Wettverhaltens meistens ein großer Pot.
- Die Gegner sind völlig verunsichert, da sie den *Maniac* einfach nicht auf eine Hand setzen können, und so kann der *Maniac* leicht bluffen.

- Andere Spieler müssen für ihre Draw-Hands die Karten teuer bezahlen, weil der *Maniac* nahezu jeden Pot erhöht.

Die Nachteile dieser Spielweise sind:

- Die *Swings,* also die Geldschwankungen, während des Spiels sind sehr groß.
- Der *Maniac* hat, wenn es dann zum Showdown kommt, oft die schlechtere Hand.

Haben Sie einen *Maniac* entdeckt, so passen Sie Ihre Spielweise wie folgt an:

- Zunächst einmal sollte der *Maniac* rechts von Ihnen sitzen. Ansonsten bekommen Sie ständig nach Ihren Aktionen eine Wette oder einen Re-Raise vom *Maniac* aufgezwungen und müssen dann den *Maniac* auf eine Hand setzen, was oft unmöglich ist.
- Sitzt er rechts von Ihnen und Sie haben eine gute Hand, dann können Sie ihn oft isolieren, indem Sie die anderen Spieler, die nach Ihnen kommen, durch eine Erhöhung zum Aufgeben bringen und ihn sich dann allein vorknöpfen.
- Wenn Sie eine starke Hand haben, so können Sie auch den *Maniac* die Wettarbeit für sich erledigen lassen. Sie müssen passiver werden und mehr mitgehen, als selbst zu wetten.
- Gehen Sie auch mit nicht so tollen Händen mit und riskieren Sie ruhig einen Showdown. Meistens wird der *Maniac* eine schlechtere Hand haben.

Es bleibt zu sagen, dass dieser Spielertyp wirklich der unangenehmste von allen ist. Gegen ihn zu spielen macht einfach keinen Spaß, da er völlig unberechenbar ist. Der Versuch, den *Maniac* zu stoppen, kann sehr teuer werden, wenn er dann mal eine gute Hand hat. Im Limit-Poker und mit vielen Spielern am Tisch ist diese Spielweise meistens völlig verfehlt, da es hier sehr oft zum Showdown kommt.

Es kann aber äußerst lukrativ sein, vorübergehend diese Spielweise zu übernehmen, um andere zu verunsichern und sich ein entsprechendes Image aufzubauen. Ein *Loose-Image* bei tighter Spielweise ist sehr profitabel. Spielen Sie tight, aber markieren Sie den *Loose-Player*. Die Leute glauben Ihnen dann Ihre guten Hände nicht und werden Sie ausbezahlen.

SPIELERTYP 4: *THE CALLING-STATION* – DER LOOSE-PASSIVE SPIELER

Gleich vorweg: Das ist die schlechteste Spielweise. Wenn Sie eine *Calling-Station* sind, dann haben Sie schon verloren, bevor Sie sich überhaupt hingesetzt haben. Man erkennt diesen Spielertyp daran, dass er selten wettet oder erhöht, doch in weit über 30 % der Hände dabei ist. Beim Showdown zeigt die *Calling-Station* oft so schlechte Hände, dass es fast peinlich ist.

Gerade Anfänger, die noch nicht die Stärke des Aufgebens begriffen haben, meinen, es sei eine Art moralische Pflicht, in der Hand zu bleiben, was beim Poker vollkommen verfehlt ist. Sobald Sie zu dem Schluss gekommen sind, dass Sie die Hand nicht gewinnen können, sei es durch einen Bluff oder regulär, müssen Sie die Karten wegschmeißen. Ich habe tatsächlich einmal von einem Anfänger folgenden ernst gemeinten Satz gehört: *»So, die Wette gehe ich noch mit, danach gehe ich raus.«* Welch ein Unsinn!

Die Vorteile dieser Spielweise sind:

- Keine.

Die Nachteile dieser Spielweise sind:

- Man verliert sehr viel Geld, weil man bei guten Blättern nicht oder nicht genug wettet und auf der anderen Seite ständig mitgeht, obwohl man wegen seiner schlechten Hand fast keine Chance hat, zu gewinnen.

Haben Sie eine solche Goldgrube am Tisch entdeckt, so kassieren Sie wie folgt ab:

- Spielen Sie tight und warten Sie auf gute Hände. Die *Calling-Station* wird Sie ausbezahlen, weil sie im Zweifelsfall nicht aufgibt.
- Vermeiden Sie Bluffs. Die *Calling-Station* wird alles mitgehen, und der Call ist der Tod eines jeden Bluffs.

Bitte beachten Sie, dass die Einteilung der Spieler nicht völlig statisch ist und gute Spieler ihr Spiel variieren. Ein Spieler kann zum Beispiel pre-flop passiv und auf dem Flop aggressiv spielen oder umgekehrt. Wichtig ist, dass Sie einen Spielstil erkennen und sich darauf einstellen. Wenn man Poker spielt, so durchläuft man Phasen. Das bedeutet, dass man sein Spiel sozusagen einpendelt. Man spielt zum Beispiel eine Zeit lang eher loose, um dann wieder ein wenig tighter zu werden. Letztendlich findet jeder zu dem Spiel, das am besten zu ihm passt.

5. TEIL

WICHTIGE SPIELKONZEPTE IM TEXAS HOLD'EM

WETTEN UND ERHÖHEN – ABER RICHTIG!

Machen wir uns zunächst klar, welche Funktion eine Wette oder Erhöhung beim Poker haben kann. Viele der folgenden Tipps beziehen sich nur auf Pot-Limit und No-Limit, da man die Wetthöhe hier beeinflussen kann. Machen wir uns zunächst klar, welche Intention ein Spieler mit einer Wette oder einer Erhöhung verfolgt:

- Man kann wetten, um Geld in den Pot zu kriegen, weil man denkt, man habe die beste Hand, das sogenannte *Betting for Value*. Man will den Pot, der einem gedanklich schon gehört, möglichst groß werden lassen.
- Man kann wetten oder erhöhen, um sich zu verteidigen, eine sogenannte *Defense-Bet*. Es ist besser, man macht eine kleine Wette und der Gegner geht mit, als dass man schieben und eine viel größere Erhöhung des Gegners hinnehmen muss, weil man in seinen Augen durch Schieben Schwäche gezeigt hat. Hierzu gehört auch das Wetten, um dann in der nächsten Wettrunde eine *Free-Card* zu erhalten.
- Man kann auch wetten oder erhöhen, um zu sehen, wo man steht. Zum einen kann ich an der Reaktion der Gegner ablesen, wie ihre Situation aussieht. Wenn die Gegner zum Beispiel nur mitgehen, aber nicht erhöhen, habe ich schon eine Information, die eher auf Schwäche hindeutet. Zum anderen habe ich den Vorteil, dass ich unliebsame Gegner eliminieren kann und so verhindere, dass diese am Ende gegen mich gewinnen, weil sie ihre Draws noch machen oder weil sie einfach eine bessere

Hand haben. Ein Beispiel dafür ist, wenn ich mit Top-Pair in relativ früherer Position auf dem Flop wette.

- Eine Wette kann auch die alleinige Funktion haben, den Gegner aus dem Spiel zu drängen, indem ich ihm eine gute Hand meinerseits suggeriere, die es aber gar nicht gibt, die Definition eines Bluffs.

Jede Wette und jede Erhöhung ist eine Gratwanderung. Nehmen wir den ersten Punkt: Ich will, dass der Gegner in der Hand bleibt, weil ich denke, ich hätte die beste Hand, und will am Ende möglichst viel Geld gewinnen. Wenn ich hier zu hoch wette oder zu viel erhöhe, gibt mein Opponent möglicherweise auf, und ich habe mein Ziel verfehlt. Wette ich zu niedrig, so kann es passieren, dass er hinter meine Absichten kommt und genau deshalb herausgeht. Außerdem bekomme ich durch eine kleine Wette nicht besonders viel Geld in den Pot. Eine komplizierte Angelegenheit. Gerade bei der Wetthöhe machen viele Anfänger die meisten Fehler. Sie wetten zu hoch und riskieren in Situationen, in denen es zum Beispiel nur um die Blinds geht, viel zu viele Chips. Sie wetten zu niedrig, wenn sie den Pot mästen sollten. Wenn sie bluffen, wetten sie häufig so niedrig, dass der andere Spieler gar keine andere Wahl hat, als mitzugehen.
Die Wetthöhe muss sich immer an der Größe des Pots orientieren. Die anderen Spieler sind auch scharf auf den Pot. Sie werden sich also immer überlegen, wie viel Geld sie bezahlen müssen, um wie viel Geld gewinnen zu können.

- Wenn Sie Geld in den Pot bringen möchten, sollten Sie eher niedrig wetten, weil es dann für die Gegner billig ist und sie eher geneigt sind mitzugehen. Hier geht es schließlich darum, den Gegner den Fehler machen zu lassen, mit einer schlechteren Hand mitzugehen.

- Wenn Sie sich durch Ihre Wette verteidigen wollen, so sollte die Wetthöhe so gewählt sein, dass sie dem Gegner gerade noch als echte Wette erscheint. Sie sollte natürlich auch nicht zu hoch sein, schließlich wollen Sie es ja für sich billig machen. Eine Wette, die darauf abzielt, in der nächsten Runde eine Karte für möglichst wenig Geld zu sehen, sollte in einem Limit-Spiel auf dem Flop, also in der zweiten Wettrunde, gemacht werden, wo die Wetten noch billig sind. Mehr dazu im Kapitel *Free-Card Play*.
- Wenn Sie bluffen, sollten Sie das Mitgehen für die anderen Spieler eher unlukrativ machen. Wetten Sie hoch. Mindestens ein Drittel des Pots. Nur so können Sie einen Gegner dazu bringen, den Fehler zu machen, mit der besseren Hand aufzugeben. Mehr dazu im Kapitel *Bluffing*.

Grundsätzlich muss die Wetthöhe immer so gewählt sein, dass der Gegner dazu verleitet wird, einen Fehler zu machen. Das gilt natürlich nur für die Spielvarianten, bei denen ich die Höhe der Wette überhaupt beeinflussen kann, also bei No-Limit oder Pot-Limit.
Bei einem Limit-Spiel geht es um die Frage, ob ich überhaupt wetten oder erhöhen soll. Im Limit-Spiel ist es vor allem wichtig zu beachten, dass die festgelegte Wetthöhe ab der dritten Wettrunde doppelt so hoch ist wie in den ersten beiden. Billige Wetten oder Erhöhungen müssen sich beim Limit-Spiel in den ersten zwei Wettrunden abspielen. Mit der Zeit entwickelt man ein Gespür für die richtige Wetthöhe in einer bestimmten Situation.

Beachten Sie, dass die oben angestellten Überlegungen nur grundsätzlicher Natur sind. Im Einzelfall kann eine andere Entscheidung immer gerechtfertigt sein. Gerade gute Spieler sollte man eher ausmanövrieren und täuschen, anstatt sie durch Lehrbuchwetten anzugreifen. Gute Spieler wissen um die Konzepte, die die Wetthöhe betreffen, und werden schnell merken, ob es sich bei Ihrer Wette um eine Value-Bet oder einen Bluff handelt. Hier gilt es zu täuschen und die wahre Absicht zu kaschieren.

Ein Beispiel dafür ist der sogenannte *Post-Oak-Bluff*: Ich wette so niedrig, dass der andere denkt, ich würde wetten, um Geld in den Pot zu bringen, weil ich eine gute Hand habe. In Wirklichkeit will ich, dass der andere wegschmeißt. Sich hier quasi »am Hochreck« zu bekriegen macht die Faszination des Pokers aus. Ein erbitterter Kampf, der mit Aggression und List geführt wird. Sie lernen beim Poker viel über die Natur des Menschen. Sie werden sich wundern, wie verschlagen einige Personen sein können, die auf den ersten Blick ganz harmlos aussehen. Ich selbst habe Manöver erlebt, die so geschickt waren, dass ich mich einfach nicht über das verlorene Geld ärgern konnte. Ich war von der Ruchlosigkeit und der Intelligenz, die hinter der Aktion meines Gegners steckte, völlig fasziniert. Ich war einfach froh, dabei zu sein. Poker ist nicht Mau-Mau. Poker läuft auf höchstem Niveau ab. Genießen Sie es. Na ja, ich gebe zu, dass ich mich schon ein bisschen über das verlorene Geld geärgert habe …

BLUFFING

Ein Spieler blufft, wenn er, ohne eine gute Hand zu haben, wettet oder erhöht und dabei erwartet, dass der andere ihn auf eine gute Hand setzt und aufgibt.

Der Bluff ist ein sehr starker Spielzug im Poker, da er es ermöglicht, ohne eine gute Hand gutes Geld zu machen. Wenn Sie die

Kunst des Bluffens beherrschen, sind Sie den Gesetzen der Wahrscheinlichkeit nicht mehr sklavisch ausgeliefert. Sie müssen nicht stundenlang auf gute Hände warten, wenn Sie in der Lage sind, auch mit 72-offsuit zu gewinnen.

Machen Sie sich klar, dass Bluffen im No-Limit- und Pot-Limit-Poker eine viel größere Rolle spielt als im Limit-Poker. Beim Limit-Poker gibt es viel mehr Calls, da diese nicht so teuer wie beim No-Limit sind. Der Call ist natürlich das Ende eines jeden Bluffs.

Allerdings kommt es beim Bluffen auf die richtige Dosis an. Wenn Sie sehr selten oder nie bluffen, laufen Sie Gefahr, zu wenige Pots zu gewinnen. Ihr Spiel tendiert zu sehr in Richtung tight-passive. Die anderen Spieler bluffen munter drauflos und stehlen einen Pot nach dem anderen, während Sie auf gute Hände angewiesen sind.

Wenn Sie zu häufig bluffen, werden die anderen Spieler das schnell merken, und dann hagelt es Calls, die Sie eine Menge gutes Geld kosten.

Ideal ist also eine Spielweise, die ein tightes Spiel mit einigen Bluffs zur rechten Zeit würzt. Damit die Leute Ihre guten Blätter ausbezahlen, müssen Sie wissen, dass Sie überhaupt zu einem Bluff fähig sind. Das müssen Sie demonstrieren, und Sie bekommen dann häufiger den gewinnbringenden Call bei einem guten Blatt.

Man kann hier sogar so weit gehen, dass man sich genau sein Verhalten bei einem misslungenen Bluff merkt, um es dann zu wiederholen, wenn man nicht blufft und auf eine starke Hand wettet. Die Gegner denken, Sie würden bluffen, und gehen mit. Die Kasse klingelt.

Aus Versehen geblufft …

Umgekehrt habe ich bei meinem Spiel mehrmals ein seltsames Erlebnis gehabt: Manchmal ist man abgelenkt und vertut sich

mit seinen Hole-Cards. In einem Fall habe ich einen Buben mit einem König verwechselt und habe gedacht, ich hätte einen Drilling. Ich hatte aber keinen. Ich habe einfach den Drilling gespielt und gewonnen, weil mein Bluff so gut war. Er war so gut, weil ich selbst getäuscht war.
Ich habe von einigen Spielern gehört, die bei jedem dritten Kreuz, welches sie auf die Hand bekommen, einen Bluff versuchen. Dies soll es für die anderen Spieler erschweren, ein Muster im Bluffverhalten zu erkennen. Hiervon rate ich entschieden ab. Ein Bluff kann immer nur situationsbedingt erfolgen. Es kommt darauf an, genau den richtigen Zeitpunkt zu erwischen, wobei Position, Wettverhalten der anderen, *Tells* etc. eine Rolle spielen. Wenn Sie nur nach einem festgelegten System bluffen, so können Sie diese Faktoren nicht berücksichtigen und laufen mit Ihren Bluffs zu oft in gute Hände hinein.

Bevor ich Ihnen im Einzelnen erkläre, wann und wie man am besten blufft, schauen wir uns zunächst zwei Beispiele an.

Beispiel 1

Ein No-Limit-Turnier. Die Spieler A und B befinden sich nach dem River in folgender Situation:

Spieler A Spieler B

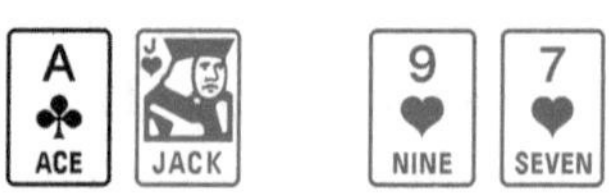

Flop Turn River

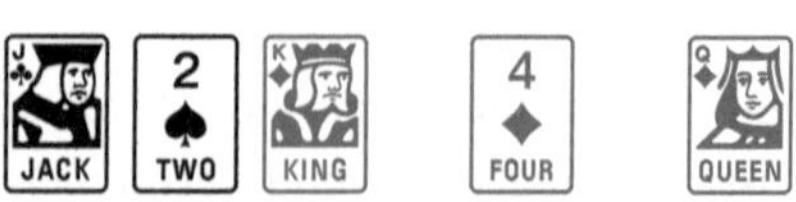

Bisher wurde von beiden nur durchgecheckt, also nicht gewettet. Nach der letzten Gemeinschaftskarte beginnt Spieler B die Wettrunde. Was soll er tun? Er hat sich bis zur letzten Karte des Boards durchgekämpft, ohne – von seiner Blind mal abgesehen – auch nur einen Chip bezahlt zu haben. Allerdings hat er auch keine Hand. Trotzdem blufft er und wettet 3000 Chips. Spieler A, der mit seinem Bubenpaar 100 % Favorit ist, die Hand zu gewinnen, überlegt lange und gibt schließlich resigniert auf. Spieler B, der nur die **9** als High-Card hat, nimmt den Pot an sich.

Was ist passiert? Spieler B hat die letzte Gemeinschaftskarte für seinen Bluff geschickt benutzt. Sie war für Spieler A eine sogenannte *Scare-Card,* also eine Karte, die ihm Angst einjagt, weil sie auf ein höheres Damenpaar bzw. einen Flush hindeutet.

Beispiel 2

Wieder ein No-Limit-Turnier, und die Spieler A und B befinden sich nach dem Turn in folgender Situation. Diese Hand hat sich in einer WSOP tatsächlich so abgespielt:

Spieler A Spieler B

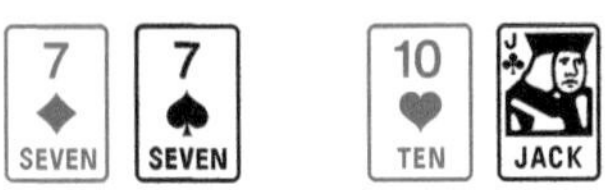

Flop Turn

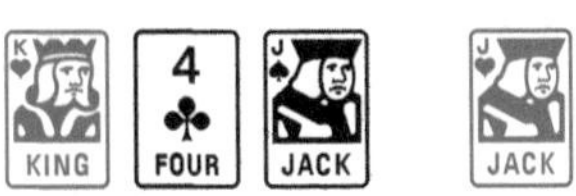

Die Spieler haben vor und nach dem Flop nicht gewettet. Die Turnkarte hat Spieler B einen Bubendrilling beschert. Spieler A sieht schlecht aus mit seinem niedrigen **7**er-Paar auf der Hand.

Spieler B wettet 2000 Chips. Spieler A macht einen Re-Raise. Er erhöht die Wette um 4000 Chips. Spieler B überlegt lange und wirft letztendlich seinen Drilling weg. Spieler A kassiert den Pot, obwohl er die Hand aufgrund seiner Karten nur mit geringer Wahrscheinlichkeit hätte gewinnen können.
Gerade das letzte Beispiel zeigt, wie unendlich stark das Konzept des Bluffens sein kann. Spieler A hat mit viel Mut eine eigentlich völlig aussichtslose Situation zu seinen Gunsten gedreht und ist als Sieger aus der Hand hervorgegangen. Spieler B hatte wahrscheinlich Angst vor einem Bubendrilling mit höherem Kicker oder vor einem Full-House. Spieler B war übrigens Phil Hellmuth jr.

Es ist eine Kunst, den richtigen Moment zum Bluffen zu erkennen und auszunutzen. Ein schlechter Bluff kann sehr kostspielig sein. Vertrauen Sie vor allem Ihrem Instinkt. Die folgenden Regeln sollten auf keinen Fall stur befolgt werden. Sie sollen Ihnen nur Anregungen geben, wann ein Bluff angebracht sein kann. Sie müssen ein Gefühl dafür entwickeln, wann Sie zuschlagen und bluffen können.

- Im Allgemeinen ist ein Bluff immer angebracht, wenn der Gegner Schwäche zeigt. Ein Indikator für Schwäche kann neben dem Wettverhalten des anderen, zum Beispiel checken oder nur mitgehen, auch dessen Körpersprache sein.
- Eine typische Bluffsituation ist beispielsweise, dass der Dealer aus seiner starken Position heraus in der ersten Wettrunde den Pot erhöht, wenn die anderen Spieler vor ihm Schwäche gezeigt haben, indem sie nur mitgegangen sind.
- Je weniger Geld im Pot ist, desto eher funktioniert ein Bluff. Je mehr Geld ein Spieler bereits in den Pot investiert hat, desto schwieriger wird es für ihn, sich von seiner Hand zu trennen.

- Hieraus kann man ableiten, dass Bluffs vor oder auf dem Flop in der Regel eher funktionieren als auf Turn und River. Im ersten Beispiel hätte der Bluff auf dem River nicht funktioniert, wenn auf dem Flop oder dem Turn hoch gewettet worden wäre.
- Ein Bluff kann sinnvoll sein, wenn auf dem Board eine sogenannte *Scare-Card* kommt. Eine solche Karte signalisiert dem Spieler Gefahr, da sie es wahrscheinlicher macht, dass seine Hand geschlagen ist. Im ersten Beispiel kam als fünfte Karte auf dem River noch eine Karo-Dame. Spieler B hat dies geschickt ausgenutzt, indem er durch seine hohe Wette einen Flush bzw. ein Damen-Paar repräsentiert hat.
- Ein guter Zeitpunkt für einen Bluff ist oft, wenn Sie Ihrerseits einen Bluff des Gegners vermuten. Ein Bluff gegen einen Bluff in Form eines Re-Raise ist ein sehr starker Spielzug, weil er eine weniger starke Hand als ein Mitgehen erfordert. In vielen Situationen wird der Spieler seinen Bluff aufgeben, weil er denkt, er sei erwischt worden. Natürlich müssen Sie sich dabei relativ sicher sein, dass der Gegner blufft, sonst kann es sehr teuer für Sie werden.
- Ein Bluff kann immer dann besonders gut funktionieren, wenn das eigene vorhergehende Wettverhalten in der Runde auf eine gute Hand schließen lässt. Hat man beispielsweise vor dem Flop erhöht, so ist eine Erhöhung auch nach dem Flop glaubhafter.
- Je weniger Spieler in der Hand sind, desto wahrscheinlicher ist es, dass ich durch den Bluff die Hand gewinne.
- Grundsätzlich sollte die Bluff-Wette beim Pot-Limit und beim No-Limit Texas Hold'em im Verhältnis zum Pot hoch sein. So hoch, dass der Gegner aufgibt, sollte er selbst kein gutes Blatt haben. Hierbei spielen die *Pot-Odds* eine Rolle. Sie müssen es also für den anderen teuer machen, einen vergleichsweise klei-

nen Pot zu spielen. Sie müssen dem Gegner schlechte Pot-Odds geben, die einen Call für ihn erschweren. Merken Sie sich als Faustformel, dass eine Wette in der Höhe des Pots dem Gegner fast immer schlechte Pot-Odds zum Mitgehen gibt. Er bräuchte dann schon eine hohe Gewinnwahrscheinlichkeit, um im Rahmen einer konservativen Spielweise mitzugehen. Mehr hierzu im Kapitel *Pot-Odds*.

- Auf der anderen Seite kann ich aber auch so bluffen, dass der Gegner denkt, ich würde versuchen, ihn zum Mitgehen zu bewegen. Ein sogenannter *Post-Oak-Bluff*. Ich wette niedrig, sodass er glaubt, ich hätte eine gute Hand und wolle nur den Pot mästen. Diese Technik erfordert sehr viel Gespür und Instinkt vom Spieler. Schließlich besteht die Gefahr, dass der Gegner wegen der niedrigen Wetthöhe einfach mitgeht.
- Es gibt Spieler, die ihre Chips nach Buy-In und bereits erzieltem Gewinn aufteilen. Dies sind oft konservative Spieler. Wetten Sie daher beim Bluff einen Betrag, der möglichst höher ist als der bisherige Gewinn des Gegners, und seine Hemmschwelle mitzugehen wird höher sein.
- Oft sind Bluffs gegen Anfänger völlig verfehlt. Gerade Anfänger spielen oft sehr passiv und ziehen die Möglichkeit des Aufgebens einfach nicht in Betracht. Hier haben Sie keine Chance zu bluffen. Der Anfänger wird einfach mitgehen und zum Beispiel mit seinem kleinen Paar auch noch gegen Sie gewinnen. Warten Sie bei Anfängern lieber auf gute Hände und wetten Sie erst dann.

Bluffs sind immer eine Gratwanderung und bergen viel Risiko. Auf Dauer gesehen, kann man es sich aber nicht leisten, auf Bluffs zu verzichten.

SEMI-BLUFFING – DER HALBE BLUFF

Ein Semi-Bluff ist ein Bluff, der mit einer Hand gemacht wird, die zum jetzigen Zeitpunkt schwach ist, sich aber im Lauf der nächsten Wettrunden noch verbessern kann. Ein Semi-Bluff ist also, wie der Name schon sagt, nur ein halber Bluff.

Der Vorteil gegenüber einem normalen Bluff ist, dass ich beim Semi-Bluff zwei Möglichkeiten habe zu gewinnen: Entweder gibt der Gegner auf, oder ich verbessere meine Hand im Lauf der Runde und gewinne »ehrlich«.

Beispiel
Sie befinden sich in einem No-Limit Cash-Game und haben vor dem Flop 3 € aus Late-Position heraus erhöht. Drei Spieler sind mitgegangen, und im Pot liegen mittlerweile 15 €. Der Flop kommt:

Sie haben:

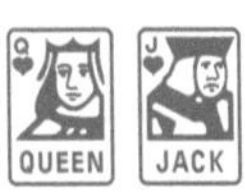

Flop

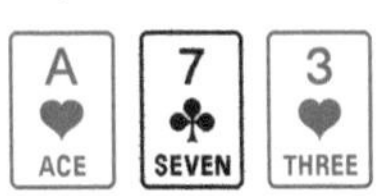

Zum jetzigen Zeitpunkt sieht es für Sie nicht so gut aus. Sie haben Bube und Dame nicht getroffen. Dafür haben Sie aber einen Flush-Draw. Die drei verbliebenen Spieler checken. Sie wetten 10 €. Alle Spieler gehen raus, und Sie räumen den Pot ab. Das war ein typischer Semi-Bluff. Die Gegner haben durch ihr Setzverhalten Schwäche gezeigt. Sie haben durch Ihre Wette das Ass, die Scare-Card, repräsentiert, und die anderen Spieler haben es Ihnen geglaubt. Dass Sie ein Ass haben, wurde für die Gegner vor allem auch durch Ihre Erhöhung vor dem Flop glaubhaft. Wenn jemand Ihre Wette mitgegangen wäre, so hätten Sie immer noch als Auffangnetz den Flush-Draw mit 9 Outs und einer 35-%-Trefferwahrscheinlichkeit gehabt.
Oft kann es natürlich sinnvoller sein, bei einem Draw zu checken und so eine weitere Karte umsonst, eine Free-Card, zu sehen. In dem Fall haben aber die Schwäche der Gegner, die Scare-Card und vor allem Ihre gute Position einen Semi-Bluff ermöglicht.

Integrieren Sie die Technik des Semi-Bluffs in Ihr Repertoire und Sie haben ein weiteres, nützliches Werkzeug an der Hand, das Sie wirkungsvoll gegen Ihre Mitspieler einsetzen können. Wie gesagt, ein Semi-Bluff ist weniger risikoreich als ein purer Bluff, weil die Möglichkeit besteht, dass man »ehrlich« gewinnt, und somit hat man ein Auffangnetz. Gerade Anfänger, denen oft der Mut fehlt, einen puren Bluff durchzuziehen, sollten es zunächst mit einem Semi-Bluff als Einstieg versuchen.
Auch Altmeister Doyle »Texas Dolly« Brunson wusste: »You should never start out bluffing at a pot and keep bluffing without an out.« (»Versuche nie, einen Pot durch Bluffen oder Weiterbluffen zu gewinnen, wenn du keine Outs hast.«)

BLUFFS PROVOZIEREN – WIE FÜHRE ICH MEINEN GEGNER AUFS GLATTEIS?

Bluffs provozieren, auf Englisch *inducing bluffs,* ist eine Technik, bei der man einen Gegner zum Bluffen bringt, der ursprünglich nicht wetten wollte.

Das sollte in einer Situation passieren, in der man selbst eine relativ gute Hand hat, die aller Wahrscheinlichkeit nach im Showdown gewinnt.

Bluffs provozieren ist wirklich eine sehr gute Technik, um aus mittelguten bis guten Händen Geld zu machen. Das Konzept ist so stark, weil die Gegner sich beim Bluff aufs Glatteis wagen. Ein Bluff erfordert in der Regel eine hohe Wette. Diese Wette ist beim Bluff eben nicht von einer guten Hand gedeckt, sodass man durch ein Mitgehen oder Erhöhen dieses Geld kassieren kann.

Beispiel
Sie haben:

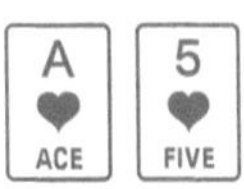

Flop

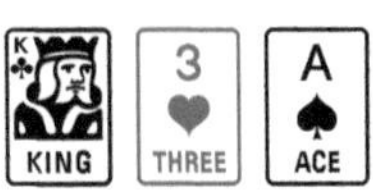

Ihr Gegner hat vor dem Flop erhöht, und Sie sind mitgegangen. Nach dem Flop hat Ihr Gegner zunächst geschoben. Jetzt kommt es darauf an: Wenn Sie jetzt hoch wetten, besteht die Möglichkeit, dass Ihr Gegner aufgibt, wenn er kein Ass-Paar hat. Wenn Sie jetzt aber Schwäche schauspielern, indem Sie ebenfalls checken, haben Sie die Chance, dass Ihr Gegner im Verlauf der weiteren Wettrunden einen Bluff versuchen wird. Er wird denken, dass Sie wahrscheinlich auch kein Ass auf der Hand haben, weil Sie nur geschoben haben. Wenn die weiteren Gemeinschaftskarten Ihr Ass-Paar nicht ernsthaft bedrohen, haben Sie wahrscheinlich im Showdown die bessere Hand und können einen Bluff des Gegners genüsslich »runtercallen«.

Bluffs provozieren heißt also nichts anderes, als den Gegner dazu zu bringen, an der falschen Stelle zu bluffen. Dies erreicht man, indem man Schwäche durch bloßes Mitgehen oder Schieben simuliert. Diese Technik erfordert vom Spieler sehr viel Feingefühl, und man kann sie zu Recht als fortgeschritten bezeichnen. Vor allem sollte man sich stets der Gefahren bewusst sein, die diese Technik mit sich bringt: Zum einen geben Sie Ihrem Gegner kostenlos Gemeinschaftskarten, und zum anderen kann es sein, dass er eben nicht blufft und nur schiebt. Dann haben Sie mit Ihrer guten Hand relativ wenig Geld verdient.
Allerdings hätte der andere bei einer Wette von Ihnen wahrscheinlich so oder so aufgegeben, sodass es im Endeffekt auf das Gleiche hinausläuft. Folgende Kriterien sollten gegeben sein, wenn Sie diese Technik anwenden:

- Sie sollten gegen wenige Gegner in der Hand sein, am besten nur gegen einen. Man muss den Gegner und seine Handstärke schon sehr genau einschätzen können, was natürlich bei mehreren Spielern schwieriger ist.

- Man muss einen Gegner vor sich haben, der überhaupt zu einem Bluff fähig ist. Gerade blutige Anfänger trauen sich oft überhaupt keinen Bluff zu. Wenn Sie hier nur schieben, dann schieben die Anfänger auch und wissen gar nicht, dass sie den Pot stehlen könnten. Hier sollten Sie einfach wetten und hoffen, dass der Gegner mitgeht. Ansonsten kriegen Sie trotz Ihrer guten Blätter kein Geld in den Pot.
- Der gegnerische Spieler sollte logischerweise eine schlechtere Hand haben als Sie. Er sollte keine Hand haben, die er durch weitere billige Gemeinschaftskarten noch entscheidend verbessern könnte. Das Konzept funktioniert gerade deswegen auch auf dem River sehr gut, da keine Gemeinschaftskarten mehr kommen.

Inducing Bluff heißt also nichts anderes, als dass man in einem anderen Spieler die Lust auf einen Bluff zur falschen Zeit weckt. Wie Sie sehen, geht es auch hier darum, so zu spielen, dass der andere einen Fehler macht.

SLOW-PLAY – WIE STELLE ICH MEINEM GEGNER EINE FALLE?

***Slow-Play*, *Sandbagging* oder *Trapping* bezeichnet ein Täuschungsmanöver, bei dem man dem Gegner vortäuscht, man hätte eine schwache Hand, obwohl man in Wirklichkeit eine sehr starke Hand hat.**

Man kann sagen, dass Slow-Play eine Art umgekehrter Bluff ist. Ziel ist, den Gegner glauben zu lassen, er habe die bessere Hand,

damit er nicht aufgibt, sondern im Gegenteil stark in einen hineinwettet. Ich kann dann mit der besseren Hand mitgehen oder erhöhen und so richtig absahnen.
Johnny Chan hat so 1988 die WSOP gewonnen. Er hat auf dem Flop die Nut-Straight, also die bestmögliche Straße, getroffen. Er hat jedoch weder auf Flop, Turn oder River gewettet oder erhöht. Auf dem River hat dann sein Opponent, Eric Seidel, versucht, ihm mit einem All-In den Pot abzunehmen. Ein schwerer Fehler von ihm, denn er hatte nur zwei Damen auf der Hand. Chan ist mitgegangen und zeigte betont cool seine Straße. Er hat die WSOP gewonnen, weil er seinen Gegner in eine Falle gelockt hat.
Das Konzept des Slow-Play ist von fundamentaler Bedeutung. Wie viele Fische habe ich schon den ganzen Abend dasitzen sehen, weil sie keine Hand bekamen? Wenn sie dann mal eine gute Hand hatten, haben sie gleich so hoch gewettet, dass jeder sofort rausgegangen ist. Es ist ziemlich frustrierend, denn man bekommt den ganzen Abend nichts, und wenn man mit **AA** gewinnt, dann nur die Blinds, weil jeder sofort aufgibt, wenn man wettet.
Das wäre aber leicht zu vermeiden, indem man einfach nur mitgeht, seine Stärke nicht hinausposaunt und in Ruhe die anderen die Wettarbeit machen lässt. Vor allem, wenn man sehr tight spielt, ist Slow-Play sehr effektiv, weil man mit einer guten Hand nicht sofort alle vergrault.
Gerade gegen sehr aggressive Spieler hilft die Technik des Slow-Play ungemein, da sie Opfer ihrer eigenen Aggression werden, wenn sie einem die Schwäche abkaufen. Sie laufen in ihr Verderben, weil sie mit aggressivem Spiel auf Schwäche reagieren.

Allerdings birgt Slow-Play auch Gefahren: Slow-Play ist immer ein Drahtseilakt. Wenn ich auf meine gute Hand nicht wette, riskiere ich auch, nichts damit zu gewinnen, sollte der andere

nicht voll einsteigen. Johnny Chan hat es in dem oben genannten Beispiel riskiert, mit einer vor allem im Heads-Up sehr guten Hand so gut wie nichts zu gewinnen. Wenn Seidel am Ende einfach durchgecheckt hätte, hätte Chan mit einer Monsterhand nur einen kleinen Pot gewonnen.
Die andere große Gefahr beim Slow-Play ist, dass man seinem Gegner kostenlose Gemeinschaftskarten gewährt und somit riskiert, dass er im Verlauf der Wettrunden noch eine bessere Hand bekommt. Ganz wichtig zu verstehen ist, dass Slow-Play im Poker eine Ausnahme darstellt. Grundsätzlich sollten sie mit guten Händen wetten und erhöhen.
Die eigentliche Falle besteht beim Poker grundsätzlich darin, dass die Gegner bei ihren Einsätzen nie wissen, ob sie schwach, gut oder saugut sind. Slow-Play sollte deswegen niemals inflationär, sondern nur in ganz bestimmten Situationen angewendet werden. Stellen Sie sich immer die Frage, ob sie mit ›normalem‹ Spiel am Ende mehr Geld gewonnen hätten.

Es geht beim Slow-Play um das richtige Timing und ein Gefühl dafür, wie der Gegner sich verhalten wird. Wenn ich von einem Gegner weiß, dass er sehr aggressiv spielt und beim geringsten Anzeichen von Schwäche sofort hoch wettet, dann kann ich mir dies zunutze machen, um ihn in eine Falle zu locken. Beachten Sie beim Slow-Play unbedingt die folgenden Punkte:

- Sie brauchen eine sehr starke Hand, am besten die Nuts. Bedenken Sie, dass die Hand auch am Ende der Runde beim Showdown noch bestehen muss.
- Achten Sie darauf, dass die Karten, die Sie Ihrem Gegner billig bzw. kostenlos durch Slow-Play gewähren, seine Hand nicht so weit verbessern können, dass Ihre Monsterhand am Ende noch geschlagen wird.

- Ideal ist, wenn die Karten des Gegners gut sind, aber eben nicht so gut wie Ihre. Der Gegner sollte also möglichst die Second-Best-Hand haben.

CHECK-RAISE

Ein *Check-Raise*, nicht zu verwechseln mit einem Re-Raise, ist ein Spielzug, bei dem ein Spieler in einer Wettrunde zuerst nur mitgeht, aber dann nach der Erhöhung eines anderen Spielers noch einmal erhöht.

Man kann den Check-Raise auch als Slow-Play innerhalb einer einzelnen Wettrunde bezeichnen. Der Vorteil ist, dass man den Pot so größer machen kann. Dies gilt insbesondere für Limit-Poker, wo die Wetthöhe streng festgesetzt ist.
Die Überlegung, die dahintersteckt, ist folgende: Wenn ich von Anfang an mit einer guten Hand erhöhe, so besteht die Gefahr, dass der Gegner einfach nur mitgeht und die Wettrunde vorbei ist. Ich habe, wenn ich eine gute Hand habe und normal wette, nur eine Erhöhung in der Wettrunde. Wenn ich aber zuerst schiebe und erst nach einer Wette des anderen erhöhe und der andere mitgeht, so habe ich zwei Erhöhungen in der Wettrunde, also mehr Geld im Pot. Der Pot wird größer und größer, bis er letztendlich reif ist und gepflückt werden kann.
Einige Menschen halten das Konzept des Check-Raise für unmoralisch, und es gab in der Vergangenheit in amerikanischen Casinos sogar Hausregeln, die Check-Raises komplett verbieten. Das ist natürlich lächerlich in einem Spiel, in dem es nur darum geht, den anderen zu täuschen. Genauso könnte man in einem Fußballspiel das Toreschießen verbieten.

Natürlich besteht hier – ähnlich wie beim Slow-Play – die Gefahr, dass nach meinem Check kein anderer setzt und ich in der Wettrunde gar nicht mehr erhöhen kann. Dann ist die Wettrunde vorbei, und ich habe mein Ziel verfehlt, weil ich mit einer guten Hand wenig Geld in den Pot bekommen habe. Zudem habe ich den anderen kostenlos Gemeinschaftskarten gewährt, sodass sie möglicherweise ihre Draws noch vervollständigen konnten.
Ein Check-Raise kann auch ein gutes Rezept gegen jemanden sein, der öfter versucht, durch extrem aggressives Verhalten einen Tisch zu dominieren. Wenn er ein paarmal nach seiner Erhöhung seinerseits eine Erhöhung »vor dem Bug« kriegt, so wird ihn das wahrscheinlich abbremsen. Passen Sie aber auf, denn gerade erfahrene Spieler sind mit der Technik des Check-Raise bestens vertraut und werden Sie wahrscheinlich auf eine gute Hand setzen.

FREE-CARD-PLAY – UMSONST KARTEN GEBEN UND BEKOMMEN

Eine *Free-Card* ist eine Gemeinschaftskarte beim Texas Hold'em, die ich sehe, ohne etwas dafür bezahlen zu müssen. Wenn zum Beispiel in der Wettrunde nach dem Flop nur durchgecheckt wurde, so ist die vierte Gemeinschaftskarte für alle eine Free-Card.

Beim Texas Hold'em stehen Sie oft vor dem Problem: Will ich eine Free-Card haben oder versuche ich, den Pot durch eine Wette sofort zu gewinnen? Gebe ich umgekehrt den anderen Spielern eine Free-Card und riskiere damit, dass sie selbst möglicherweise kostenlos eine bessere Hand machen als ich?

Grundsätzlich kann man sagen, dass es beim Texas Hold'em fast immer besser ist, den anderen Spielern keine Free-Card zu schenken, da immer die Gefahr besteht, dass sie eine bessere Hand machen. Vor allem wenn der Pot bereits groß und Ihre Hand sehr gut ist, sollten Sie kein Risiko eingehen, indem Sie großzügig Free-Cards verteilen.
Seien Sie stets auf der Hut, wenn Sie nicht gerade die *Stone-Cold-Nuts,* also die wirklich absolut beste Hand, haben. Texas Hold'em ist wie geschaffen dafür, dass die anderen Spieler am Ende noch irgendwelche unerwarteten Kombinationen machen. David Sklansky spricht in dem Zusammenhang von »mathematischen Katastrophen«. Jeder, der mal einen wirklich üblen *Bad-Beat* durch einen sogenannten *Suck-Out* kassiert hat, weiß, wovon hier die Rede ist. Beschützen Sie Ihre gute Hand, indem Sie wetten. Hier ein Beispiel aus einem No-Limit-Heads-Up-Spiel:

Sie haben:

Flop

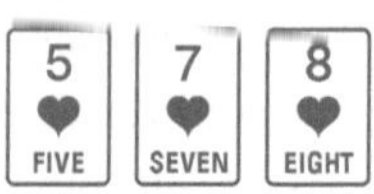

Sie haben einen Flush auf dem Flop gemacht. Herzlichen Glückwunsch. Im Pot befinden sich nach der ersten Wettrunde bereits 14 €. Sie denken sich jetzt, dass Ihnen nichts mehr passieren könne, und checken in der Hoffnung, der andere Spieler würde vielleicht erhöhen und Sie könnten dann noch einmal erhöhen. Sie versuchen es also mit Slow-Play.

Der andere checkt leider auch, und die Turn-Karte kommt. Es wird wieder durchgecheckt. Als die letzte Karte kommt, wettet der Gegner 10 €. Sie gehen genüsslich mit, weil Sie denken, der Gegner sei auf Ihre Täuschung hereingefallen und habe Ihnen die schwache Hand abgenommen. Es kommt zum Showdown, und die Karten werden aufgedeckt:

Sie haben:

Der Gegner:

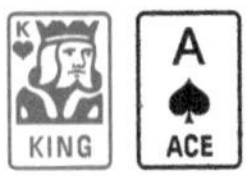

Flop

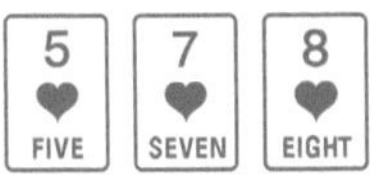

Turn

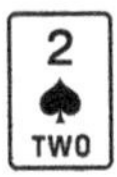

River

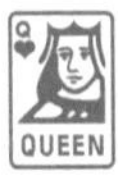

Ein Desaster. Dadurch, dass Sie dem Gegner zu viele Free-Cards gewährt haben, haben Sie es zugelassen, dass er einen höheren Flush als Sie gemacht hat. Sie hätten spätestens auf dem Turn hoch wetten sollen, um gerade dies zu verhindern. Es war hier verfehlt, den Gegner durch Slow-Play in die Falle locken zu wollen, da Ihre Hand eben doch nicht so gut war. Merken Sie sich:

- Gewähren Sie keine Free-Cards, wenn die Möglichkeit besteht, dass andere Spieler durch die kostenlosen Gemeinschaftskarten eine noch bessere Hand als Sie bekommen. Gewähren Sie in der Regel nur Free-Cards, wenn Sie denken, Sie hätten die Nuts, die bestmögliche Hand in einer Runde.
- Wenn Sie auf dem Flop einen Flush-Draw oder einen Open-End-Straight-Draw haben: Wetten Sie. Spekulieren Sie nicht auf die Free-Card, indem Sie checken und hoffen, die anderen

Spieler täten es Ihnen gleich. Hierdurch bekommen Sie effektiv keine Free-Card, sondern Sie gewähren den anderen Spielern eine weitere Chance, Sie zu schlagen. Durch Ihre Wette, die als Semi-Bluff anzusehen ist, haben Sie die Möglichkeit, den Pot direkt abzuräumen. Wenn die anderen mitgehen, haben Sie eine gute Chance, Ihren Draw noch zu machen und die anderen zu schlagen.

- Ein Trick, um selbst eine Free-Card zu bekommen: Erhöhen Sie auf dem Flop in Late-Position die Wette nochmals. Ihr Gegner wird dann in der nächsten Wettrunde meistens nicht mehr wetten, da Sie sich zuvor als Aggressor gezeigt haben. Sie können dann schieben, und die nächste Gemeinschaftskarte ist für Sie kostenlos. Der Vorteil ist beim Limit-Texas Hold'em, dass die Wette in der zweiten Wettrunde noch verbilligt ist. Ab der dritten Wettrunde wird es doppelt so teuer. Genau hier bekommen Sie dann Ihre Free-Card. Nicht schlecht, oder?

CHANGE-GEARS – ÖFTER MAL EINEN ANDEREN GANG EINLEGEN

***Change-Gears* bedeutet auf Deutsch »den Gang wechseln« und beschreibt ein fundamentales Prinzip im Poker. Man muss beim Pokern öfter seinen Stil verändern. Zum Beispiel muss man ab und zu von tight-aggressive auf loose-aggressive umstellen. Zum einen muss man unberechenbar bleiben, und zum anderen muss man sich auf die veränderten Gegebenheiten in einem Spiel einstellen.**

Beim Poker geht es vor allem darum, seinen Gegner zu kennen. Ich sollte nach Möglichkeit genau über seine Wettmuster und seinen Spielstil Bescheid wissen. Daraus folgt im Umkehrschluss, dass ich selbst möglichst wenig über mich preisgeben darf. Haben die anderen Spieler erst einmal meine Wettmuster genau analysiert, so ist Schluss mit lustig. Ich bin lesbar wie ein offenes Buch, und meine Aktionen werden von den anderen zu oft im Keim erstickt. Ich muss daher öfter »den Gang wechseln«, um nicht zu lesbar zu werden.

- Seien Sie unberechenbar. Spielen Sie die gleiche Hand auf unterschiedliche Art und Weise.
- Spielen Sie unterschiedliche Hände auf die gleiche Art und Weise. Alles, was Ihre Gegner in diesem Zusammenhang verwirrt, ist gut. Spielen Sie zum Beispiel einen Draw einfach so, als wäre er schon gekommen.
- Versuchen Sie, sich ein anderes Image aufzubauen, als es Ihrem wirklichen Stil entspricht. Es ist beispielsweise immer profitabel, von den anderen als loose wahrgenommen zu werden und in Wirklichkeit tight zu spielen. Dies wird Ihnen viel Geld bringen, wenn Sie eine richtig gute Hand haben. Die anderen Spieler werden dann eher mitgehen.
- Sie dürfen auch keinesfalls Ihre Hand zeigen, wenn es nicht absolut notwendig ist. Oft wollen die anderen Spieler die Karten sehen, wenn man aufgegeben hat. Zeigen Sie Ihre Hand am besten niemals, es sei denn, es dient dazu, den anderen ein falsches Bild von sich zu vermitteln. Wenn Sie zu oft prahlen und den anderen nach einem erfolgreichen Bluff Ihre niedrigen Karten zeigen, so wird sich Ihre Erfolgsquote beim Bluffen rasch verschlechtern. Sie werden dann öfter »heruntergecallt«, als Ihnen lieb ist. Andererseits muss man auch ab und zu zeigen, dass man zu einem großen Bluff fähig ist, sonst

bringen Sie mit guten Karten einfach zu wenige Spieler zum Mitgehen.

Gerade in einem Pokerturnier kann es oft nötig sein, einen anderen Gang einzulegen. So kann es zum Beispiel erforderlich sein, am Anfang tight zu spielen, um das Risiko zu vermeiden, direkt hinauszufliegen und dann den ganzen Abend Däumchen zu drehen. Wenn Sie dann merken, dass die anderen Spieler auf tight umgestellt haben, weil Sie sich hinter Ihren großen Chip-Stacks ausruhen, ist es angemessen, selbst auf loose-aggressive umzustellen.
Change-Gears bedeutet also auch, dass Sie Ihren Stil den jeweiligen Gegebenheiten des Pokerspiels anpassen.
Passen Sie aber auf, dass die Change-Gears-Taktik nicht zum Selbstzweck wird. Wechseln Sie Ihren Stil nie unbedacht. Denken Sie daran, dass es darum geht, die anderen über Ihre Wettmuster im Dunkeln zu lassen und Ihr Spiel auf die jeweilige Situation bestmöglich einzustellen.
Change-Gears bedeutet nicht, die Kontrolle zu verlieren. Im Gegenteil. Sie kontrollieren durch Ihr chamäleonartiges Spiel den Geist der anderen Spieler und verwirren sie. Gleichzeitig haben Sie immer die bestmöglichen Werkzeuge für bestimmte Situationen parat. Das ist die wahre Bedeutung dieses Konzeptes. Spielen Sie nicht unvernünftig, aber bleiben Sie unberechenbar.

BLIND-STEALING

Als *Blind-Stealing* bezeichnet man ein Verhalten, das darauf abzielt, den Small-Blind und den Big-Blind zum Aufgeben zu bringen, um in den Besitz der gezwungenen Wetten zu kommen.

Die Blinds müssen ihre gezwungenen Wetten gnadenlos hinlegen, egal, ob sie eine gute Hand haben oder nicht. Deswegen ist es oft so, dass sich die Blinds in der Hand befinden, obwohl sie keine guten Karten haben. Dies kann man sich zunutze machen, indem man sie durch eine Wette in der ersten Wettrunde zum Aufgeben bringt und so die Blinds stiehlt.
Dieses Konzept müssen Sie beherrschen. Es geht kein Weg daran vorbei, beim Pokern zu stehlen. Vor allem in Turnieren, wo die Blinds zum Ende hin immer höher werden, ist diese Taktik essenziell.
Bedenken Sie auch, dass Sie selbst eine Small- oder Big-Blind legen müssen, auch wenn Sie eine Schrotthand haben. Wenn Sie es einmal schaffen, die Blinds zu stehlen, können Sie, wenn Sie dran sind, wieder beide Blinds legen und verlieren und haben unterm Strich immer noch so viel Geld wie vorher. Sie haben sich also wertvolle Chips und Zeit gekauft. Vor allem in der Endphase eines Turniers, in der die Spieler oft sehr tight spielen und es vor allem auch ums Überleben geht, ist Blind-Stealing ein wesentlicher und spielbestimmender Faktor.
Welche Regeln muss ich beachten, um ein erfolgreicher Dieb zu werden?

- Zum einen kommt es beim Blind-Stealing, wie immer beim Texas Hold'em, auf die Position an. Versuchen Sie, in Early-Position eher nur mit guten Händen die Blinds zu stehlen. Schließlich wissen Sie nicht, was die Spieler hinter Ihnen noch machen werden und welche Monsterhände Sie erwarten.
- In Late-Position können Sie auch mit einer mittelmäßigen Hand die Blinds stehlen. Seien Sie aber immer auf der Hut, schließlich kann es sein, dass die Blinds auch etwas haben.
- Wenn Sie bluffen, ist es natürlich wichtig, dass Sie ein Gefühl haben, ob die Blinds und der Tisch eher stark oder schwach

sind. Je besser die Position und je mehr Schwäche Sie riechen, desto eher wird ein Bluff, der speziell auf die Blinds abzielt, erfolgreich sein.

- Blind-Stealing ist vor allem in tighten Spielen mit wenigen Spielern wichtig. Gerade in Limit-Spielen mit niedrigem Einsatz und vielen Spielern sollten Sie das Blind-Stealing eher gar nicht anwenden und nur Ihre wirklich guten Hände spielen. Es wird fast immer ein Spieler mit einer guten Hand dabei sein, während in einem Heads-Up-Spiel oft schon ein König als High-Card die beste Hand ist.
- Wenn alle Spieler aufgegeben haben und nur der Small-Blind angeglichen hat, kann der Big-Blind oftmals den Small-Blind stehlen, indem er von seinem Recht, noch einmal zu erhöhen, Gebrauch macht. Oft geht der Small-Blind in der ersten Wettrunde nur mit, weil es ihn nur die Hälfte kostet, dabeizubleiben. Zudem hat der Big-Blind die bessere Position. Wenn der Big-Blind dies öfter erfolgreich macht, wird der Small-Blind den Pot in der Folgezeit meist kampflos an den Big-Blind übergeben.

Auf der anderen Seite müssen Sie sich dagegen wehren, dass Ihre Blinds ständig abgeräumt werden. Gerade eine sehr tighte Spielweise birgt die Gefahr, dass ein aggressiver Spieler ständig Ihre Blinds stiehlt. Was ist also die Gegenstrategie?

- Machen Sie deutlich, dass mit Gegenwehr zu rechnen ist, wenn man versucht, Ihre Blinds zu stehlen. Machen Sie einen Re-Raise, um dem Dieb zu zeigen, dass es mit Ihnen so nicht funktioniert. Gerade in einem Spiel mit nur wenigen Mitspielern wird der Flop oft niemanden treffen. Der Aggressor aus der ersten Wettrunde hat dann gute Chancen, den Pot durch eine Wette abzuräumen.

6. TEIL

POKER-PSYCHOLOGIE – EINE LEKTION FÜRS LEBEN

EINFÜHRUNG IN DIE POKER-PSYCHOLOGIE

Da beim Poker Menschen zusammenkommen, spielt Psychologie zwangsläufig eine wichtige Rolle. Ich muss mich fragen: In welcher Stimmung ist mein Gegner? Blufft er gerade? Hat er gerade die Wahrheit gesagt, als er meinte, er habe zwei Buben weggeworfen? Was hat er auf der Hand? Wie sieht der Gegner mich?

Hier sind wir an einem entscheidenden Punkt. Im Poker dreht sich alles um Täuschen und Getäuschtwerden. Falsche Information und Desinformation, also eine Information, die nicht unbedingt falsch sein muss, aber dazu dienen soll, den anderen zu verwirren, sind an der Tagesordnung. Es ist ähnlich wie bei den Geheimdiensten: Information ist alles. Die Fragen, die ich mir stellen muss, sind sehr komplex, und man wird oft an seine geistigen Grenzen stoßen. Was hat der andere? Was denkt der andere, was ich habe? Was denkt der andere, was ich denke, was er hat?

Wenn ich zum Beispiel einen Bluff auf dem Flop versuche, so gehe ich davon aus, dass der Gegner eher eine schwache Hand hat. Der Gegner könnte jetzt denken, dass ich vielleicht nichts habe, weil ich oft in dieser Situation versucht habe, den Pot zu stehlen. Er reagiert daraufhin selbst mit einem Bluff, indem er einen Re-Raise macht. Da ich weiß, dass er weiß, dass ich wahrscheinlich bluffe, und ich weiß, dass er wahrscheinlich auch keine gute Hand hat, erhöhe ich meinerseits noch einmal.

Ein solcher Gedankengang ist nichts Ungewöhnliches beim Poker, und es kommt oft vor, dass man über die dritte Stufe hinausgehen muss.

Bitte kein Fancy-Play!

Aber Vorsicht! Je höher der Level der Gedankengänge, desto eher können sich Fehler einschleichen. In der oben genannten Situation könnte es zum Beispiel auch sein, dass der Re-Raise des Gegners von einer starken Hand gedeckt ist.

Deshalb ist es erforderlich, seinen Gegner genau zu kennen. Nur so können Sie zu einer realistischen Einschätzung kommen, was in ihm vorgeht. Gerade Anfänger sind sehr schwer einzuschätzen, da sie oftmals Überlegungen anstellen, die sehr unüblich und abstrus für einen erfahrenen Pokerspieler sind. So kann es sein, dass ein schlechter Spieler aus einem Aberglauben heraus zum Beispiel gerne Karo spielt oder ein völlig verdrehtes Bild von den Wahrscheinlichkeiten hat. Das ist der Grund, warum viele erfahrene Spieler ungern gegen völlige Anfänger spielen. Hier kommt man nicht weiter, indem man wie Sherlock Holmes spielt.

Man sollte kein sogenanntes *Fancy-Play* betreiben, also eine Art zu spielen, die immer einen Schritt zu weit denkt. Gerade Anfänger werden sich meistens nicht so verhalten, wie man es gern hätte. Hier darf man nicht zu weit denken. Wenn man selbst versucht, einen Anfänger zu bluffen, der so schlecht spielt, dass er sowieso alles mitgeht, so ist dies verfehlt. Nicht umsonst heißt es: »Never bluff a monkey.« Es hier mit einem Post-Oak-Bluff zu versuchen wäre völlig daneben. Man sollte es deswegen in der Regel unkompliziert machen und den Überblick behalten.

DIE GRUNDSTIMMUNG

In welcher Stimmung muss ich sein, um erfolgreich Poker zu spielen? Eine schwierige Frage. Jeder muss sie für sich selbst beantworten.

Ich bin persönlich der Ansicht, dass es die perfekte Pokerstimmung nicht gibt. Am Tisch sollten Sie grundsätzlich ruhig und zielstrebig sein. Ich glaube nicht daran, dass man sich durch Meditation oder autogenes Training in eine bestimmte Stimmung bringen kann und muss, um erfolgreich Poker zu spielen. Zwar gibt es auch bei mir eine Stimmung, in der ich am besten spiele, aber es ist einfach, wenn ich konzentriert und nicht gelangweilt oder abgelenkt bin. Der Wille zum Sieg ist ebenfalls ein ganz wesentlicher Faktor. Diese Stimmung kann man aber nicht einfach künstlich erschaffen. Entweder sie ist da oder eben nicht.

Daraus folgt, dass es auch Stimmungen gibt, in denen man am besten nicht spielt. Ich will an dieser Stelle nicht sagen, dass man grundsätzlich nicht spielen sollte, wenn man schlecht drauf ist. Mir persönlich hat ein Pokerspiel auch oft geholfen, meine schlechte Laune zu vergessen. Wenn Sie wirklich am Boden sind und nicht einmal *Pocket-Aces* Ihre Stimmung ein wenig aufhellen können, sollten Sie nicht spielen. Ein Verlust würde Sie außerdem noch tiefer in das Loch ziehen.

Entscheidend ist meiner Meinung nach eher, wie man in Bezug auf Poker eingestellt ist. Man sollte nicht spielen, wenn man eigentlich überhaupt keine Lust dazu hat. Eine gewisse Lustlosigkeit am Spiel ist absolut tödlich. Sie sind dann nicht mehr fokussiert, und Ihr Spiel verliert die erforderliche Schärfe. Wenn Sie dieses Gefühl haben oder während des Spiels bekommen, stehen Sie sofort auf und gehen Sie. In einem Turnier müssen Sie hart daran arbeiten, den Willen zum Sieg zu entwickeln, weil Sie hier natürlich nicht einfach aufstehen können.

Machen Sie sich eines noch mal klar: Wenn Sie auf der Arbeit einen schlechten Tag haben, so ist das einfach unangenehm und ein schlechter Tag. Wenn Sie beim Poker einen schlechten Tag

haben, so ist das nicht nur unangenehm und eine miese Situation, sondern Sie verlieren zudem noch gutes Geld.
Ich habe auch festgestellt, dass man sich die Zeit zum Pokerspielen absolut freihalten muss. Wenn Sie ein längeres Turnier spielen und ständig auf die Uhr gucken müssen, um anschließend rechtzeitig zu einem wichtigen Termin zu kommen, haben Sie so gut wie keine Chance. Sie stehen einfach zu sehr unter Druck und können nicht ruhig und zielstrebig dem Turniersieg entgegensegeln. Sie entwickeln nicht die erforderliche Dynamik, um ein Turnier zu gewinnen. Ihr Gehirn denkt nicht an den Sieg, sondern an den Termin.

Zu dem Thema fällt mir eine Geschichte ein. Ein Spieler, mit dem ich öfter gespielt habe, hatte beim Poker meistens sein Handy an. Immer nach ein oder zwei Stunden rief ihn seine Frau an.
Sobald das Telefon bei ihm klingelt, fangen die Augen der anderen Spieler zu leuchten an, denn sie wissen genau, dass seine Frau ungefähr eine Viertelstunde mit ihm sprechen wird. Mit leidendem Gesicht spricht der Spieler nun bemüht überfreundlich mit seiner Frau, und am Ende muss er zu allem Überfluss vor allen anderen Hyänen am Tisch sagen, dass er sie liebt, sie möchte das eben so.
Währenddessen starten die Gegner eine Wettsalve nach der anderen gegen den armen Mann. Sie wetten hoch in ihn hinein und verwickeln ihn in allerlei schwierige Situationen. Es ist tragisch. Er will nicht telefonieren, aber er muss es tun. Er kann aber während des Telefonats einfach nicht auf die aggressiven Spielzüge der Gegner reagieren und verliert so sein Geld.
Ein Telefonanruf seiner Frau kostet meinen Bekannten im Durchschnitt jedes Mal ungefähr 10 €. Da der Handyvertrag seiner Frau auf seinen Namen läuft, muss er zusätzlich noch die

Telefonkosten zahlen. Wir lernen hieraus: Man stellt das Handy beim Pokern grundsätzlich ab.
Hierzu passt auch eine oft vertretene These: Als Gastgeber eines Pokerspiels kann man nicht gewinnen. In gewisser Weise stimmt es. Ständig will einer der Gäste etwas von einem, und man ist verantwortlich für den Ablauf des Abends und das leibliche Wohl der Gäste. Das ist natürlich Gift für das Pokerspiel, welches ein hohes Maß an Konzentration erfordert.
Falls Sie Gastgeber sein sollten: Machen Sie einfach Spielpausen, in denen Sie Ihren gastgeberischen Pflichten nachkommen. Außerhalb dieser Pausen sind Sie ein Spieler wie die anderen Gäste auch. Machen Sie dies von Anfang an deutlich und Sie werden auch als Gastgeber gewinnen.

SPIELER LESEN UND TELLS – WERDEN SIE ZUM MENSCHLICHEN LÜGENDETEKTOR

Ein *Tell* ist ein bestimmtes Verhalten, das auf die Stärke einer Hand schließen lässt. Ein Tell ist beispielsweise, wenn ich über einen Spieler weiß, dass er sich immer die Hand vor den Mund hält, wenn er gute Karten hat.

Beim Lesen eines Spielers geht es immer darum, die Stärke seiner Hand einzuschätzen. Es stellt sich also die Frage: Sind seine Karten gut oder schlecht? Blufft er oder hat er eine gute Hand?
Einzelne Tells sind nicht so wichtig und werden oft überschätzt. Ich selbst habe eher einen Gesamteindruck von einer Person, der

mir verrät, ob diese momentan von ihrer Hand her stark oder schwach ist.

Sie sind beim Poker ständig in der Rolle eines Polizeikommissars, der herausfinden muss, ob jemand die Wahrheit sagt oder nicht. Hierzu entwickelt der Polizeikommissar wie der Pokerspieler im Lauf der Zeit ein feines Gespür.

Die meisten Menschen werden dazu erzogen, immer die Wahrheit zu sagen. Wenn sie dann im Poker bluffen, also lügen, verhalten sie sich entgegen ihrem anerzogenen Verhaltensmuster. Das bedeutet Stress für den Körper. Dieser Stress ist oft nach außen hin sichtbar. Man wird zum Beispiel rot oder zittert mit den Händen.

Viele Menschen sind nicht in der Lage, die Stimmung, die die Karten in ihrem Inneren auslösen, zu verbergen. Sie können sich noch so sehr bemühen, man sieht ihnen die zwei Könige auf der Hand einfach an. Das innere Leuchten ist so stark, dass es von dem Spieler nur schwer überdeckt werden kann.

Schärfen Sie Ihre Sinne hierfür. Lernen Sie, die wahre Stimmung eines Menschen unter der Maske zu erkennen. Finden Sie heraus, was der andere will, und machen Sie das Gegenteil.

Echte Tells nach dem Motto »Wenn ein Spieler die Nase rümpft, dann hat er nichts« sind eher selten, und oft ist das Verhalten eines Menschen widersprüchlich und gibt keinen Aufschluss über seine Hand. Manchmal ist ein Naserümpfen eben einfach nur ein Naserümpfen. Genau wie die Zigarre bei Sigmund Freud. Oft wird ein Spieler auch absichtlich falsche Tells setzen, sogenannte *Reverse-Tells*.

Intuition und Gesamteindruck zählen

Wie gesagt, es geht hier eher um den Gesamteindruck, den man von einem Spieler hat. Dieser setzt sich aus vielen Faktoren zusammen. Hierzu gehören einzelne *Tells*, *Betting-Patterns* – erkennbare Verhaltensmuster eines Spielers beim Wetten –, die Zuordnung eines Spielers zu einem bestimmten Spielertyp, die Einschätzung, ob ein Spieler gerade auf *Tilt* ist oder einen *Rush* hat, und natürlich auch seine Position.

Es gibt in jeder Texas Hold'em-Runde eine schier endlose Anzahl von Informationen. Vertrauen Sie Ihrer Intuition. Neuere Forschungen haben gezeigt, dass das Gehirn, wenn es intuitiv zu einer Entscheidung gelangt, viel schlauer ist, als wenn es rational darüber nachdenkt. Im Rahmen der Intuition arbeitet unser Gehirn wie ein Supercomputer. Es kann viel mehr Informationen auf einmal verwerten, als wenn es bewusst arbeitet. Nutzen Sie diese Superfunktion und vertrauen Sie bitte Ihrem ersten Eindruck. Ich habe es beim Poker oft erlebt, dass ich ein Bauchgefühl hatte. Dann habe ich aber bewusst über die Situation nachgedacht und bin zu einem anderen Schluss gekommen und habe entgegen meiner Intuition gehandelt.

Hinterher hat sich dann meistens herausgestellt, dass mein Bauch recht hatte. Lernen Sie daher, Ihrem Instinkt zu vertrauen und danach zu handeln.

Wichtige Tells beim Poker

Dies waren einige grundlegende Überlegungen, die helfen können, den anderen Spieler auf eine Hand zu setzen. Es folgen jetzt einige Tells, die sich im Lauf der Pokergeschichte herausgebildet haben.

Bitte verstehen Sie diese Punkte nur als Anregungen und treffen Sie immer eine eigene Entscheidung. Gerade hier gibt es überhaupt keine festen Regeln. Es ist zum Beispiel möglich, dass ein Leser dieses Buches die folgenden Tells bewusst einsetzt, um Verwirrung zu stiften. Wenn Sie einen Tell auf jemanden haben, sagen Sie bloß nichts. Ich weiß, es ist verführerisch, jemandem unter die Nase zu reiben, dass man ihn durchschaut hat, oder vor

anderen damit anzugeben. Unterdrücken Sie diese Eitelkeit auf jeden Fall und beherzigen Sie konsequent die Tatsache, dass es beim Poker nur um das Geld geht und um nichts anderes.
Ein funktionierender Tell ist wie eine Goldader oder eine geheime Pilzstelle, die man nicht zerstören und den anderen auch nicht verraten darf. Dies gilt natürlich vor allem, wenn Sie häufig mit den gleichen Leuten spielen, zum Beispiel in einer Home-Runde.
Hier die *Top-Tells* beim Poker:

- Im Allgemeinen kann man über schlechte Spieler sagen, dass sie stark sind, wenn sie schwach schauspielern und umgekehrt. Machen Sie es nicht zu kompliziert und beherzigen Sie diese einfache Regel. Wenn Sie also einen übertriebenen Seufzer hören oder einen allzu gespielt traurigen Blick sehen, gehen Sie raus. Hier ist auch das vom Tell-Papst Mike Caro erstmals beschriebene *Poker-Clack* anzusiedeln. Es ist ein trauriges Geräusch, das entsteht, wenn man die Zunge am Oberkiefer festsaugt und dann löst. Ein solches Geräusch ist meist gespielt, um Schwäche zu signalisieren.
- Viele Menschen können anderen beim Lügen nicht in die Augen schauen. Spieler, die Ihrem Blick ausweichen, bluffen also meistens. Ein Spieler, der Ihnen übertrieben bemüht in die Augen schaut, blufft ebenfalls.
- Oft erkennt man eine starke Hand beim Gegner daran, dass er fast unmerklich eine aufrechtere Sitzposition einnimmt. Ich selbst habe eine Spielerin erlebt, die sich, wenn sie eine gute Starthand bekommen oder wenn der Flop sie getroffen hat, immer ein wenig in ihrem Stuhl aufgerichtet hat. Ein Verhalten nach dem Motto: »Jetzt wird aber richtig gespielt«. Da sie sehr tight war, war dieses Aufrichten für mich immer ein Signal hinauszugehen. Das hat mir viel Geld gespart.

- Ein Gegner, der vorher pausenlos redet und dann, wenn er seine Hand bekommt, schlagartig aufhört, wurde oft von einer starken Hand getroffen. Dasselbe gilt für einen Spieler, der bisher keinen Ton gesagt hat und plötzlich anfängt, wie ein Wasserfall zu reden. Wie gesagt, ist es schwer, seine Stimmung zu verbergen, wenn man **AA** bekommen hat und so glücklich ist, dass man die ganze Welt umarmen könnte.
- Ein weiterer Tell können die Augen eines Spielers selbst sein. Der geübte Pokerspieler kann die fast unmerkliche Erweiterung der Pupillen sehen, wenn der Gegner ein gutes Blatt bekommt bzw. ihn eine Gemeinschaftskarte trifft.
- Viele Spieler halten sich die Hand vor den Mund, wenn sie bluffen. Das Unterbewusstsein will die Lüge durch die Hand noch zurückhalten, wenn sie aus dem Mund kommt.
- Ein weiteres Anzeichen für eine starke Hand ist das Zittern der Hände eines Spielers.
- Wenn Sie keine Tells haben, versuchen Sie den Gegner zum Reden zu bringen. Das gilt vor allem für Spieler, die sich durch Kappen oder Sonnenbrillen vermummt haben. Wenn der andere erst mal den Mund aufmacht, ist es viel leichter, Informationen zu erhalten. Hierbei analysieren Sie Klangfarbe, Tonfall und Sprechweise. Einem Spieler mit einer guten Hand fällt das Reden im Zweifel leichter. Manchmal reicht es auch, seine Stimme nur einmal zu hören, um den Gesamteindruck zu vervollständigen. Hierzu können Sie zum Beispiel die im Poker stets erlaubte Frage nach der Anzahl der verbliebenen Chips stellen. Der Gegner muss antworten. So sind die Regeln.
- Wenn ein Gegner wettet und hierbei möglichst viele geringwertige Chips verwendet, um die Wette höher erscheinen zu lassen, blufft er meistens.
- Wenn der Gegner sehr schnell mitgeht, hat er oft nicht viel. Ein schnelles Mitgehen soll Stärke zeigen. Sie sollten erhöhen.

- Achten Sie auf Spieler, die sich plötzlich auffallend für den Fortgang der Runde interessieren. Fragen wie: »Wer ist jetzt dran?«, oder Aufforderungen an den Dealer, die Hand weiterzugeben, signalisieren, dass ein Spieler es besonders eilig hat, weil er mit seiner guten Hand Profit machen will. Das gilt natürlich insbesondere für Spieler, die vorher wenig Interesse an der Runde hatten.
- Wenn ein Spieler isst, dann will er in der Regel essen und nur nebenbei spielen. Er wird tendenziell eher nicht spielen, weil er essen will. Mittelgute Hände wird der Spieler somit beim Essen eher nicht spielen, sodass man bei einer Essensunterbrechung von einer starken Hand ausgehen kann. Ich habe einmal selbst viel Geld gewonnen, während ich am Essen war, weil ich mich stur aufs Essen konzentriert habe und somit nicht lesbar war. Gerade bei guten Händen empfiehlt es sich daher, einfach weiterzuessen und die Hand einfach nebenher zu spielen.
- Wenn ein Spieler seine Chips mit übertriebenem Nachdruck in die Mitte schiebt, ist dies oft ein Anzeichen für einen Bluff. Durch die energische Platzierung der Chips soll Stärke gezeigt werden. Seien Sie immer auf der Hut, wenn derjenige, der wettet, für Ihren Geschmack ein wenig zu energisch wettet, sei es verbal oder durch Gesten.
- Ein Spieler, der seine Chips ordentlich vor sich aufbaut, ist meist ein konservativer Spieler. Ein Spieler, dessen Chips vor ihm liegen, als sei eine Bombe darin eingeschlagen, ist meist loose.
- Es gibt auch Spieler, die unbewusst einen Chip auf ihre Hole-Cards legen, wenn diese gut sind.
- Wenn ein Spieler in Sie hineinwettet und Sie sich nicht sicher sind, ob er will, dass man mitgeht, dann spielen Sie das sogenannte *Chip-Game*. Lassen Sie sich Zeit und spielen Sie

mit Ihren Chips, als ob Sie mitgehen oder erhöhen wollten. Oft bekommt man eine Reaktion des Gegners, die man auswerten kann.

- Sie können den Gegner in dieser Situation auch penetrant angucken und warten, dass er sich irgendwie verrät, ein sogenannter *Stare-Down*. Der Vorteil ist, dass man so den Spieß umdreht. Obwohl der Gegner einen durch eine Wette oder Erhöhung unter Druck setzen wollte, ist er beim Stare-Down jetzt selbst unter Druck.
- Schlechte Spieler beherrschen die richtige Wahl der Wetthöhe nicht. Sie setzen zu hoch oder zu niedrig und verraten oft durch ihr Wettverhalten ihre Hand. Sie sind dementsprechend leicht zu lesen, weil ihre Wetthöhe zu oft mit ihren Karten korrespondiert.

Es stellt sich nun die Frage, wie man im Poker erfolgreich verhindern kann, dass die Gegner einen selbst lesen. Hier gibt es verschiedene Herangehensweisen:

- Zum einen kann man versuchen, völlig emotionslos zu wirken, um so wenig Angriffsfläche wie möglich zu bieten: das berühmte Pokerface. Das Gesicht ist wie eine Maske, und die Stimme sollte monoton sein. Das ist sehr wirkungsvoll, da die nach Tells suchenden Blicke an Ihnen abprallen wie an einer Teflonpfanne. Die Gesichter guter Pokerspieler wirken manchmal so emotionslos, dass man denken könnte, sie lägen beim Spielen im Wachkoma. Perfekt.
- Beachten Sie aber zum Thema Pokerface, dass es nicht darum geht, bei bestimmten Händen wie ein cooler Westernheld rüberzukommen. Wichtig ist, dass ihr Verhalten völlig losgelöst von ihrer Handstärke ist.
- Die andere Möglichkeit ist, zu versuchen, den Gegner zu ver-

wirren. Das kann man erreichen, indem man den Gegner geradezu mit Tells überhäuft und sich widersprüchlich verhält. Man kann auch bewusst falsche Tells setzen und nach dem Zufallsprinzip stark oder schwach schauspielern. Der Nachteil dieser Spielweise ist der, dass man verdammt aufpassen muss, dass ein erfahrener Spieler einen nicht doch durchschaut. Zudem kostet es mehr Energie, ständig mit falschen Tells um sich zu werfen, sodass man für andere Überlegungen den Kopf nicht mehr frei hat. Wie Sie sich verhalten sollen, ist natürlich eine Typfrage. Probieren Sie aus, was Ihnen leichter fällt und erfolgreicher ist.

- Wenn Sie denken, dass die anderen Sie leicht lesen können, benutzen Sie eine Sonnenbrille und/oder eine Kappe. Dies ist beim Poker unglaublich wirkungsvoll, auch wenn es manchmal etwas albern aussieht. Im Gegensatz zu den anderen Techniken kostet es Sie auch keine Energie. Ich persönlich trage häufig in der Endphase eines Turniers eine Kappe und halte den Kopf ein wenig gesenkt, sodass man auch meinen Mund nicht sehen kann. Der Mund ist sehr wichtig, denn er kann Stimmungen verraten, auch wenn die Augen hinter der Brille unsichtbar sind. Es ist auf jedem Fall besser, eine Kappe oder Sonnenbrille zu tragen, als sich auf einen Psychokrieg mit einem Top-Spieler einzulassen.

BETTING-PATTERNS – TYPISCHE WETTMUSTER VON SPIELERN

Das *Betting-Pattern* oder Wettmuster eines Spielers ist seine Art zu wetten, sein Stil. Fast jeder, der pokert, wettet nach bestimmten Mustern.

Gerade im Online-Poker, wo man seine Opponenten nicht live vor sich hat, spielt das *Betting-Pattern* eine große Rolle. Hier gibt es spezielle Programme, die detaillierte Informationen über Spieler verwalten. Auch im Live-Game verlasse ich mich im Zweifel eher auf das Betting-Pattern eines Spielers, um ihn auf eine Hand zu tippen, als auf einzelne Tells. Nicht jeder Spieler muss sich kratzen oder seufzt, aber jeder Spieler muss schließlich mitgehen, wetten oder aufgeben.

Obwohl Betting-Patterns streng genommen ein Unterfall von Tells sind, schien es mir wichtig, ihnen ein eigenes Kapitel zu widmen.

Betting-Patterns sind nichts anderes als detaillierte Informationen, die ich über das Wettverhalten eines anderen Spielers habe. Es geht also um die Frage, was ein bestimmter Spieler in einer bestimmten Situation üblicherweise macht. Ich werde an dieser Stelle nicht versuchen, alle Betting-Patterns zu nennen, die es gibt. Ich zähle aber beispielhaft einige auf, damit Sie ein Gefühl dafür entwickeln, auf was Sie bei den anderen Spielern achten müssen.

- Ein typisches Wettmuster ist zum Beispiel, wenn ein Spieler, der vor dem Flop erhöht, auf dem Flop nur dann erhöht, wenn dieser ihn getroffen hat. Haben Sie das einmal erkannt, wissen Sie ungefähr, was der Spieler als Nächstes machen wird.

- Wenn ich weiß, dass ein Spieler selten einen Re-Raise mitgeht, so kann ich dies ausnutzen, indem ich einen solchen Re-Raise mache, wenn ich ihn aus dem Spiel haben will.
- Ich weiß, dass ein Spieler so konservativ spielt, dass er auf dem Turn nur mitgeht, wenn er die Nuts hat.
- Über einen anderen Spieler wissen Sie, dass er bei einer guten Hand absichtlich nicht wettet, um andere in sich hineinlaufen zu lassen, das sogenannte Slow-Play. Dies müssen Sie natürlich beachten, wenn Sie gegen diesen Spieler antreten.
- Ich kann auch über einen Spieler wissen, dass er gerne einen Raise mit einem Re-Raise kontert und dass es sich dabei meistens um einen Bluff handelt.

Wie Sie sehen, hat dieses Thema auch viel mit der Einteilung der Spielertypen zu tun. Die Tatsache, dass jemand tight-aggressive oder loose-passive spielt, betrifft ja gerade sein Wettverhalten. Betting-Patterns sind aber auf spezielle Situationen bezogen. Es gibt typische Wettmuster, die viele Spieler unbewusst verfolgen und die einem helfen können, sie auf eine Hand zu setzen. Ich muss mich fragen: Wie spielt der Spieler üblicherweise in einer bestimmten Situation, zum Beispiel auf dem River? Wie hat er jetzt gespielt und was sagt mir das? Was muss ich tun, damit der Gegner über sein eigenes Wettmuster stolpert?
Bitte beachten Sie in diesem Zusammenhang die folgenden Grundregeln:

- Beobachten Sie Ihre Gegner genau. Ich kann es nicht oft genug wiederholen. Beobachten Sie auch in Händen, in denen Sie nicht beteiligt sind, die anderen Spieler. Ein Showdown ist quasi immer wie Weihnachten. Die Spieler müssen Informationen preisgeben, ob sie wollen oder nicht. Nutzen Sie dies aus.

- Vor allem zeigen Sie nie Ihre Karten, wenn es nicht unbedingt notwendig ist. Auch wenn der andere Spieler noch so nett fragt. Er will Sie nur besser kennenlernen, um Sie später auszunehmen. Gerade Anfänger machen oft den Fehler, ihre Hand zu zeigen, wenn sie einen erfolgreichen Bluff durchgezogen haben. Dies kann zwar im Einzelfall sinnvoll sein, um einen Gegner einzuschüchtern oder um sich ein bestimmtes Image aufzubauen, grundsätzlich sollten Sie es sich aber eher verkneifen, da andere Spieler hierdurch zu viele Informationen über Sie bekommen.
- Sagen Sie im Poker nie die Wahrheit, wenn Sie über Ihre Hand sprechen. Wenn jemand Sie nach einer Runde fragt, welche Karten Sie hatten, dann denken Sie sich irgendetwas aus, aber lügen Sie. Das ist nicht unethisch, sondern einfach eine Notwendigkeit bei einem Spiel wie Poker, in dem es nur darum geht, den anderen durch Täuschung das Geld abzunehmen. Wenn Sie lesbar werden, weil die anderen Spieler viele Ihrer Betting-Patterns kennen, haben Sie auf Dauer keine Chance.
- Hüten Sie sich davor, Ihre Betting-Patterns offenzulegen. Seien Sie unberechenbar, indem Sie Ihre Spielweise von Mal zu Mal ändern und behutsam von einem Gang zum nächsten schalten. Überraschen Sie Ihre Gegner und folgen Sie nicht immer denselben Gleisen wie eine alte Dampflokomotive.

HÄNDE LESEN – WELCHE KARTEN HAT MEIN GEGNER?

Hände lesen im Poker bedeutet, die Hand des Gegners gedanklich zu bestimmen oder zumindest einzugrenzen.

Wenn man die Poker-Pros im Fernsehen spielen sieht, könnte man denken, sie hätten die magische Fähigkeit, die Karten der Gegner zu sehen. Ähnlich wie der Fernsehzuschauer die Hände der anderen dank der *Hole-Card-Cam* kennt. Sie können aber nicht zaubern, sie beherrschen lediglich die Technik des Händelesens nahezu perfekt. Das ist das ganze Geheimnis.
Hände lesen erfordert logisches Denken. Im Wesentlichen werden beim Händelesen zwei Faktoren kombiniert: die Gemeinschaftskarten und das Spielverhalten der anderen Spieler. Sie müssen diese Faktoren gedanklich auswerten und den Gegner so auf eine Hand setzen.

Das Denken in Ranges

Oft kann man die Hand des Gegners nicht genau bestimmen. Es ist eher so, dass man zum Beispiel sagen kann, dass er entweder **AA** oder **KK** hat oder höchstwahrscheinlich eine schwache oder starke Hand. Oder er ist wahrscheinlich auf einem Flush-Draw. Statt einer bestimmten Hand setzen wir den Gegner also auf eine Auswahl von Händen, die sogenannte *Range*.
Es ist gefährlich, sich hierbei zu früh festzulegen. Versuchen Sie, die Hand des Opponenten zu Anfang eines Spiels grob einzugrenzen. Je mehr Informationen Sie dann im Lauf eines Spiels sammeln, desto mehr Möglichkeiten können Sie gedanklich eliminieren und so eine immer genauere Einschätzung vornehmen.

Sollten Sie den Gegner zu Beginn des Spiels auf eine schwache Hand setzen und dann im weiteren Verlauf alle Anzeichen missachten, die eine starke Hand signalisieren, wie zum Beispiel Wetten oder Erhöhungen, werden Sie im Showdown viel Geld verlieren.

Natürlich muss man hierbei die Position des Gegners berücksichtigen. Ein sehr starkes Indiz für gewisse Hände ist das Wettverhalten eines Spielers in der ersten Wettrunde. Viele Spieler spielen hier nach einem relativ starren System.

Die meisten Spieler werden an einem vollen Tisch, abhängig von ihrer Position, nur auf starke Hände wetten bzw. nur mit starken Händen überhaupt mitgehen. Bei einigen Spielern könnte man die Starthandgruppen nahezu exakt bestimmen, wenn man in die gleiche Tabelle guckt wie sie. So wird ein konservativer Spieler in early position eher nur mit guten Starthänden der Gruppen 1 und 2 erhöhen. Wenn man zusätzlich ihr Wettverhalten auf dem Flop berücksichtigt, hat man meist eine relativ gute Trefferquote.

Ein Beispiel:
Mister X

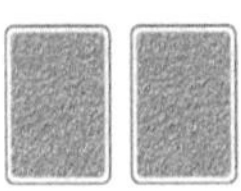

Flop

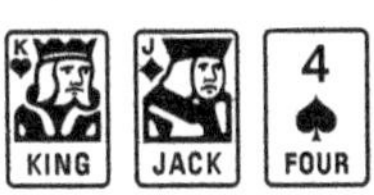

Sie sind in einem 3-€/6-€-Limit-Game. Der Flop ist gekommen. Ein Spieler in mittlerer Position wettet, ein weiterer geht mit. Mister X, der Pre-Flop in guter Position nur mitgegangen ist, erhöht noch einmal. Sie wissen, dass Mister X ein sehr guter Spieler ist, der hauptsächlich tight-aggressiv spielt. Was hat Mister X?

- Er hat vor dem Flop nicht erhöht, obwohl er in guter Position war. Insofern können Sie fast ausschließen, dass er **KK** oder **JJ** auf der Hand hat und somit einen Drilling in Form eines Set sein Eigen nennt.
- Ein Vierer-Paar auf der Hand, hätte er wohl Pre-Flop nicht gespielt und wäre herausgegangen. Einen Drilling hat er also eher nicht.
- Einen Straßen-Draw kann man mehr oder weniger ausschließen, denn wir wissen von Mister X, dass er bei Draws meist nicht erhöht, um billig die nächste Karte zu sehen.
- **AK** oder **AJ** hätte unser Mister X in der Wettrunde vor dem Flop erhöht. Wir gehen also davon aus, dass Mister X Pre-Flop eine gerade noch spielbare Hand hatte. Eine Hand wie **KJ**. Wir kommen zu dem Schluss, dass er zwei Paare hat, was auch zu seiner Wette passt, da wir ihn als tight-aggressiven Spieler kennen.

Wie Sie sehen, ist Hände lesen eine regelrechte Kunst. Schon in unserem relativ einfachen Beispiel müssen wir viele Faktoren einbeziehen:

- Das Pre-Flop-Verhalten. Daran müssen Sie sich vor allem in den späteren Wettrunden erst einmal erinnern. Bedenken Sie, dass viele Spieler nach System spielen. Abhängig von ihrer Position spielen sie nur die guten Starthände. Je besser ihre Position, desto weniger Anforderungen stellen sie an ihre Starthand. Hier kann man sich leicht ein entsprechendes Bild machen.
- Das Wettverhalten nach dem Flop. Die Frage, wie ein Spieler

auf dem Flop wettet bzw. nicht wettet, kann ein Indiz dafür sein, ob der Flop ihn getroffen hat oder nicht. Man kann erahnen, ob sich der Gegner auf einem Draw befindet oder nicht, je nachdem, ob sein Spiel darauf ausgerichtet ist, möglichst billig Karten zu sehen oder nicht.

- Die Gemeinschaftskarten. Gehen Sie gedanklich bitte alle Kombinationen durch, die anhand der Gemeinschaftskarten möglich sind. Vergleichen Sie diese Möglichkeiten mit dem Verhalten des Gegners und grenzen Sie seine Hand nach dem Ausschlussprinzip ein.
- Bedenken Sie, dass meistens mehrere Spieler in der Hand sind, und das sind noch mehr Informationen, die verarbeitet werden müssen.
- Wenn Sie versuchen, den Gegner auf eine bestimmte Hand zu setzen, machen Sie es sich meist zu einfach und werden unglaublich oft mit Ihrem *Read* danebenliegen. Viel besser ist es, wenn wir unseren Gegner auf mehrere mögliche Hände setzen und davon anhand der bisherigen Aktionen und anhand der generellen Tendenzen des Gegners alle unrealistischen Hände eliminieren. Dies nennt man den Gegner auf eine *Range* setzen.

Hände lesen erfordert viel Erfahrung. Hier läuft viel intuitiv ab, weil das Gehirn mit der großen Fülle an Informationen bewusst gar nicht fertigwerden kann. Hier verbirgt sich aber eine weitere Gefahr: Wie Sie an unserem oben angeführten Beispiel sehen können, bringt schon eine einzige Fehleinschätzung unser Gedankenkonstrukt ins Wanken.

Hat der Gegner zum Beispiel auf dem Flop nur geblufft und/oder ist zum Beispiel Pre-Flop nur mitgegangen, weil er sein Spiel für andere undurchsichtig halten will, so sind all unsere schönen Überlegungen umsonst gewesen.

Sie müssen ein Gespür dafür entwickeln, wie sich Ihre Gegner verhalten und welche Schlüsse man überhaupt daraus ziehen kann. Umgekehrt müssen Sie aufpassen, dass Sie nicht selbst lesbar werden. Gerade gute Spieler setzen Sie schnell auf die richtige Hand, wenn Sie ideenlos nach System spielen.

BAD-BEATS – WENN MAN BÖSE AUF DIE NASE FÄLLT

Ein *Bad-Beat* ist eine unglücklich verlorene Hand, in der man sich sicher war zu gewinnen. Hold'em ist besonders geeignet für Bad-Beats, da die Gegner immer noch unerwartet auf Turn und River »etwas Gutes« kriegen können. Der berüchtigte *Suck-out*.

Bad-Beats sind die Hölle. Es ist, als würde man von einem Zug überfahren. Man sitzt auf seinem Stuhl, als hätte man eine schallende Ohrfeige bekommen. Um einen herum lachen die anderen Spieler. Man fühlt sich als einsamer Verlierer, obwohl man doch alles richtig gemacht hat. Übertrieben sagen Sie? Stellen Sie sich die folgende Situation vor:

Sie haben:

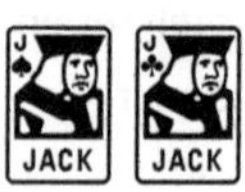

Ihr Gegner hat:

Flop

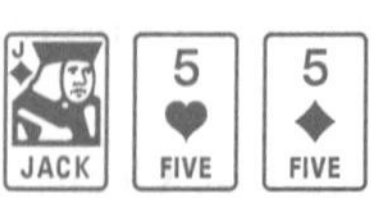

Wahnsinn! Sie haben ein Full-House auf dem Flop bekommen. Jetzt kann ja nichts mehr passieren. Sie feuern Chips, und der dumme Gegner geht mit. Der Turn kommt. Noch eine **5**. Jetzt haben Sie immer noch das Full-House, und der Gegner nur einen Drilling auf dem Board. Sie feuern wieder Chips, und der Gegner geht mit – aus welchem Grund auch immer. Entweder er spielt einfach schlecht, oder er hat einen sechsten Sinn dafür, was kommen wird. Und es kommt ganz dick – leider für Sie. Die letzte Karte ist noch eine **5**. Das Board sieht jetzt folgendermaßen aus:

Sie haben: Ihr Gegner hat:

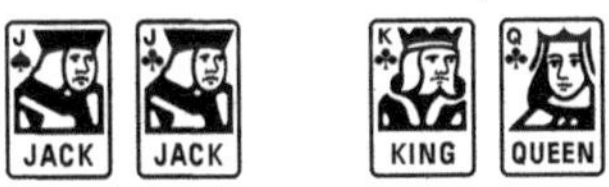

Flop Turn River

Haben Sie schon bemerkt, was passiert ist? Etwas Schreckliches. Sie und Ihr Gegner spielen den Vierling auf dem Board. Dieser ist höher als Ihr Full-House, und insofern entscheidet jetzt der Kicker, das heißt in diesem Fall die höhere fünfte Karte. Sie ist bei Ihrem Gegner höher: König gegen Bube. Sie haben gegen den besseren Kicker verloren, obwohl Sie ein Full-House gefloppt haben.

Es gibt bei Texas Hold'em unzählige Möglichkeiten, unglücklich zu verlieren. Vor allem, weil Straßen und Flushs beim Texas Hold'em eine große Rolle spielen. Am meisten verliert man natürlich, wenn man selbst fälschlicherweise denkt, man hätte die Nuts, also die bestmögliche Hand in einer Runde. Seien Sie stets auf der Hut und hoch konzentriert. Fragen Sie sich immer wieder: Habe ich wirklich die Nuts? Was geht anhand des Boards noch? Viele Bad-Beats sind vermeidbar.

Bad-Beats, wo man auch hinschaut

Es sind unzählige Bad-Beat-Situationen denkbar. Ganz besonders schlimm sind sie, wenn noch eine Unregelmäßigkeit im Spiel hinzukommt. Es ist zum Beispiel möglich, dass der Dealer versehentlich vergisst, eine Karte zu verbrennen, und der Gegner mit dieser Karte noch seinen Flush macht, der dann unglücklicherweise die eigene Straße schlägt. Sie ärgern sich über das verlorene Geld, über den unfähigen Dealer, über den Gegner, der sich jetzt wie ein Honigkuchenpferd freut, und am meisten über sich selbst.

Ich selber erinnere mich fast nie an Pokerhände, in denen ich viel gewonnen habe, dagegen vergesse ich nie, wann und wer am Tisch gehustet hat, als ich einen üblen Bad-Beat kassiert habe.

Man muss als guter Pokerspieler lernen, mit Bad-Beats umzugehen. Jeder erlebt sie, auch Spitzenspieler wie Johnny Chan oder Phil Hellmuth jr. Damit es Ihnen leichter fällt, beachten Sie folgende Ratschläge:

- Lassen Sie sich die Bad-Beats nicht zu Kopf steigen. Reden Sie nicht endlos darüber. Machen Sie kein großes Aufheben darum und versuchen Sie, zumindest äußerlich ruhig zu bleiben, auch wenn es innerlich donnert und blitzt. Nichts ist schlimmer bei einem Turnier als die ausgeschiedenen Spieler, die mit ihren Bad-Beat-Storys hausieren gehen und andere nerven, die noch dabei sind. Analysieren Sie einfach Ihr Spiel, und Sie werden oft feststellen, dass Sie korrekt gespielt haben und einfach nur unendliches Pech hatten.

- Denken Sie daran: Jedem passieren Bad-Beats. Der Unterschied zwischen einem guten und einem schlechten Pokerspieler ist nur, wie man damit umgeht.
- Machen Sie sich klar, dass es besser ist, durch einen Bad-Beat zu verlieren als durch einen Spielfehler. Wie gesagt, ist ein Bad-Beat eine unglücklich verlorene Hand. Man verliert, obwohl man alles richtig gemacht hat. Ein Bad-Beat schadet Ihrer »Spielerehre« also nicht.

Der übelste Bad-Beat aller Zeiten

Somit hätte ich Ihnen alles zum Thema *Bad-Beat* gesagt, doch ich kann einfach nicht anders, als Ihnen noch von dem wirklich übelsten Bad-Beat beim Online-Poker zu erzählen, von dem ich je gehört habe:

Pechvogel

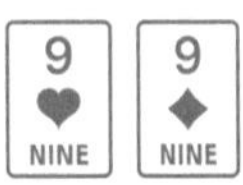

Flop

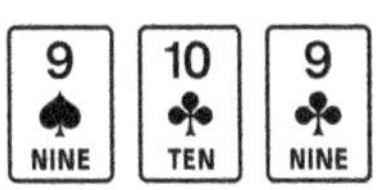

Der Pechvogel hat einen Vierling auf dem Flop getroffen. Der Arme geht voll rein und wettet das Maximum bis zur letzten Wettrunde. Im Pot sind 122 $. Das Drama ereignet sich beim Showdown bzw. danach:

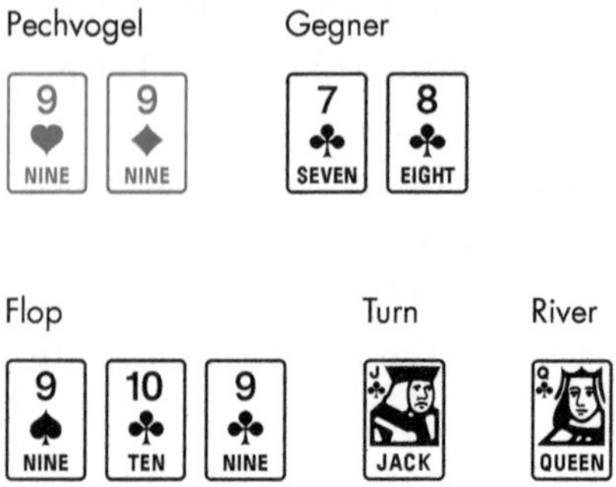

Die 122 $ gehen an den Gegner. Der Straight-Flush schlägt den Vierling. Man könnte nun meinen, dass es ja nicht so schlimm ist, da es zu der Zeit einen Bad-Beat-Jackpot gab, der demjenigen, der mit mindestens einem Achter-Vierling noch geschlagen wird, einen Trostpreis gewährt.
Leider hat der Pechvogel hier wieder Pech: Den Jackpot gibt es nur, wenn beide Spieler beide Hole-Cards verwenden. Der Gegner braucht aber nur die Kreuz-Acht zum Gewinnen …

DAS TILT-PHÄNOMEN

Ein Spieler, der mehrere Hände hintereinander verloren oder einfach den ganzen Tag kein gutes Blatt bekommen hat, läuft Gefahr, schlecht zu spielen und viel Geld zu verlieren. Ein solches Verhalten nennt man Tilt.

Das Wort *Tilt* kommt vom Flippern. Wenn man zu oft gegen den Flipper tritt, leuchten erst alle Lämpchen wie wild, dann geht gar nichts mehr.
Ein Spieler auf Tilt neigt dazu, das Glück herbeizwingen zu

wollen, indem er unprofitablen Draws hinterherjagt, sein Blatt überwettet oder mitgeht, wenn er nur minimale Gewinnchancen hat. Er spielt loose, wenn er tight spielen sollte, und umgekehrt. Tilt pur!

Es gibt auch Spieler, die andere Spieler durch Reden auf Tilt bringen können. Meist lösen mehrere Faktoren zusammen den Tilt aus. Einige Spieler tilten nach großen Gewinnen. Dies ist aber seltener, und diese Form des Tilts ist nicht so gravierend. Eigentlich spielen die meisten Spieler eher besser, wenn sie gewonnen haben, weil sie selbstbewusster sind. In Las Vegas nennt man das Phänomen *Steaming,* vom englischen Wort für »dampfen/qualmen«. Der Spieler läuft heiß wie eine Maschine, fängt an zu qualmen und funktioniert nicht mehr richtig. Er spielt emotional nach dem Motto *Jetzt zeige ich es denen aber.* Dieses Verhalten ist beim Poker pures Gift.

Man kann nicht gegen die Gesetze der Stochastik ankämpfen. Es ist ein sinnloser Kampf, der mit riesigen Verlusten bestraft wird. Aber warum?

Die Karten beim Poker kommen genau wie die Zahlen beim Roulette: gnadenlos wie ein Schafott und streng nach den Gesetzen der Wahrscheinlichkeit. Diese Gesetze sind starr und verändern sich nie. Wenn ein Spieler auf Tilt ist, so versucht er, diese Gesetze mit Gewalt zu beugen.

Konkret: Auch wenn der Spieler unbedingt mehr Geld für seinen immer kleiner werdenden Stack braucht und in Panik gerät, bleibt die Chance, zum Beispiel einen Inside-Straight-Draw zu treffen, immer noch gleich gering.

Wie nutzen Sie das Phänomen Tilt für sich?

Das Phänomen Tilt kann man jedoch auch für sich nutzen. Spielt man zum Beispiel No-Limit Texas Hold'em mit zehn Spielern, so ist es vor allem gegen Ende wahrscheinlich, dass ein oder mehrere Spieler auf Tilt sind. Auch wenn zehn Profispieler am Tisch sitzen, werden mindestens ein paar von ihnen auf Tilt sein. Es gilt dann, dies zu erkennen und für sich auszunutzen. Meist zeigt schon das Verhalten des Spielers – zum Beispiel schimpfen, jammern, herumschreien, nervöse Tics und Schwitzen –, dass er auf Tilt ist. Auch vorausgegangene Bad-Beats sind ein guter Indikator für Tilt. Was können Sie tun?

- Ein Spieler, der das Glück erzwingen will, ist ein gefundenes Fressen. Meistens spielen Spieler auf Tilt viel zu loose. Man weiß dann zum Beispiel, dass der Gegner auf Tilt eher geneigt ist, eine Wette mitzugehen, auch wenn er eine schlechte Hand hat. Er spielt einfach zu viele Hände und geht mit oder wettet, wo er eigentlich aufgeben müsste. Sein Spiel ist völlig aus dem Gleichgewicht geraten.
- Man weiß auch, dass eine hohe Wette oder ein All-In von einem Spieler, der auf Tilt ist, wahrscheinlich nicht von einer überragenden Hand gedeckt und möglicherweise eher eine Verzweiflungstat ist. Aber Vorsicht! Auch ein Spieler auf Tilt bekommt manchmal gute Hände.
- Den Faktor Tilt sollte man bei sogenannten *Borderline-Entscheidungen* berücksichtigen. Borderline-Entscheidungen sind im Poker schwierige Entscheidungen um viel Geld, bei denen man mangels Kenntnis der gegnerischen Karten wirklich jede noch so kleine Information verwerten und auf die Waagschale legen muss.

Umgekehrt gilt es, bei sich selbst Tilt zu vermeiden. Das Fiese am Tilt ist nämlich, dass er sich oft verschlimmert, weil andere Spieler ihn, wie oben beschrieben, für sich ausnutzen. Hierdurch verliert man umso mehr, und der Tilt verschlimmert sich. Es ist ein Teufelskreis.

Deshalb ist es zwingend erforderlich, diszipliniert zu spielen. Mit einem Herz aus Stein. Man darf sich nicht aufregen. Poker belohnt Disziplin und Geduld und bestraft emotionales Spielen.
Wie soll das gehen, wenn ich gegen einen Gegner, den ich sowieso nicht mag, weil er mir die Freundin ausgespannt hat, gerade 200 € in einer Hand verloren habe? Er hat seine zwei fehlenden Karten zur Straße auf Turn und River bekommen und durch diese Runner-Runner-Cards meinen Drilling geschlagen – ein Bad-Beat wie aus dem Lehrbuch.
Zu allem Überfluss hat der ganze Tisch noch über mich gelacht, weil ich vor Aufregung meine Chips umgestoßen habe. Es ist hart, hier nicht auf Tilt zu kommen, aber nicht unmöglich. Es gibt mehrere Möglichkeiten:

- Man muss versuchen, jede Hand neu zu spielen, egal, was die Hände davor passiert ist. Das ist schwer, aber die Karten wissen nichts von der Freundin. Die Karten wissen auch nichts von den Geldproblemen, die man hat. Die Karten erinnern sich schon gar nicht, wie die Hände davor gefallen sind. Die Karten kommen bei jeder Runde neu und nach den gleichen Gesetzen. Hieran sollte man sich anpassen, ansonsten kämpft man gegen Windmühlen.
- Man muss nach einem Bad-Beat den »Reset-Schalter« drücken. Man muss wieder zu dem guten und frischen Spiel finden, das man zu Beginn hatte. Sagen Sie sich einfach: *»Okay, das war jetzt schlecht, aber ich habe noch Chips und warte einfach auf eine gute Hand. Ich komme wieder hoch.«*
- Respektieren Sie die Gesetze der Wahrscheinlichkeit und bleiben Sie geduldig. *»You can't hurry love«,* singen die *Supremes.* Ich sage Ihnen: *»You can't hurry pokerluck.«* Am besten setzt man einige Runden aus, sofern es möglich ist, und beruhigt sich wieder. Kann man aufgrund der Eigenart des Spiels, zum

Beispiel in einem Turnier, nicht aussetzen, so ist es sinnvoll, zumindest die nächste Hand einfach aufzugeben, um zu verschnaufen und sich zu sammeln. Das gilt natürlich nur, wenn man nicht gerade **AA** auf die Hand bekommt. Stellen Sie Ihre Spielweise zumindest vorübergehend auf *Rock*, also tight-passiv, ein, da dies die risikoloseste Spielweise ist.

- Vielen Spielern hilft Musik. Bei der Pokerweltmeisterschaft sieht man oft Top-Spieler mit Kopfhörern am Tisch sitzen. Ich selbst mag es nicht, da ich mich durch die Kopfhörer vom Spiel isoliert fühle und zu wenig mitkriege.
- Einige Spieler legen auch eine kurze Meditation ein und versuchen, einige Zeit an nichts zu denken und den Geist zu leeren. Das macht Sinn. Es ist eine Form des »Reset-Schalters«, die einen unbefangener an die nächste Hand herangehen lässt. Gläubigen Menschen hilft auch ein kurzes Gebet.
- Wichtig ist es vor allem, gar nicht erst zu spielen, wenn man den Kopf nicht frei hat. *»Don't take your problems to the poker table«,* sagt eine amerikanische Weisheit.

DAS PHÄNOMEN RUSH

Ein Spieler, der einen *Rush* hat, man sagt auch *Lauf* oder *Run*, gewinnt viele Hände hintereinander. Ein Rush kann einen Abend, eine Woche oder länger anhalten. Der Rush ist im Prinzip das Gegenteil von Tilt.

Erst neulich hatte mein Freund Rick in einem 20-€-Buy-In-Turnier einen solchen Rush. Es fing damit an, dass er gegen einen Drilling mit der letzten Karte seine Gutshot-Straight komplettierte. Anschließend hat er meine Pocket-Aces mit drei Sechsen

geschlagen, und es ging den ganzen Abend so weiter. Er war nicht mehr ansprechbar und hatte einen starren Blick. Er wirkte, als hätte er irgendetwas genommen. Alles klappte: Wenn er Blätter brauchte, hat er sie bekommen, und wenn er keine hatte, hatten die anderen auch nichts, und er bekam den Pot trotzdem.
Es war ein Albtraum. Nicht nur meine Laune, sondern auch die der anderen Spieler sank auf den Nullpunkt. Rick hatte einen extremen Rush. Es war, als wäre er einfach auf einer Riesenwelle in den Turniersieg gesurft.
Was ist hier passiert? Wie kommt ein Rush zustande? Zum einen hat der Spieler einfach Glück. Manchmal bekommt man zehnmal die bessere Hand, wie im Roulette auch zehnmal hintereinander Rot kommen kann.
Andererseits arbeitet das Gehirn durch die wiederholten Erfolgserlebnisse auf Hochtouren. Es kann sehr gut Informationen verarbeiten. Man fühlt sich eins mit dem Tisch. Die anderen Spieler werden lesbar wie offene Bücher. Sie sind so durchsichtig wie Glas, während man selbst wie ein »schwarzer Sack voller Glück« ist. Man ist *connected*. Das Selbstvertrauen steigt wegen der ständigen Erfolge. Die anderen Spieler haben Angst und geben auf, weil man so stark wirkt, dadurch kann man wiederum den Tisch besser kontrollieren.
Ein Rush ist wie eine Lawine, die immer mehr Schnee mit sich reißt. Es hat viel mit Gruppendynamik, Selbstvertrauen und Glück zu tun. Die Gehirnchemie sorgt dafür, dass man schnell denken kann und die Intuition an die Grenze zur Zauberei und Wahrsagerei gesteigert wird. Der Rush zeigt uns, wozu unser Hirn eigentlich fähig ist.
Wenn Sie selbst einen Rush erleben, genießen Sie es. Der Rush ist das, worum es beim Poker geht: *»Life is on the wire, the rest is just waiting«,* sagt Matt Damon im Pokerfilm *Rounders* und bringt es damit auf den Punkt. Man ist im *Flow,* und alles ist möglich.

Nach dem Rush kann man genauso süchtig werden wie nach einer Droge. Man rennt ständig dem Gefühl des einen Rushs hinterher.

Man kann den Rush aber nicht herbeizwingen. Leben Sie sich aus, wenn der Rush kommt. Genießen Sie es, wenn alles fließt.

Das bittere Ende des Rushs

Leider enden Rushs oft mit einem großen Knall. Dies kann gerade beim No-Limit so heftig sein, dass der Spieler vor Turnierende durch einen ganz üblen Bad-Beat herausfliegt.

Warum das so ist, liegt auf der Hand: Irgendwann spielt das Glück nicht mehr mit. Irgendwann ist die Riesenwette nicht mehr von einer entsprechenden Hand gedeckt. Da der Spieler im Rush entsprechend aufgedreht ist, wird er bei seinem Wettverhalten eher klotzen als klecksen und so hoch verlieren. Ein solcher Bad-Beat beendet den Rush schlagartig. Der Rush-Spieler wacht auf, und der ganze Zauber ist verflogen.

Die große Frage ist, wie merkt man, dass sich der Rush dem Ende nähert? Da der Rush auch ein psychischer Zustand ist, kann es sein, dass er dann vorbei ist, wenn Sie denken, dass er vorbei ist. Vorsicht also. Machen Sie sich den Rush nicht durch bremsende Gedanken kaputt. Folgen Sie, wie immer im Poker, Ihrem Instinkt. Wenn dieser Ihnen sagt, dass es bald oder jetzt vorbei ist, bremsen Sie sich. Auch ein ungewöhnlich langer Rush ist gefährlich. Nach den Gesetzen der Wahrscheinlichkeit kann der Rush nur eine gewisse Zeit anhalten.

Wie verhalte ich mich also, wenn ich merke, ich habe einen Rush?

- Genießen Sie es. Denken Sie nicht zu viel darüber nach, sonst zerstören Sie das fragile Gebilde aus Glück, Selbstvertrauen und Gehirnchemie. Sammeln Sie so viele Chips wie möglich.

- Sollte Ihr Instinkt Ihnen sagen, dass es nicht mehr lange so gehen kann, so ziehen Sie rechtzeitig die Bremse. Schalten Sie vorübergehend auf eine tight-passive Spielweise um, die wenig Risiko birgt. Schließlich wollen Sie nicht von derselben Welle, auf der Sie gesurft sind, zermalmt werden.

Was tue ich in der äußerst unangenehmen Situation, dass ein Gegner einen Rush hat und dabei ist, den ganzen Tisch auszunehmen?

- Respektieren Sie den Rush. Vermeiden Sie, Hände gegen den Spieler im Rush zu spielen. Meiden Sie diesen Spieler wie der Teufel das Weihwasser. Selbst schlechte Spieler können durch einen Rush kurzzeitig nahezu perfekt spielen, auch »fish on a heater« genannt. Mehr noch: Der Rush bewirkt, dass Sie gewinnen, selbst wenn Sie schlecht spielen. Werden Sie *ultratight* gegen den Spieler im Rush. Spielen Sie, wenn überhaupt, nur Monsterhände.
- Sobald Sie merken, dass der Rush des anderen langsam abklingt, schlagen Sie zu. Machen Sie dem Horror ein Ende. Aber Vorsicht: Viele Spieler, die die Dauer des Rushs falsch einschätzen, verlieren all ihre Chips bei dem Versuch, den Spieler im Rush zu besiegen. Dadurch bekommt der Rush neue Nahrung. Er ist wie ein verzehrendes Feuer, das ständig neue Holzscheite braucht, um weiter zu brennen. Werden Sie kein solches Holzscheit, sondern der Wassereimer, der das Feuer löscht.
- Der Rush ist vorbei, sobald der Spieler im Rush einen Bad-Beat kassiert hat. Normalerweise spielt er nach dem Rush schlechter als gewöhnlich. Nutzen Sie dies aus und prügeln Sie auf das Ex-Glückskind ein. Erlauben Sie ihm großzügig, Fehler zu machen.

- Akzeptieren Sie die Existenz des Rushs und beziehen Sie dieses Phänomen in Ihre Entscheidungsfindung beim Poker ein. Poker ist ein Nullsummenspiel der Laune. Das heißt, dass die gute Laune des einen die schlechte Laune des anderen bedeutet.
- Tun Sie den Rush nicht ab nach dem Motto: *Den Rush gibt es nicht, es ist nur ein Erklärungsversuch für eine Aneinanderreihung von Zufällen*. Das ist falsch. Ich habe schon oft erlebt, dass Turniere und Cash-Games durch einen Rush entschieden wurden. Der Rush ist gerade im No-Limit Texas Hold'em genauso wie Tilt ein spielentscheidender Faktor und sollte sehr ernst genommen werden.

INTIMIDATING – PSYCHOKRIEG BEIM POKER

***Intimidating* ist das Verhalten eines Pokerspielers, welches darauf abzielt, den Gegner verbal zu ärgern, damit er schlechte Entscheidungen trifft und so sein Geld verliert.**

Oft artet dieses Intimidating in persönlichen Beleidigungen aus. Man stichelt verbal an dem anderen Spieler herum, um ihn zu ärgern. Diese verbalen Attacken stechen wie eine Nadel, weshalb man dazu auch *needling* sagt. Ich will mich an dieser Stelle nicht abstrakt über das Thema auslassen, sondern lieber beispielhaft zwei Großmeister des Intimidatings bei der Ausübung ihrer Kunst beobachten.

Es geht um Phil Hellmuth jr. vs. Sam Grizzle bei der WSOP 2003 im No-Limit Texas Hold'em. Man sollte wissen, dass beide in der Vergangenheit bereits wegen einer Pokerhand in einen

Faustkampf geraten sind, den Grizzle übrigens gewonnen hat. Der Auftakt zum verbalen Krieg war folgende Hand:

Sam Grizzle Phil Hellmuth

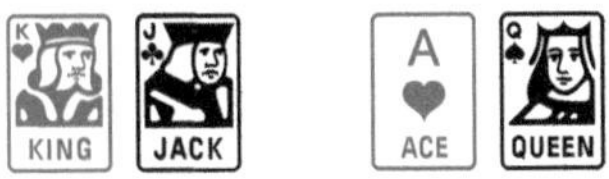

Flop Turn River

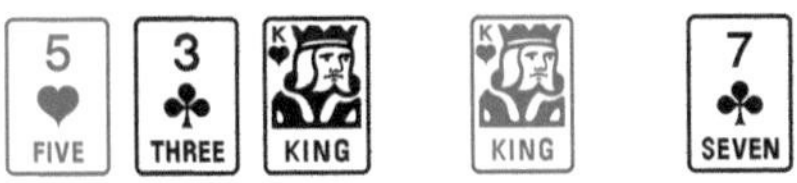

Sam Grizzle hat ein Königs-Paar geflopt und geht mit 20 000 Chips All-In. Hellmuth geht mit. Ein schlechter Call. Beide legen schon auf dem Flop ihre Karten auf, da Grizzle kein Geld mehr hat. Als der Turn Grizzle einen Drilling beschert, verfinstert sich Hellmuths Miene. Als er dann letztlich verliert, ist er fertig. Genau in dem Moment kommt die *needle,* die Sticheleien. Grizzle sagt nämlich:

»Keep them big chips in front where I can see 'em. If I run through the border about 4 more times, I'm gonna have all them beautiful chips. Phil will say: ›Oh, let me go bust my head against the wall.‹«

(»Lass die großen Chips vorne stehen, damit ich sie besser sehen kann. Wenn ich das jetzt noch viermal mache, dann hab ich all seine schönen Chips. Phil wird sagen: ›Oh, lass mich den Kopf gegen eine Wand hauen.‹«)

Die Passage mit dem Kopf gegen die Wand trägt Grizzle mit einer weinerlichen Stimme vor, die Hellmuth sichtlich in den Wahnsinn treibt. Bei seinem Vortrag ist Grizzle auch stets darauf bedacht, die Zustimmung der anderen Spieler zu erhalten. Nach einer Weile setzt er noch einen drauf. Er fängt an zu singen: *»We*

fired our guns but Phil kept coming. All the way through the Golf of Mexico. We fired once more and he began running. All the way to Bad-Girl-Land Wisconsin.« (»Wir feuerten unsere Kanonen, aber Phil kam weiter. Den ganzen Weg durch den Golf von Mexiko. Wir feuerten noch mal, und Phil fing an zu rennen. Den ganzen Weg nach Schlechtmädchenland-Wisconsin.«)
Grizzle singt so schlecht und leiernd, dass man fast keine Melodie erkennen kann. Er guckt dabei provozierend auf Hellmuth. Das Ende des Liedes enthielt eine persönliche Beleidigung, da Hellmuth zwar jetzt in Kalifornien lebt, aber ursprünglich aus Madison, Wisconsin, kommt. Eine Meisterleistung von Sam Grizzle.
»Die Seifenoper«, wie der Reporter Norman Chad es nennt, geht mit der folgenden Hand weiter:

Grizzle Hellmuth

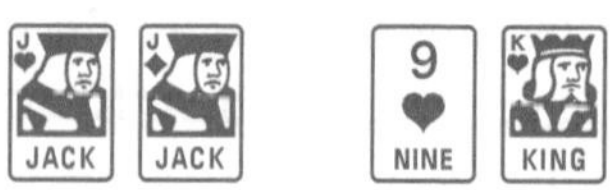

Flop Turn River

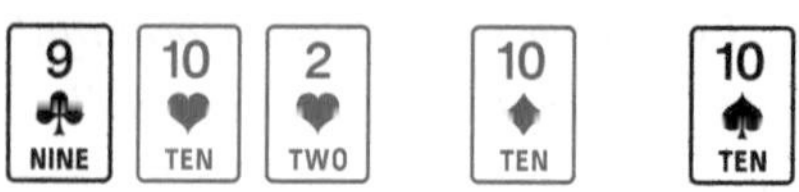

Eine schwierige Lage für Phil Hellmuth jr. Beide Spieler haben ein Full-House auf dem River, doch Sam Grizzle hat das höhere. Dies ist gemein, da für Hellmuth die Jacks als Pocket-Pair nicht erkennbar sind.
Grizzle hat *Tens full of Jacks,* während Hellmuth *Tens full of Nines* hat. Hellmuth wettet, Grizzle geht mit und gewinnt. Hellmuth, jetzt völlig aufgelöst, springt vom Stuhl auf und sagt: *»He*

is back. He's playing for 90 % of his Chips with JJ when he knew that couldn't be good.« (»Er ist wieder da. Er spielt mit JJ um 90 % seiner Chips, obwohl er weiß, dass die Hand nicht gut sein kann.«)

Auch ein Intimidating-Manöver, diesmal von Hellmuth. Er bezieht sich auf die vorangegangene Hand und bezeichnet Grizzle als schlechten Spieler. Dies macht Hellmuth stets in der Hoffnung, dass die Leute hinterher keine Lust mehr haben, gegen ihn Hände zu spielen, weil sie sich danach nicht anhören wollen, wie schlecht sie gespielt haben. Mit der nächsten Hand hatte Grizzle keine andere Möglichkeit, als zu spielen:

Grizzle Hellmuth

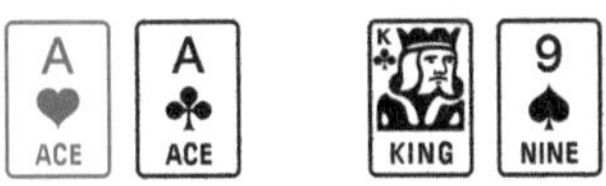

Flop Turn River

Wieder eine schlechte Situation für Hellmuth, der im Fernsehen einfach kein Glück zu haben scheint. Er hält sich mit seinem 9er-Top-Pair für gut und rennt voll in die Pocket-Aces von Sam Grizzle hinein. Er verliert Chips und ist wiederum sauer. Er hat jetzt den dritten Pot hintereinander an Grizzle verloren.

Grizzle lässt wieder mal nicht locker und sagt laut zu dem Spieler neben ihm: *»That's Phil Hellmuth over there. If I were you, I would put 10 000 000 $ in.«* (»Das ist Phil Hellmuth da drüben. Wenn ich du wäre, würde ich 10 000 000 $ wetten.«) Dann dreht er sich in Phils Richtung: *»Just remember, you can't win the tour-*

nament today, son.« (»Denk daran, du kannst das Turnier heute nicht gewinnen, Sohn.«)

Darauf antwortet Hellmuth, sichtlich genervt von Grizzles väterlichem Ton: *»Sam, you're the one playing the 89-offsuit.«* (»Du bist derjenige, der die 89 in unterschiedlicher Farbe spielt.«)

Grizzle: *»Phil, you've raised every hand. You mean, you get aces and kings at every hand?«* (»Phil, du erhöhst jede Hand. Du glaubst, du kriegst immer Asse und Könige als Starthände?«)

Hellmuth: *»What's wrong with that?«* (»Was ist daran falsch?«)

Grizzle: *»Nothing if you can get it.«* (»Nichts, wenn du sie bekommen kannst.«)

Hellmuth: *»If you're a Texas Hold'em champion, that's the way it is.«* (»Wenn man ein Texas Hold'em Champion ist, dann ist das so.«)

Grizzle: *»Or if you're a goofball, that just catches cards.«* (»Oder wenn du nur ein Idiot bist, der gute Karten bekommt.«)

Beim letzten Satz lacht der Reporter der WSOP, Norman Chad, so laut in seiner Kabine, dass es die Spieler am Tisch hören. Grizzle nutzt dies direkt für sich aus und lacht noch lauter. Hellmuth ist jetzt dank Grizzles Verhalten ein psychisches Wrack.

Bis hierher ist es für Grizzle, der zwar ein Meister der *needle,* aber kein überragend guter Spieler wie Hellmuth ist, gut gelaufen. Er hatte auch einfach Glück mit den Karten.

Was er nicht bedacht hat, ist, dass er einen Krieg angefangen hat. Dies sollten Sie bedenken, wenn Sie dieses unethische Verhalten einsetzen wollen. Es kommt fast immer zurück. Irgendwann läuft es bei einem selbst nicht so gut, und dann kommt der ganze Mist, den man den anderen Spielern an den Kopf geworfen hat, zurück. Wenn man also rhetorisch und spielerisch nicht so gut ist, dann sollte man es sich gut überlegen, ob man andere ärgern will.

Die Kunst des Intimidatings ist es, persönliche Schwächen des

Gegners aufzugreifen: Hat er zurzeit Geldprobleme? Ist er zu dick oder zu dünn? Hat er keine Haare mehr auf dem Kopf? Schwitzt er? Hat er Schuppen? Hat er ein Schrottauto? Hat er Probleme im Job? Hat er komische Klamotten an? Steht er auf komische Sexualpraktiken? Dies alles sind Dinge, die bei Spielen, in denen ich gespielt habe, aufgegriffen wurden, um maßgeschneiderte Beleidigungen und Anspielungen zu basteln.
Auch wenn man sich aus Höflichkeit entscheidet, nicht so zu agieren, so muss man doch auf solche Attacken gefasst sein. Oft sind es scheinbar harmlose Sprüche und subtile Anspielungen, die erst einige Zeit später ihre Wirkung entfalten. Wie reagieren?

- Es kommt darauf an. Man kann versuchen, keine große Reaktion zu zeigen, um den anderen auszubremsen. Wie beim Judo: Wenn der andere drückt, muss ich ziehen. Denken Sie sich einfach: *»Lass den Idioten reden. Ich lasse lieber die Karten sprechen.«* Schalten Sie auf Durchzug. Lassen Sie die Beleidigungen nicht an sich ran. Bedenken Sie, dass sie in erster Linie nur dazu ausgesprochen werden, um an Ihr Geld zu kommen.
- Bei einem Schweigen Ihrerseits fühlen sich leider auch einige Spieler bestätigt. Bei diesen Spielern muss man Feuer mit Feuer löschen und parieren. Man muss ihnen zeigen, dass es so nicht läuft. Nerven Sie die Person nicht den ganzen Abend, sondern machen Sie ihm durch eine oder wenige Bemerkungen klar, dass er bei Ihnen auf Granit beißt und sich derbe Gegenbeleidigungen einfangen wird. Er wird sich dann ein anderes Opfer suchen. Besser noch: Er wird selbst zum Opfer.

Die Welt ist schlecht. Intimidating wird, vor allem wenn es um viel Geld geht, auch von Profispielern praktiziert. Seien Sie vorbereitet. Doch die Gerechtigkeit siegt fast immer, so wie unser

Beispiel es zeigt. Der ganze Mist, den Sam Grizzle auf Phil Hellmuth jr. geschaufelt hat, kommt nämlich zurück:

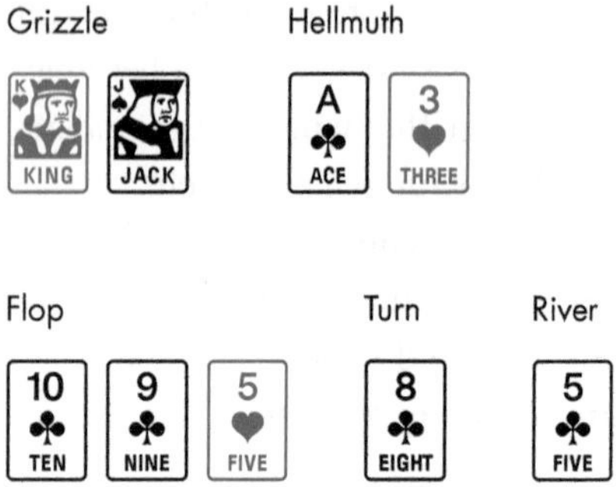

Phil Hellmuth dreht jetzt den Spieß um. Nachdem er auf dem River seinen Nut-Flush gemacht hat, fragt er Grizzle, wie viele Chips er noch übrig hat. Grizzle hat nur noch 3000 Chips und gesteht es mit unsicherer Stimme. Hellmuth wettet daraufhin nicht und sagt nur mit viel Mitleid in der Stimme: *»Oh, Sam.«*
Er weiß, dass er die beste Hand hat, und lässt Sam Grizzle absichtlich mit 3000 Chips in der WSOP sitzen. Sam Grizzle muss zwangsläufig, wenn kein Wunder geschieht, in den nächsten Runden rausfliegen.
Dies passiert auch, und Phil Hellmuth jr. schaut es sich genüsslich an. Er verzichtet hierfür sogar auf seine Essenspause.

TABLE-IMAGE

***Table-Image* ist das Bild bzw. die Vorstellung, die sich die anderen Spieler von einem bestimmten Spieler und dessen Spielweise machen.**

Im Texas Hold'em Poker hat das *Table-Image* eine große Bedeutung. Denken Sie jetzt bitte nicht, dass ich Sie zur Imageberatung schicken will, die Sie dann im Cowboystil einkleidet und Ihnen coole Sprüche für den Showdown beibringt.

Poker ist ein Spiel der Irreführung, deshalb wollen wir natürlich, dass unser Table-Image nicht der Wirklichkeit entspricht. Wenn ich durch mein Table-Image zeige, dass ich tight spiele, also eher nur die guten Hände spiele, und dies auch wirklich tue, werden meine Gegner mich bei einer guten Hand nicht ausbezahlen, sondern aufgeben, weil sie wissen, dass ich nur gute Hände spiele.

Wenn ich umgekehrt sehr loose spiele, ist es besser, wenn die anderen Spieler mich für tight halten. Sie werden dann eher auf meine Bluffs eingehen, weil sie denken, ich hätte wirklich etwas Gutes. Daraus folgt, dass mein Table-Image immer dem Gegenteil meiner tatsächlichen Spielweise entsprechen muss. Wenn ich loose spiele, muss mein Table-Image tight sein und umgekehrt.

Wie kann ich an meinem Table-Image arbeiten? Was hilft mir dabei, ein solches Image aufzubauen?

- Zunächst ist klar, dass Sie nur ein Table-Image aufbauen dürfen, aber eben nicht so spielen dürfen, wie es Ihrem Image entspricht. Das kann man erreichen, indem man entsprechende Signale setzt, die auffallen. Man kann manchmal zum Beispiel schlechte Hände erhöhen oder einen einfachen Showdown mit einer miserablen Hand verlieren. Wichtig ist, dass die anderen dies mitbekommen.
- Stellen Sie sicher, dass es auch der Letzte am Tisch verstanden hat, dass Sie mit einer *Junk-Hand* erhöht haben. Hier müssen Sie kreativ sein. Reden Sie darüber. Regen Sie sich künstlich auf. Pflanzen Sie Erinnerungen in die Köpfe der anderen Spieler. Machen Sie sich klar, dass viele Spieler sich an das meiste, was am Tisch passiert, nur schwach bzw. gar nicht erinnern

können. Machen Sie also viel Wind, damit die anderen sich Ihr Table-Image einprägen.

- Das muss natürlich in Situationen passieren, die billig sind. Wie gesagt, machen Sie nicht den Fehler, es zu übertreiben. Vergessen Sie also nie, dass das Table-Image nur ein Image ist und nicht Ihr tatsächliches Spiel dominieren darf.
- Wichtig ist auch, dass die anderen Spieler überhaupt auf Ihr Image achten. Wenn Sie an einem Tisch mit Anfängern sitzen, die ständig mit irgendwelchen Junk-Hands All-In gehen, dann lassen Sie einfach die Karten sprechen. Sich hier ein Table-Image aufzubauen ist völlig verfehlt. Spielen Sie einfach nur Ihre guten Hände, und Sie werden abräumen. Table-Image ist eher wichtig, wenn Sie gegen gute Gegner spielen, die Sie regelrecht ausmanövrieren müssen.

Es gibt noch ein Table-Image, das sehr profitabel ist: das *Crazy-Table-Image*. Vor allem gegen sehr gute Spieler, die einen immer ganz genau beobachten, ist dies das wirkungsvollste Table-Image. Spieler, die schnell durchschaut haben, dass Sie etwas vortäuschen, können eigentlich nur durch das Crazy-Table-Image dauerhaft verwirrt werden.
Wichtig ist auch hier, dass *crazy* nur das Image, aber nicht das Spiel betrifft. Sie spielen natürlich so vernünftig, wie es nur geht. Durch Ihr Gerede und einige Täuschungsmanöver werden Sie aber ein *Crazy-Table-Image* aufbauen. Dadurch werden Sie für andere Spieler zum Super-GAU, was Ihre Lesbarkeit angeht. Ich habe von Spielern gehört, die sich absichtlich verkleiden. Ein Profispieler, der in Las Vegas wohnt, hat sich zum Beispiel immer Touristenklamotten angezogen und sich so an die Pokertische gesetzt. Die anderen waren dann etwas verwundert, wenn dieser Spieler abgeräumt und zugegeben hat, er lebe nur zehn Minuten von Las Vegas entfernt.

Generell ist es ein Vorteil, in einer Runde mit vielen unbekannten Spielern nicht zu zeigen, dass man schon lange spielt. Die anderen werden Sie einerseits nicht groß beachten, und Sie haben andererseits bessere Chancen, die anderen auszuspielen, weil Sie unterschätzt werden. Deshalb ist es nicht ratsam, direkt am Anfang des Spiels mit Pokervokabeln um sich zu werfen und wie ein Zirkusartist einen Chip-Trick nach dem anderen zu machen.

Der Bully am Tisch – eine echte Plage

Es gibt aber auch das andere Extrem. Spieler, die sich in der Runde als absolut dominant und erfahren darstellen, sind keine Seltenheit. Sie wollen den Tisch von Anfang an beherrschen, um Druck auf die schwächeren Spieler auszuüben. Ich selbst habe oft gesehen, dass das gut funktioniert. Der *Bully* bringt fast alle seine Bluffs erfolgreich durch, und gerade die Anfänger haben regelrecht Angst vor ihm.
Gegen gute Spieler ist die *Bully-Taktik* aber oft verfehlt, weil diese dann meistens gemeinsam den Entschluss fassen, den Bully »auf Eis zu legen«, was sich auch so gehört. Grundsätzlich schadet aber ein offensives Auftreten beim Poker nicht. Es kommt eben darauf an, was für ein Typ man ist. Manche agieren lieber im Verborgenen, während andere eher offensiv an die Sache herangehen.

POKERTUGENDEN

Welche Eigenschaften sind beim Poker gefragt und verhelfen dauerhaft zu vielen Chips? Ich werde Ihnen jetzt einfach einige Eigenschaften nennen, die nach meiner Erfahrung den meisten Erfolg und das meiste Geld einbringen.

Geduld

Geduld, Geduld und noch mal Geduld. Das ist die wichtigste Tugend, die es beim Poker gibt. Wenn man versucht, den Erfolg herbeizuzwingen, klappt es meistens nicht. Beim Poker kommt es auf die Karten an, die man hat. Wenn man keine guten Karten bekommt, kann man in der Regel auch nicht spielen, man ist *card-dead*.

Jetzt werden einige sagen, dass man beim Texas Hold'em manchmal keine guten Karten braucht, um zu gewinnen. Aber auch für einen Bluff gibt es einen richtigen Zeitpunkt, den man abwarten muss. Ein Bluff zur falschen Zeit kann sehr teuer werden.

Seien Sie geduldig. Es gibt immer genug zu beobachten, auch wenn Sie mal eine Hand nicht spielen. Gerade dann haben Sie Zeit, das Spiel der anderen zu analysieren. Auf die Gefahr hin, mich zu wiederholen: Freuen Sie sich über jede schlechte Starthand. Jede weggeworfene miese Starthand ist im Zweifel eine richtige Entscheidung mehr.

Aufmerksamkeit

Seien Sie die ganze Zeit aufmerksam. Saugen Sie so viel Information wie möglich in sich auf. Sie können es sich nicht erlauben, unaufmerksam zu spielen. Sie müssen Ihre Antennen ständig auf Empfang haben. Denken Sie daran, dass die Opponenten nur darauf lauern, dass Sie einen Fehler machen. Sie wollen Ihr Geld. Nur ein Idiot wird in einer solchen Situation unaufmerksam sein.

Ein Wort an dieser Stelle zu Kopfhörern mit Musik: Manchen Spielern hilft die Musik dabei, besser zu pokern. Das ist schön. Musik ist schön. Kopfhörer sind aber ein Luxus, den man sich am Pokertisch eigentlich nicht erlauben kann. Man bekommt zu wenig mit. Es ist genau wie beim Autofahren. Ich kann nicht mit

Kopfhörern Auto fahren, weil ich dann vom Verkehr abgeschottet bin. Ich höre es nicht, wenn ein anderer Wagen hupt, um mich vor Gefahren zu warnen. Beim Poker ist es genauso. Wenn Sie nichts hören, bekommen Sie zu wenige Informationen: *»Information is Power.«*

Disziplin

Bitte kommen Sie nicht zu dem Schluss, dass ich hier ein Plädoyer für ein asketisches und gesünderes Leben halte. Es geht nur um Poker.

Zunächst einmal ist es wichtig, dass ich beim Poker konsequent durchhalte, was ich mir vorgenommen habe. Wenn ich merke, dass ich Geld verliere, weil ich zu viele Hände spiele, dann muss ich mein Spiel ändern. Es darf einfach nicht passieren, dass mich irgendein blöder Spruch eines Mitspielers auf die Palme bringt und ich dann **J4** offsuit spiele. Seien Sie also diszipliniert und regen Sie sich nicht groß auf. Entwickeln Sie keine schlechten Eigenschaften am Pokertisch und lassen Sie Ihr Spiel nicht von plötzlichen Ereignissen beeinflussen. Jede Hand ist neu und vollkommen unabhängig von der Hand davor. Lassen Sie sich Ihr Selbstvertrauen nicht kaputt machen, vertrauen Sie sich und Ihrem Instinkt.

Gerade wenn man Beziehungsstress hat und das Herz wehtut, ist der Pokertisch nicht der Ort, um dies auszuleben. Treffen Sie sich lieber mit einem guten Freund oder einer Freundin und verarbeiten Sie die Sache so. Es nützt nichts, wenn Sie im Spiel die Herz-Dame sehen und sofort losheulen könnten. Die anderen Spieler werden leider keine Rücksicht darauf nehmen, sondern sie werden im Gegenteil darauf herumreiten, um an Ihr Geld zu kommen. Oft denke ich beim Poker an ein Buch von Karl May, das ich als Kind gelesen habe, *Unter Geiern*.

Mut

Poker erfordert Mut. Ein Bluff zum Beispiel ist eine Taktik, bei der man mit nichts viel gewinnen kann. Man kann aber böse auf die Nase fallen, wenn der Bluff versagt. Man braucht also Mut, um einen Bluff zu machen. Bitte bewahren Sie sich Ihren Mut und lassen Sie nicht zu, dass er zerstört wird. Gerade No-Limit Texas Hold'em erfordert eine Menge Mut. Natürlich sollen Sie auch nicht übermütig werden und dadurch schlecht spielen. Man muss aber im Poker manchmal *»bereit sein zu sterben, wenn man überleben will«*.

7. TEIL

DIE WAHRSCHEINLICHKEITS-RECHNUNG ODER DIE KUNST, DAS GLÜCK ZU ÜBERLISTEN

STOCHASTIK – DIE WAHRSCHEINLICHKEITSRECHNUNG

Bitte erschrecken Sie sich nicht, aber es ist erforderlich, dass wir uns mit Mathematik, genauer gesagt mit Wahrscheinlichkeitsrechnung, befassen. Es tut mir leid, aber es gibt keine Möglichkeit, dieses Thema beim Poker auszulassen. Ich werde versuchen, Ihnen das Thema möglichst »würzig« vorzustellen. Das Problem ist leider, dass sich gewisse Dinge einfach nicht so knackig darstellen lassen. Willkommen also in der Welt der Stochastik.
Seien Sie aber beruhigt. Ich werde mir Mühe geben, Ihnen das Thema so unkompliziert wie möglich zu erklären.
Von vielen Anfängern höre ich nämlich immer wieder den gleichen Satz: *»Poker macht ja Spaß, aber mich jetzt in die ganze Mathematik einzulesen, habe ich keine Lust.«* Diese Spieler haben einfach nicht begriffen, dass man nicht die ganze Stochastik für sich neu erfinden und erarbeiten muss. Man muss keinen Doktor in Mathematik haben, um ein guter Pokerspieler zu werden. Es genügt vielmehr, sich einige grundlegende Wahrscheinlichkeiten zu merken.

Kurze Geschichte der Wahrscheinlichkeitsrechnung

Der Begriff Stochastik stammt aus dem Griechischen und heißt so viel wie die *Kunst des Mutmaßens*.
Deren Grundlagen wurden erst relativ spät entdeckt. Wesentlich dazu beigetragen hat der französische Adlige und Spieler Antoine Gombaud, der beim Würfeln viel Geld verlor und sich im Jahr 1654 deshalb hilfesuchend an die beiden berühmten Mathematiker Blaise Pascal und Pierre de Fermat wendete.

Der Briefwechsel der beiden Rechenkünstler gilt als die Geburtsstunde der klassischen Wahrscheinlichkeitsrechnung. Ein Spieler mit einem schlechten Lauf wurde somit Katalysator für die Entwicklung der Stochastik. Erst im Jahr 1933 schloss Andrei Kolmogorows mit seinem Lehrbuch *Grundbegriffe der Wahrscheinlichkeitsrechnung* die Entwicklung der Fundamente der modernen Wahrscheinlichkeitstheorie ab.
Heute nutzen nicht nur Pokerspieler weltweit die Theorien der beiden berühmten Vordenker, vor allem in der Versicherungsbranche und in der Informatik ist diese Teildisziplin der Mathematik sehr wichtig.

Wie funktioniert Stochastik?

Die Sache ist im Grunde einfach. Wenn ich eine Münze werfe, so weiß ich nicht, ob sie auf Kopf oder Zahl liegen bleibt. Wenn ich einen Würfel werfe, dann weiß ich nicht, welche Zahl kommt. Ich kann über den Ausgang eines künftigen, vom Zufall abhängenden Ereignisses nur mutmaßen.

Ich kann nur eine Prognose abgeben. Genau das ist Stochastik: Stochastik weist dem Eintreffen eines bestimmten Ereignisses eine Wahrscheinlichkeit zu.

Wahrscheinlichkeiten tragen keine Einheit, sondern sind Zahlen zwischen 0 und 1. Deshalb können sie als Dezimalzahlen, Prozentangaben, Brüche oder Trefferquoten angegeben werden. Ich werde mich im Folgenden auf Prozent beschränken.
Auf unsere Fälle von oben übertragen heißt es, dass die Wahrscheinlichkeit, dass die Münze auf Zahl liegen bleibt, 50 % beträgt. Die Wahrscheinlichkeit, dass der Würfel auf der Sechs liegen bleibt, beträgt 16,666 %.
Ein sicheres Ereignis, dass zum Beispiel der Würfel eine Zahl

zwischen 1 und 6 anzeigt, hat den Wert 1. Ein nie eintretendes Ereignis, wie zum Beispiel dass der Würfel die Zahl 7 anzeigt, hat den Wert 0.

Je öfter man das Zufallsexperiment wiederholt, desto näher an der Realität ist die angegebene stochastische Wahrscheinlichkeit. Wenn ich also ein paar Milliarden Mal die Münze werfe, was natürlich Zeitverschwendung wäre, so käme in ziemlich genau der Hälfte der Fälle Kopf bzw. Zahl. Die Abweichung vom Erwartungswert, also dass zum Beispiel im Casino zehn Mal hintereinander Rot kommt, nennt man *Varianz*.

Ein weiterer wichtiger Aspekt ist, dass jedes Zufallsexperiment von dem vorherigen unabhängig ist. Das heißt, dass, selbst wenn ich zehnmal hintereinander eine Sechs gewürfelt habe, die Wahrscheinlichkeit, wieder eine Sechs zu werfen, beim elften Mal immer noch 16,66 % bleibt. Daher ist es definitiv ein Trugschluss zu glauben, dass man beim Roulette – einer niederen Form des Glücksspiels – nach zwanzigmal Rot eine erhöhte Chance habe, Schwarz zu treffen.

So, das war eine kurze Einführung in die Welt der Stochastik. Es war doch ganz einfach, oder?

ODDS UND OUTS – MEINE GEWINNCHANCEN UND KARTEN, DIE MIR WEITERHELFEN

Beim Poker gibt es keinen Würfel, dafür aber Karten, die rein zufällig kommen, sofern keiner mogelt. Karten sind die ungewissen Ereignisse im Poker. Sie sind das Glückselement, das es mithilfe der Wahrscheinlichkeitsrechnung vorherzusagen gilt.

Um beim Poker zu einer Entscheidung zu gelangen, die die höchste Gewinnerwartung in sich trägt, ist es nützlich zu wissen, mit welcher Wahrscheinlichkeit die Karten kommen werden, die ich noch brauche, um zu gewinnen.
Hierzu muss ich zuerst wissen, wie viele Karten mir helfen können, und anschließend, wie wahrscheinlich es ist, dass diese noch als Gemeinschaftskarten erscheinen. Ich muss zum Beispiel wissen, wie wahrscheinlich es ist, dass ich meinen Flush noch mache, dass aus meinem Pocket-Pair ein Drilling wird oder dass ich meine nach beiden Seiten hin offene Straße noch vervollständige usw.

Die Karten, die ich noch brauche, nennt man *Outs* von *Cards out there* (die Karten da draußen). Wahrscheinlichkeit oder Chancen heißt auf Englisch *Odds*.

Merken Sie sich diese Begriffe, denn sie spielen beim Texas Hold'em eine große Rolle. Wenn ich weiß, wie viele Outs ich in einer bestimmten Situation habe, dann kann ich mir nämlich die Odds, also die Wahrscheinlichkeit, herleiten, mit der diese Karten kommen. Wie das geht, will ich Ihnen an einem einfachen Beispiel erläutern.

Sie haben:

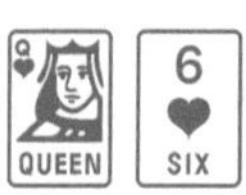

Ihr Gegner hat:

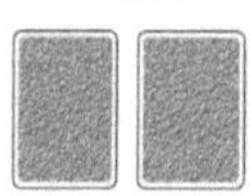

Der Flop kommt:

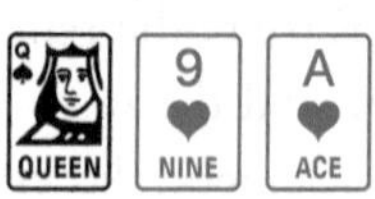

Turn

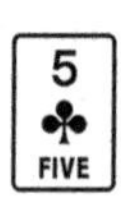

Sie haben ein Damenpaar und einen Flush-Draw. Der Gegner sitzt vor Ihnen und wettet in Sie hinein. Sie müssen sich jetzt entscheiden: Sollen Sie aufgeben, mitgehen oder gar erhöhen? Es kommt noch eine Karte: der River. Was hilft Ihnen in dieser Situation weiter? Sie gehen davon aus, dass Ihr Gegner stark ist. Sie trauen ihm durchaus ein Ass mit einem hohen Kicker auf der Hand zu, zum Beispiel **AK**, und gelangen für sich zu dem Schluss, dass Ihnen nur noch ein Flush in einem Showdown weiterhelfen kann. Ein Flush muss also her.
Sie lechzen geradezu nach einem Herz auf der nächsten und letzten Karte. Sie wollen nun wissen, mit welcher Wahrscheinlichkeit die nächste Gemeinschaftskarte ein Herz sein kann. Das sind Ihre Odds, Ihre Gewinnchancen.
Im Folgenden werde ich genau darlegen, wie Sie in dieser Situation die Wahrscheinlichkeit für einen Flush berechnen. Wenn Sie das verstanden haben, können Sie sich im Poker fast jede Wahrscheinlichkeit herleiten. Also aufgepasst:

Das Pokerspiel hat **52** Karten, davon sind **13** Herzkarten. Von den **52** Karten kennen Sie bereits **6**: Die **2** Karten auf Ihrer Hand plus die **4** Gemeinschaftskarten, die offen in der Mitte des Tisches liegen. Es bleiben **46** Karten, die Sie noch nicht kennen. Darunter befinden sich noch **9** Herzkarten (**2** haben Sie bereits, und **2** liegen auf dem Board). Diese **9** Karten sind die **Outs**, die Ihnen helfen.
Jetzt müssen Sie die Anzahl der **Outs** durch die Anzahl der übrigen Karten teilen. Dies ergibt die Wahrscheinlichkeit, mit der Sie bei der nächsten Gemeinschaftskarte ein Herz bekommen und somit einen Flush haben können. Das Ergebnis ist **9** geteilt durch **46**: also **0,195** bzw. **19,5** %. Das heißt, dass die Wahrscheinlichkeit oder **Odds**, den Flush zu machen und die Hand durch Showdown zu gewinnen, **19,5** % beträgt.

Natürlich besagt das für sich allein genommen noch nicht, ob Sie aufgeben, mitgehen oder erhöhen sollen. Aber sagen wir vorerst, dass es eine sehr wichtige Basisinformation in dieser Spielsituation ist. Sie könnten sich in unserem stark vereinfachten Beispiel sagen, dass es wegen der **Odds** in Höhe von nur **19,5 %** sinnvoller wäre, die Hand eben nicht durch Showdown zu beenden, sondern durch Aufgeben des anderen. Sie erhöhen noch einmal, Sie machen also einen Re-Raise. Der Gegner gibt auf. Sie haben gewonnen. Besser, so zu gewinnen, als sich auf **Odds** in Höhe von nur **19,5 %** zu verlassen. Es ist also wichtig, die Anzahl der **Outs**, also der Karten, die Ihnen weiterhelfen, im Kopf zu haben.

Die Anzahl der **Outs** kann sich auch erhöhen, wenn man mehrere alternative Gewinnhände berücksichtigt. In unserem Beispiel könnte man beispielsweise noch die zwei verbliebenen Damen im Kartenstoß hinzuaddieren. Würde noch eine Dame kommen, so hätte man nämlich einen Drilling. Die Zahl der **Outs** erhöht sich von **9** auf **11**. Die Wahrscheinlichkeit, also die **Odds**, seine Hand zu verbessern, wäre dann auf dem River **11** geteilt durch **46**, also gleich **24 %**.

Die einfache 2-4-Regel

Keine Angst. Auch wenn es sich wirklich anstrengend anhört, werden Sie im Lauf der Zeit ein Gefühl für **Odds** und **Outs** entwickeln. Ich werde Ihnen jetzt eine Methode verraten, mit der selbst ein Kind ganz leicht die **Odds** für fast jede Hand ausrechnen kann. Natürlich sollte das Kind nicht pokern…

Multiplizieren Sie die Anzahl Ihrer Outs nach dem Flop mit 4 und nach dem Turn mit 2. Dies ergibt relativ genau die Wahrscheinlichkeit, sich nach dem Flop bzw. Turn noch zu verbessern.

Nehmen wir zum Beispiel einen Inside-Straight-Draw. Ich habe **4 Outs**, weil ich zum Beispiel noch eine 10 brauche, um die Lücke in meiner Straße zu füllen. Hiervon sind noch **4** im Deck. Jetzt benutze ich die 2-4-Regel.

Nach dem Turn habe ich noch eine Chance von **4 Outs mal 2 = 8 %**, die Straße zu kriegen. Nach dem Flop habe ich eine Chance von **4 Outs mal 4 = 16 %**, diese Straße auf Turn oder River noch zu bekommen.

Bei einer Open-End-Straight hätten wir schon **8 Outs**, weil ich die Straße an beiden Enden vervollständigen kann. Ich brauche zum Beispiel entweder eine **6** oder einen **Buben**, und hiervon sind insgesamt noch **8** im Kartenstoß. Wir wenden die 2-4-Regel an: Nach dem Flop hat man also **Odds** in Höhe von **8 Outs** mal **4 = 32 %** und nach dem Turn **Odds** in Höhe von **8 Outs** mal **2 = 16 %**, die Straße zu machen.

Straight-Draw ist also nicht gleich Straight-Draw. Vorsicht vor dem Inside-Straight-Draw, aus gutem Grund auch Gutshot, also Bauchschuss, genannt. Die **Odds** sind nur ungefähr halb so gut wie beim Flush- oder Open-End-Straight-Draw und Ihre Gewinnchance umso geringer.

Bitte beachten Sie, dass die Wahrscheinlichkeiten, also die **Odds**, bei der Entscheidungsfindung im Poker nur einen Faktor unter vielen darstellen. Die Tatsache, dass ich eine Chance von 35 % habe, meinen Flush nach dem Flop noch zu machen, besagt für sich allein noch nicht, ob ich aufgeben, mitgehen oder wetten soll. Diese Information hilft nur in Kombination mit anderen Informationen weiter.

Wahrscheinlichkeiten nach Outs

In der nachfolgenden Tabelle sind die Wahrscheinlichkeiten bzw. **Odds** bezogen auf die Anzahl der **Outs** dargestellt:

Anzahl der Outs	Nach dem Flop für den Turn	Nach dem Turn für den River	Nach dem Flop für Turn und River zusammen
1 Out	2,13 %	2,17 %	4,26 %
2 Outs	4,26 %	4,35 %	8,42 %
3 Outs	6,38 %	6,52 %	12,49 %
4 Outs	8,51 %	8,70 %	16,47 %
5 Outs	10,64 %	10,87 %	20,35 %
6 Outs	12,77 %	13,04 %	24,14 %
7 Outs	14,89 %	15,22 %	27,84 %
8 Outs	17,02 %	17,39 %	31,45 %
9 Outs	19,15 %	19,57 %	34,97 %
10 Outs	21,28 %	21,74 %	38,39 %
11 Outs	23,40 %	23,91 %	41,72 %
12 Outs	25,53 %	26,09 %	44,96 %
13 Outs	27,66 %	28,26 %	48,10 %
14 Outs	29,79 &	30,43 %	51,16 %
15 Outs	31,91 %	32,61 %	54,12 %
16 Outs	34,04 %	34,78 %	56,98 %
17 Outs	36,17 %	36,96 %	59,76 %
18 Outs	38,30 %	39,13 %	62,44 %
19 Outs	40,43 %	41,30 %	65,03 %
20 Outs	42,55 %	43,48 %	67,53 %
21 Outs	44,68 %	45,65 %	69,94 %
22 Outs	46,81 %	47,83 %	72,25 %

Die wichtigsten Odds für typische Hände

Diese Tabelle ist eigentlich schon in der Tabelle oben enthalten, dennoch meine ich, dass es gerade für unerfahrene Spieler notwendig ist, ein wenig konkreter zu werden:

Art der Hand, die ich nach dem Flop noch treffen kann	Outs	Nach dem Flop für den Turn	Nach dem Turn für den River	Nach dem Flop für Turn und River zusammen
Drilling mit Pocket-Pair	2	4,26 %	4,35 %	8,42 %
Das höhere Paar	3	6,38 %	6,52 %	12,49 %
Inside Straight	4	8,51 %	8,70 %	16,47 %
Irgendein Paar	6	12,77 %	13,04 %	24,14 %
Open-End Straight	8	17,02 %	17,39 %	31,45 %
Flush	9	19,15 %	19,57 %	34,97 %

Diese Tabellen müssen Sie um Gottes willen nicht auswendig lernen. Es reicht, wenn Sie ein sicheres Gefühl für die Wahrscheinlichkeiten entwickeln. Hierbei hilft die 2-4-Regel. Sie können auch einfach die Odds-Tabelle, vor allem beim Online-Poker, neben sich legen und ab und zu einen Blick darauf werfen.
Bitte machen Sie als Anfänger nicht den Fehler, nur noch herumzurechnen und dann kein Auge mehr für andere wichtige Faktoren wie Position, das Verhalten der anderen Spieler etc. zu haben. Beim Hold'em sind vor allem Flush- und Straßen-Draws sehr häufig. Besonders bei diesen Händen sollten Sie die Zahlen relativ genau kennen.

Vorsicht: Das Pawlowsche-Hund-Syndrom

Das *Pawlowsche-Hund-Syndrom* ist eine ganz böse Fehlerquelle im Poker. Der original pawlowsche Hund lebte in Russland und bekam immer beim Essen ein Glöckchen zu hören. Läutete man nun dieses Glöckchen, ohne dem Hund sein Essen zu geben, so sabberte er trotzdem in der Erwartung von Essen. Der Hund wurde also konditioniert.
Ähnlich geht es auch vielen Pokerspielern. Sie machen einmal ihren völlig unwahrscheinlichen Draw und gewinnen Geld da-

mit. Das Gehirn merkt sich dieses freudige Erlebnis und verknüpft dann diesen unwahrscheinlichen Draw mit Erfolg. Das menschliche Gehirn lernt so. Für das Pokerspiel ist diese Lernmethode aber verfehlt. Wenn Sie bei einem Gutshot-Straight-Draw zu sabbern anfangen, sabbern Sie leider an der falschen Stelle, weil die Wahrscheinlichkeit nur bei ca. 16 % liegt, diesen nach dem Flop noch zu treffen.

Schließlich verändern sich die Wahrscheinlichkeiten nicht, nur weil sie entgegen jeder Wahrscheinlichkeit, also mit schlechten Odds, ein paarmal mit großem Tamtam einen Pot gewonnen haben.

Verwahren Sie sich also gegen das gefährliche Pawlowsche-Hund-Syndrom. Bewerten Sie die Wahrscheinlichkeiten auf rein mathematischer Basis und nicht aufgrund von Erfahrungen. Sie bekommen sonst ein verfälschtes Bild der Wahrscheinlichkeiten im Poker. Das führt zu folgenschweren Fehlentscheidungen. Es ist ein typischer und teurer Anfängerfehler, völlig unprofitablen Draws hinterherzujagen.

Vorsicht: Rabbit-Hunting

Rabbit-Hunting heißt auf Deutsch »den Hasen jagen«. Ich kenne einen schlechten Spieler, der jedes Mal sehen will, was auf dem Board noch gekommen wäre, nachdem er seine Hand aufgegeben hat. Auch bei Fernsehübertragungen sieht man manchmal eine sogenannte *Rabbit-Cam,* die zeigt, was noch für Karten gekommen wären, wenn die Hand weitergespielt worden wäre.

Ein Beispiel:

Der Fisch hat:

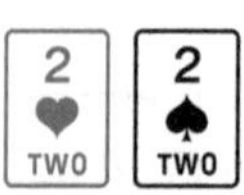

Der Gegner hat:

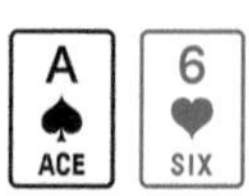

Der Flop kommt:

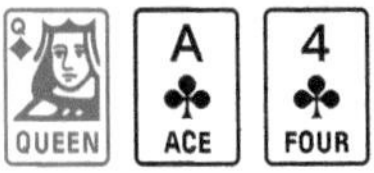

Der Gegner wettet nach dem Flop in den Fisch hinein, der Fisch gibt auf. Die Hand ist vorbei. Der Gegner räumt den Pot ab. Zum Ärgernis der anderen Spieler, die schnell weiter Geld verdienen wollen, müssen aber jetzt für den Fisch die zwei Karten aufgedeckt werden, die auf Turn und River noch gekommen wären. Unter Stöhnen und Protest gibt der Dealer schließlich nach und legt auf, was noch gekommen wäre, wenn der Fisch dringeblieben wäre:

Der Fisch hatte:

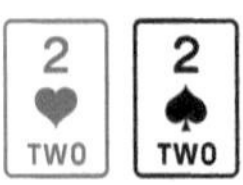

Der Gegner hatte:

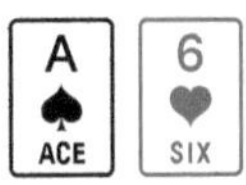

Flop

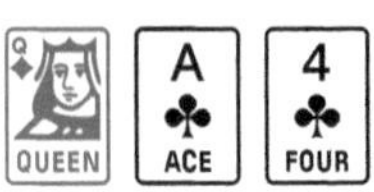

Turn

River

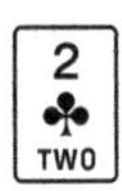

Jetzt ist das Geschrei groß. »Mist, ich hätte einen Zweierdrilling gehabt«, sagt der Fisch und denkt jetzt, er habe den Fehler seines Lebens begangen, weil er seine Hand aufgegeben hat.
Das ist natürlich unsinnig. Seine Entscheidung war völlig korrekt. Der Fisch hatte nach dem Flop nur 2 realistische Outs, nämlich die beiden verbliebenen Zweier im Deck, die ihm den Drilling machen konnten. Multipliziert man diese 2 Outs nach der 2-4-Regel mit 4 oder schaut man in die Outs-Tabelle, so

kommt man zu dem Schluss, dass die Wahrscheinlichkeit oder Odds nur bei ca. 8 % lag, das Zweier-Set auf Turn oder River noch zu treffen. Das ist einfach zu wenig, wenn man bedenkt, dass dem Flop zufolge beim Gegner ein höheres Ass- oder Damen-Paar möglich ist.

Die Entscheidung, aufzugeben, war richtig, weil die Odds einfach zu schlecht waren. Es war die Entscheidung mit der höchsten Gewinnerwartung, in dem Fall wohl eher Verlustminimierung. Auch wenn man hier im konkreten Fall gewonnen hätte. Das ist Poker. Der Fisch erkennt dies wegen des Rabbit-Huntings nicht und wird von einem unwahrscheinlichen Ereignis verblendet. Wenn der Fisch nun in der Folgezeit mit einer ähnlichen Handvoll einsteigt, so geht er in den meisten Fällen baden und verliert sehr viel Geld. Vor allem eröffnet das Rabbit-Hunting dem Spieler eine weitere Möglichkeit, um auf Tilt zu kommen. Der Spruch *Was ich nicht weiß, macht mich nicht heiß* gilt auch hier. Vorsicht also: Neben dem Pawlowschen-Hund-Syndrom ist vor allem das Rabbit-Hunting für ein verfälschtes Bild der Wahrscheinlichkeiten beim Poker verantwortlich. Wir merken uns: Rabbit-Hunting ist etwas für Verlierer. Ein richtiger Pro geht nur nach den Wahrscheinlichkeiten.

POT-ODDS – WIE VIEL MUSS ICH IN DEN POT LEGEN, UM WIE VIEL ZU GEWINNEN?

Ein weiterer wichtiger Schritt auf unserer Mission, immer mehr gewinnträchtige Entscheidungen beim Poker zu treffen, um ein Killerspieler zu werden, sind die *Pot-Odds*.

Lassen Sie sich nicht verwirren: Die Pot-Odds haben trotz des ähnlich klingenden Namens zunächst nichts mit den oben besprochenen Odds zu tun.

Als Pot-Odds bezeichnet man das Verhältnis zwischen dem Geld, das ich zum Mitgehen in den Pot legen muss, und dem Geld, das ich am Ende gewinnen kann. Je niedriger der Prozentwert meiner Pot-Odds, desto besser.

Wenn ich zum Beispiel eine 20-€-Wette mitgehen muss, um letztlich einen Pot in Höhe von 80 € zu gewinnen, so sind meine Pot-Odds 1 zu 4 oder 25 %. Die 20-€-Wette vom Gegner und mein Betrag zum Call ist in den 80 € schon enthalten.

Muss ich zum Beispiel 1 € bezahlen, um am Ende 100 € zu gewinnen, so sind meine Pot-Odds 1 zu 100 oder 1 %. Ein guter Deal, oder?

Je niedriger die Pot-Odds, desto besser, weil es hier um den potenziellen Verlust geht, den ich durch meinen Einsatz riskiere. Denken Sie wie im Wirtschaftsleben: Wie viel Geld muss ich bezahlen und wie viel kann dabei herausspringen?

Was nützen die Pot-Odds beim Poker? Sie sind eine wichtige Entscheidungshilfe, wenn ich überlege, ob ich eine Wette mitgehen soll oder nicht.

Generell kann man sagen, dass es, je schlechter die Pot-Odds sind, also je höher die Prozentzahl ist, umso weniger Sinn macht es, mitzugehen.

Umgekehrt heißt es, dass ich bei guten Pot-Odds, also bei einer niedrigen Prozentzahl, eher mitgehen sollte. Wenn ich nur 1 € hinlegen muss, um eventuell 100 € zu gewinnen, dann sollte ich fast immer mitgehen, weil meine Pot-Odds in Höhe von 1 % so gut sind. Außerdem kann ich bei Spielvarianten wie Spread-Limit, Pot-Limit oder No-Limit, in denen ich in der

Wetthöhe relativ frei bin, einfacher einen sinnvollen Wetteinsatz bestimmen.

Wie diktieren Sie dem Gegner Pot-Odds?

Wir haben jetzt eine andere Situation: Vorher musste ich überlegen, wie meine Pot-Odds zum Mitgehen sind. Jetzt bin ich am Zug. Jetzt bestimme ich die Pot-Odds für die nachfolgenden Spieler durch meine Wette. Das Gute ist nämlich, dass ich dem Gegner, indem ich wette, die Pot-Odds vorgebe und so seine Entscheidung beeinflussen kann. Einfach gesagt: Will ich, dass er aufgibt, so wette ich mehr, um ihm schlechtere Pot-Odds zu geben. Will ich umgekehrt, dass er dabeibleibt, sorge ich mit einer niedrigeren Wette dafür, dass er gute Pot-Odds hat.
Wir merken uns: Je höher man wettet, desto schlechter sind die Pot-Odds für den anderen und umgekehrt. Nach Möglichkeit sollte man immer den Betrag wetten, der den Gegner potenziell den größten Fehler machen lässt. Gerade in Pot-Limit und im No-Limit geht es darum, Fehler zu provozieren, indem man zum Beispiel einen Gegner mit einem Flush-Draw dazu bringt, mit unzureichenden Odds mitzugehen.

BREAK-EVEN-POINT – WANN LOHNT ES SICH ZU SPIELEN?

Nun kombinieren wir die Kapitel *Odds und Outs* und *Pot-Odds* und kommen zum *Break-Even-Point*. Zur Wiederholung:
Die **Odds** sind umso besser, je **höher** ihr Prozentwert ist. Weil es natürlich besser ist, wenn man eine höhere Wahrscheinlichkeit zu gewinnen hat.

Die **Pot-Odds** sind umso besser, je **niedriger** ihr Prozentwert ist, weil sie meinen möglichen Verlust beziffern. Jetzt vergleichen wir einfach die Werte von Odds und Pot-Odds:

Der Break-Even-Point ist erreicht, wenn die Odds und die Pot-Odds gleich sind.

Mit anderen Worten: Der Break-Even-Point ist erreicht, wenn die Wahrscheinlichkeit, den Pot zu gewinnen, also die Odds, genauso hoch ist wie das Verhältnis zwischen dem Betrag, den ich mitgehen muss, und dem Betrag, den ich gewinnen kann.

Sind die Odds höher als die Pot-Odds, so haben wir eine positive, spielbare Situation. Sind die Odds niedriger als die Pot-Odds, so haben wir eine negative, nicht spielbare Situation.

Im Grunde heißt das nur, dass es sich erst dann lohnt, bei einer Wette mitzugehen, wenn bezogen auf die derzeitige Potgröße meine Gewinnchancen höher sind als mein zu erwartender Verlust. Zur Verdeutlichung helfen die folgenden Abbildungen:

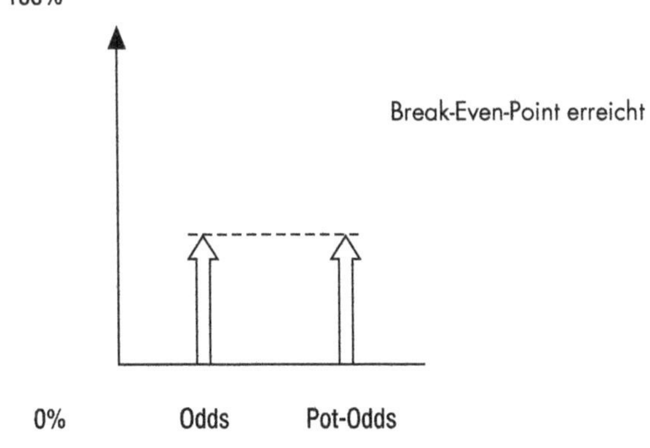

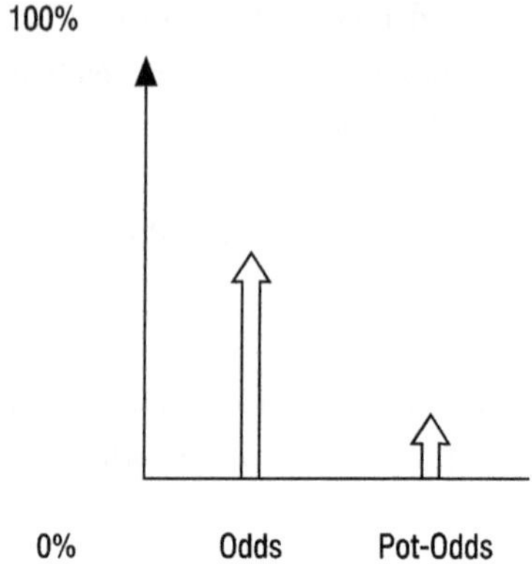

Break-Even-Point überschritten
(spielbare Situation)

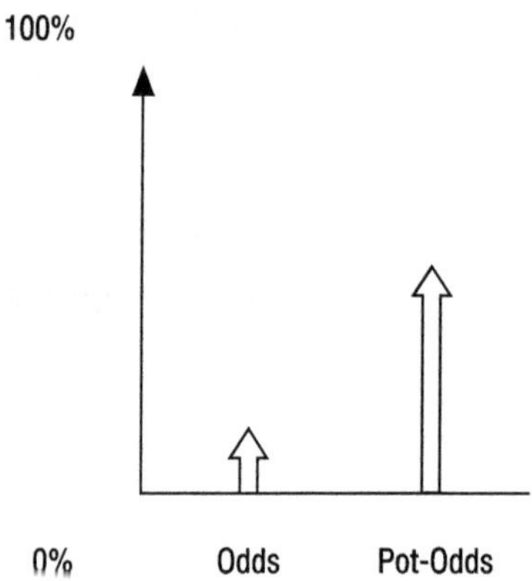

Break-Even-Point unterschritten
(nicht spielbare Situation)

Wenn ich nur 5 € Euro einsetzen muss, um am Ende 100 € zu gewinnen, so sind das wirklich tolle Pot-Odds in Höhe von 5 %. Mitgehen wäre also schon sinnvoll, wenn ich nur eine Wahrscheinlichkeit von 5 % oder höher hätte, den Pot zu gewinnen. Ich bräuchte nur Odds über 5 %, um mitgehen zu können.
Ich würde in dem Fall sogar mitgehen, wenn ich nur einen Inside-Straight-Draw hätte. Ich habe in dem Fall auf dem Turn Odds in Höhe von 8,5 %, die Straße noch zu bekommen. 8,5 %

ist höher als 5 %. Demnach ist der Break-Even-Point überschritten, und wir haben eine spielbare Situation.
Warum ist die Situation spielbar? Es ist nicht ganz einfach, dies auf den ersten Blick zu verstehen. Aber nehmen wir an, ich würde diesen Pot 100-mal hintereinander spielen, so würde ich ungefähr 100-mal 5 € = 500 Euro einsetzen und würde aufgrund meiner Odds 8,5-mal 100 Euro = 850 Euro gewinnen. Das lohnt sich, oder?
Die Berechnung setzt voraus, dass ich annehme, eine normale Straße würde zum Gewinnen reichen, weil ich beim Gegner keine höhere Straße, keinen Flush, kein Full-House o. Ä. vermute. Die Feststellung, ob der Break-Even-Point erreicht ist, hilft mir also bei der Entscheidung, ob ein Mitgehen Sinn macht oder eher unprofitabel ist. Da dieses Konzept zum Grundverständnis von Texas Hold'em sehr wichtig ist, werde ich es noch einmal anhand eines Beispiels erklären. Stellen Sie sich einen heißen No-Limit Texas Hold'em Pokerabend vor:

Sie haben:

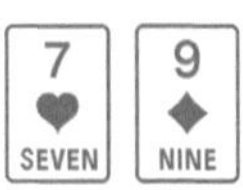

Der Flop kommt:

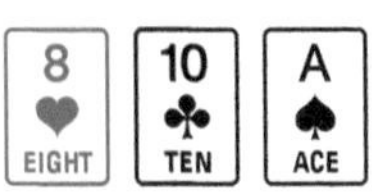

Turn

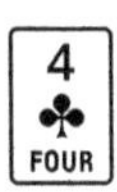

Die Situation ist wie folgt: Die Turn-Karte ist gekommen, und der Spieler vor Ihnen hat 15 € gewettet. Im Pot sind bislang 20 €. Sie müssen jetzt entscheiden, was Sie machen sollen. Sie stellen folgende Überlegungen an: Aufgrund des Verhaltens des Geg-

ners gehen Sie davon aus, dass er ein Ass auf der Hand hat. Er hat eine sogenannte *Made-Hand,* nämlich wenigstens ein Paar. Ein Flush oder ein Full-House kommt wegen der Gemeinschaftskarten nicht infrage. Ihr Gegner hat möglicherweise ein Set, doch das beeinflusst Sie nicht weiter. Wenn Sie Ihre Straße treffen, schlagen Sie Ihren Gegner fast sicher.
Sie haben 8 Outs, nämlich jede **6** und jeder **Bube**, die Ihnen weiterhelfen, Ihre Straße zu machen und zu gewinnen. Jetzt wenden wir die 2-4-Regel an und multiplizieren die 8 Outs mit 2 oder werfen einen Blick in die Odds-Tabelle. Wir haben nach dem Turn im Ergebnis eine Wahrscheinlichkeit oder Odds von 17,4 %, die Straße zu treffen und den Pot abzuräumen.
Im Pot sind nach der Wette des Gegners 35 €. Sie müssen also 15 € bezahlen, um am Ende 50 € zu gewinnen. Die Pot-Odds betragen 3 zu 10, also ca. 30 %. Das sieht in Diagrammform so aus:

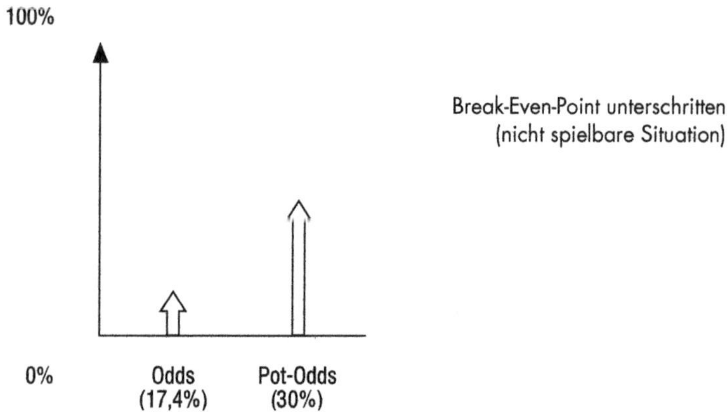

Ein Mitgehen lohnt sich nicht. Die Pot-Odds sind höher als die Odds. Die Wahrscheinlichkeit zu gewinnen ist hier einfach zu niedrig. Wenn Sie diese Wette 100-mal mitgehen würden, so würden Sie 1500 € bezahlen, aber nur 17,4-mal 35 € = 609 € gewinnen. Die Entscheidung, aufzugeben, ist korrekt, da sie die Entscheidung mit der höchsten Gewinnerwartung darstellt. Umgekehrt sieht man, dass die Wetthöhe des Gegners korrekt gewählt war. Wenn er Sie auf einen Draw getippt hat, so hat er Ihnen durch seine Wette den Fold geradezu aufgezwungen, indem er schlechte Pot-Odds für Sie geschaffen hat. Er kann den Pot durch Ihr Aufgeben dann sofort abräumen, ohne die Gefahr einzugehen, dass Sie auf dem River noch Ihre Straße machen und gewinnen. Der Gegner hat also geschickt die Pot-Odds für Sie manipuliert, um seine Hand zu beschützen.

Wahrscheinlichkeitsrechnung ist nicht alles

Bitte beachten Sie, dass Pot-Odds, Odds und Break-Even-Point zwar sehr wichtige Entscheidungshilfen im Poker sind, aber sie dürfen nicht blind angewandt werden. Andere Faktoren wie Position, Anzahl der Spieler und Wettmuster, Psychologie usw. müssen ebenfalls in die Entscheidungsfindung einfließen und können oft eine andere Entscheidung rechtfertigen als die mathematisch korrekte.

Wenn der Gegner zum Beispiel blufft, kommen Sie mit rein mathematischen Betrachtungen nicht weiter. Hier müssen Sie Psychologe, Mathematiker und Stratege zugleich sein. Die rein mathematische Betrachtungsweise ist nur ein Aspekt von vielen, wenn auch ein sehr wichtiger.

Nicht umsonst sagte David Spanier: *»Die Odds sind beim Poker nur der Rahmen, in dem das Spiel abläuft, ähnlich wie die Linien auf dem Tennisplatz.«*

Wenn Sie jetzt völlig verwirrt sind, so macht das nichts. Lesen Sie das Kapitel in Ruhe noch einmal durch und machen Sie sich klar, dass der Break-Even-Point im Grunde nichts anderes bedeutet, als dass man eine Investition im Poker im Hinblick auf

Rendite und Gewinnchancen überprüft. Hierzu müssen Sie nicht unbedingt die genauen Zahlen im Kopf haben. Es reicht, wenn Sie nach und nach ein Gefühl für diese Faktoren innerhalb des Spiels entwickeln.

IMPLIED POT-ODDS – HABE ICH NOCH PROFITABLE WETTRUNDEN VOR MIR?

In Situationen, in denen noch eine oder mehrere Wettrunden folgen und meine Hand, sollte ich meine Outs bekommen, ein sicherer Gewinner ist, muss ich zu der Rendite meines Einsatzes natürlich noch die künftigen profitablen Wettrunden addieren. Dies ergibt meine *Implied Pot-Odds.*

Eine solche Situation wäre beispielsweise ein Nut-Flush-Draw nach dem Flop. Wenn ich den Draw auf Turn oder River treffe, so kann ich mir fast sicher sein, den Pot am Ende zu gewinnen. Also muss ich das potenziell gewonnene Geld zu der Höhe des Pots hinzuaddieren.

Etwas konkreter: Ich habe in einem 5-€/10-€-Limit Texas Hold'-em-Spiel einen Nut-Flush-Draw auf dem Flop. Es ist nur noch ein weiterer Spieler übrig. Mein Gegner wettet 5 €. Im Pot sind dann 25 €. Die normalen Pot-Odds betragen jetzt 5 zu 25, das heißt 20 %. Ich muss 5 € einsetzen, um einen Pot von 25 € gewinnen zu können. Es kommen aber noch zwei Wettrunden hinzu, in denen ich dem anderen jeweils noch 10 € abknöpfen kann, sollte ich meinen Nut-Flush-Draw noch machen. Ich kann also diese 20 €, die mir die künftigen Wettrunden noch einbringen werden, bei der Berechnung der Pot-Odds zum Pot hinzuaddieren. Der Einsatz ist somit 5 €, und ich kann 45 € am Ende der Hand gewinnen. Die Pot-Odds sind jetzt 5 zu 45, das heißt 11 %. Meine Implied Pot-Odds betragen 11 %. Hier lohnt sich ein Mitgehen schon eher. Die Gewinnaussichten müssen nicht so gut sein. Alles über 11 % reicht hier schon aus.

Implied Odds sind natürlich keine absolut berechenbare Sache. Seine Implied Odds zu mutmaßen ist eher eine Kunst als eine wahre Wissenschaft.

So ist es zum Beispiel möglich, dass der Gegner uns in diesem Beispiel den Flush nicht glaubt und statt 20 € sogar 30 € oder gar 40 € investiert. Er könnte den Flush auch riechen, sodass er gar nichts mehr in den Pot investiert und wir gar keine Implied Odds haben.

Über Implied Odds lässt sich immer nur mutmaßen. Vor allem beim No-Limit und beim Pot-Limit lassen sich die künftigen Wettrunden wegen der variablen Wetthöhe nur sehr schwer voraussehen. Das ist eine Fähigkeit, die mit der wachsenden Spielerfahrung und der Kenntnis über die Gegner immer besser wird.

REVERSE IMPLIED POT-ODDS – HABE ICH NOCH UNPROFITABLE WETTRUNDEN VOR MIR?

***Reverse Implied Pot-Odds* sind das Gegenteil von Implied Pot-Odds. Hier wird berücksichtigt, dass man noch unprofitable Wettrunden vor sich hat, weil man einen schlechten Draw oder eine nicht so gute Made-Hand hat. Die Wahrscheinlichkeit ist**

daher hoch, die Hand am Ende noch zu verlieren. Insofern muss ich diesen Betrag vom Pot abziehen.

Nehmen wir wieder unser Beispiel von eben: Ich habe in dem oben beschriebenen Spiel diesmal einen Inside-Straight-Draw nach dem Flop. Ich habe 4 Outs und somit eine Chance von ca. 16 %, meine Straße im Verlauf der Hand noch zu machen. Allerdings ist es möglich bzw. wahrscheinlich, dass mein Gegner eine höhere Straße hat oder gar einen Flush. Mein Gegner wettet 5 €. Im Pot sind dann 25 €. Die normalen Pot-Odds betragen jetzt 5 zu 25, das heißt 20 %. Ich muss 5 € einsetzen, um einen Pot von 25 € gewinnen zu können.
Ich habe aber im Gegensatz zu vorher nicht unbedingt die beste Hand und muss daher berücksichtigen, dass ich noch unprofitable Wettrunden vor mir habe. Unter Umständen muss ich also im weiteren Verlauf der Hand noch mal 10 € setzen oder gar 20 €. Geht man davon aus, dass es noch eine Wette gibt, so muss ich 10 € vom Pot abziehen. Meine Pot-Odds sind jetzt nur noch 5 zu 15, das heißt 30 %. Um den Break-Even-Point zu erreichen, bräuchte ich hier eine Gewinnchance von wenigstens 30 %. Mein Inside-Straight-Draw hat aber nur eine Wahrscheinlichkeit von 16 %. Ein klarer Fold.
Wie gesagt: Die genaue Berechnung von Implied Odds und Reverse Implied Odds ist sehr schwierig, da sie eine relativ genaue Prognose des weiteren Spielverlaufes erfordert. Dies ist noch am ehesten bei Limit- bzw. Spread-Limit Texas Hold'em-Varianten möglich, da durch die festgesetzte Wetthöhe das Spiel berechenbar ist und sich der weitere Verlauf einer Hand eher vorhersagen lässt als beim No-Limit, bei dem ein All-In eines Spielers die gesamte Planung auf den Kopf stellt.
Es reicht in der Regel aus, ein Gefühl dafür zu entwickeln, ob man eher profitable oder unprofitable Wettrunden vor sich

hat, und dies bei der Bestimmung der Pot-Odds berücksichtigt. Bei künftigen profitablen Wettrunden muss ich einfach nur Geld zum Pot hinzuaddieren und bei unprofitablen Geld abziehen.
Bedenken Sie, dass Sie beim Pokerspielen meist gar nicht die Zeit haben, genaue Berechnungen anzustellen. Dies gilt vor allem für Online-Poker. Zudem besteht oft massive Ablenkung, wegen deren man gar nicht genau rechnen kann. Wichtig ist, dass Sie ein Gespür für die Konstellation Pot-Odds und Odds entwickeln und hier nicht völlig danebenliegen.

ZUSAMMENFASSUNG

Hier noch einmal die wichtigsten Merksätze zu den behandelten Konzepten:

- **Outs** sind die Karten im Deck, die mir helfen, meine Hand zu verbessern. Habe ich zum Beispiel ein Paar auf der Hand, so habe ich zwei Outs auf einen Drilling.
- **Odds** sind die Wahrscheinlichkeit, im weiteren Spielverlauf eine meiner Outs zu bekommen und die Hand zu gewinnen. Das heißt, wenn ich einen Flush-Draw nach dem Turn habe, so ist die Wahrscheinlichkeit, den Flush auf dem River zu treffen, 19,6 %.
- **Pot-Odds** sind das Verhältnis zwischen dem Betrag, den ich mitgehen muss, und dem Betrag, den ich gewinnen kann. Mit anderen Worten: Wie viel muss ich hineinlegen, um wie viel zu gewinnen? Wenn ich mit 10 € mitgehen muss, um letztlich 100 € zu gewinnen, dann betragen meine Pot-Odds 10 %.

- Der **Break-Even-Point** ist erreicht, wenn die Wahrscheinlichkeit, den Pot zu gewinnen (Odds), genauso hoch ist wie die Pot-Odds. Ist die Wahrscheinlichkeit höher, so haben wir eine positive, spielbare Situation, ist sie aber niedriger, so ergibt sich eine negative, nicht spielbare Situation. Sind meine Pot-Odds zum Beispiel 20 % und ich habe einen Flush-Draw auf dem Flop mit 35 % Odds, so ist der Break-Even-Point überschritten, und ich sollte in der Regel mitgehen.
- **Implied Pot-Odds** und **Reverse Implied Pot-Odds** berücksichtigen einfach nur, dass man im weiteren Verlauf einer Hand entweder profitable oder unprofitable Wettrunden vor sich hat. Je nachdem, muss man das potenziell gewonnene oder verlorene Geld bei der Berechnung der Pot-Odds zum Pot hinzuzählen oder abziehen.

8. TEIL

ÜBERLEGUNGEN ZU EINZELNEN SPIELFORMEN VON TEXAS HOLD'EM

ONLINE-POKER

Online-Poker hat die Pokerwelt radikal verändert. Rund um die Uhr und rund um den Globus treten Spieler gegeneinander an. Die Anzahl der Spieler bei den großen Anbietern wie *PartyPoker* oder *PokerStars* ist riesengroß, und täglich kommen neue hinzu, die ihr Glück versuchen. Deshalb ist Online-Poker so lukrativ.

Vorteile von Online-Poker

Sie müssen nicht erst zwei Wochen warten, bis ein Fisch in Ihre Home-Runde kommt oder sich im Casino neben Sie setzt. Nein, das Internet bringt jeden Tag Tausende von schlechten Spielern zu Ihnen ins Wohnzimmer, die im Grunde nur darauf warten, von Ihnen ausgenommen zu werden.

Man kann zudem jederzeit spielen und muss nicht erst Wochen auf eine gescheite Runde warten. Die Anzahl der gespielten Hände pro Zeit ist viel höher, da das lästige Mischen der Karten entfällt und Sie zudem an mehreren Tischen gleichzeitig spielen können.

Man muss sich auch nicht chic machen, wie zum Beispiel für das Casino. Ich weiß nicht, wie Sie normalerweise in Ihrer Home-Runde auftauchen, aber ich wette, dass Sie da nicht im löchrigen Schlafanzug erscheinen. Im Internet ist es völlig egal, ob Sie nackt oder in Abendgarderobe vorm Monitor sitzen.

Sie müssen im Internet keine Trinkgelder geben wie im Casino, und der *Rake* ist im Vergleich zum Casino relativ niedrig, meistens 5 % vom Pot. Sie brauchen auch kein Pokerface zu bewahren, wenn Sie ein Full-House haben. Sie können bei sich im

Wohnzimmer im Dreieck springen und mit einer Gashupe feiern oder weinen. Es ist völlig egal.
Es gibt auch keine Dealerfehler und zumindest keine lautstarken Streite am Tisch. Wenn ich mein Geld mit Online-Poker verdiene, bin ich völlig frei in der Wahl meines Arbeitsplatzes. Ich kann in fast jedem Land der Erde mit einem Laptop und einem Internetanschluss Geld machen.

Die Schattenseiten des Online-Poker

Allerdings hat auch Online-Poker Schattenseiten. Diese kann und will ich an dieser Stelle nicht verschweigen. Gerade weil ich nicht mehr vor die Tür gehen muss und nie unter Menschen bin, droht die Vereinsamung. Da man zu jeder Zeit spielen kann, spielen viele Leute im Übermaß. Sie können nicht aufhören und werden regelrecht spielsüchtig.
Auch Übergewicht ist hier ein Thema, das man nicht außer Acht lassen darf. Man bewegt sich nicht und isst ununterbrochen vor dem Rechner. Pro verlorene Hand einen Schokoriegel als Ausgleich und Sie liegen ganz schnell über dem täglichen Kalorienbedarf.
Online-Poker ist eine einsame Sache. Sie können in einer Hand Hunderte von Dollars gewinnen oder verlieren. Die Freude können Sie nicht mit anderen teilen, und bei hohen Verlusten ist niemand da, der vielleicht ein tröstendes Wort für Sie übrig hat. Na ja, wenn man ehrlich ist, hat im Live-Game auch meist niemand ein tröstendes Wort für Sie übrig, und wenn Sie gewinnen, gewinnen Sie Chips, aber keine Freunde. Insofern sollte man die Gefahren auch nicht überbewerten.
Man kann es sich als guter Pokerspieler einfach nicht erlauben, auf Online-Poker zu verzichten. Dafür ist es viel zu lukrativ. Die Vorteile überwiegen klar. Ich kann auch im Internet nur so viel Geld verlieren, wie ich vorher eingezahlt habe. Wie oft habe ich

schon die Geschichte gehört, dass jemand Haus und Hof beim Poker verspielt hat. Das ist zwar schade, man muss aber immer auch bedenken, dass derjenige wohl auch wirklich so blöd war, sein Haus und/oder seinen Hof überhaupt zu setzen.
Mir ist es ein wichtiges Anliegen, dass Sie nicht zu den Fischen gehören, die ihr Geld einfach bei den großen Online-Anbietern wie *PartyPoker* oder *PokerStars* abgeben und die guten Spieler füttern, die mit ihrem Laptop auf den Bahamas unter Palmen bei einem Cocktail ihren Lebensunterhalt verdienen.
Nein, Sie sollen selbst Ihren Anteil vom Kuchen abbekommen. Ich werde Ihnen im Folgenden die wichtigsten Besonderheiten des Online-Pokers schildern und erklären, wie Sie Ihr Spiel am besten abstimmen, um zu den Gewinnern des Online-Poker-Booms zu gehören.

Hohe Geschwindigkeit

Als ich das erste Mal Online-Poker gespielt habe, fiel mir eine Sache sofort auf. Online-Poker ist schnell, sehr schnell sogar. Es ging einfach nur patsch-patsch-patsch, und ich hatte meine Hand blitzschnell verloren. Im Online-Poker gibt es kein aufwendiges Mischen und Geben mehr. Der automatische Dealer macht alles in Bruchteilen von Sekunden. Natürlich ist dies auch ein Vorteil, da man auf die Weise sehr viele Hände spielt, viel mehr als im Live-Game. Die Erfahrungen, die man hierbei in kürzester Zeit sammelt, sind Gold wert. Meiner Meinung nach ist das auch der Grund, warum Spieler wie Chris Moneymaker die WSOP gewinnen konnten, obwohl sie vorher nur eine relativ kurze Zeit im Internet gespielt hatten.
Gerade Anfänger sind aber dem hohen Tempo nicht gewachsen. Ich rate Ihnen daher unbedingt, zuerst einmal nur mit *Play-Money,* also Spielgeld, zu spielen, um sich ein wenig an die Geschwindigkeit und überhaupt an Poker im Internet zu gewöhnen.

Online-Poker ist technisches Poker

Wie oben erwähnt, brauche ich im Online-Poker kein Pokerface zu bewahren, weil ich die anderen Spieler nicht sehen kann und umgekehrt. Daraus folgt, dass beim Online-Poker die gesamte psychologische Komponente eine geringere Rolle spielt als beim Live-Game. Ich kann nicht sehen, ob ein Spieler nervös ist und beim Setzen stark mit dem linken Auge zuckt. Auf der anderen Seite kann ich wirklich bei **AA** auf der Hand mein Fenster aufmachen und es mit einem Megafon in die Welt hinausschreien. Mein Opponent bekommt hiervon nichts mit.

Sie müssen sich im Online-Poker deswegen viel mehr auf Wettmuster verlassen, um Spieler auf eine Hand zu setzen. Intimidating kann es nur im Chat geben. Den Chat können Sie aber einfach abstellen bzw. auf Summary stellen, sodass man die Kommentare der anderen Spieler nicht sieht und die Nerverei aufhört. Manchmal kann die Zeit, die ein Spieler für seinen Zug braucht, ein Indiz für eine Hand sein. Es kann zum Beispiel sein, dass man bei einer längeren Wartezeit eine eher kompliziert zu spielende Hand beim Gegner vermutet. Es kann aber auch sein, dass der andere einfach aufs Klo gegangen ist. Vorsicht also.

Beim Online-Poker ist aber ein psychologischer Aspekt ganz wichtig: das Tilt-Phänomen. Im Internet erlebt man häufig Spieler, die wegen mehrerer Verluste extrem schlecht spielen. Das liegt daran, dass sie allein vor ihrem Rechner sitzen, und wie Sie wissen, kann man sich allein viel eher in etwas hineinsteigern, als wenn noch Leute um einen herumsitzen. In einer Runde reißt man sich eher zusammen. Es kann auch sein, dass mein Online-Opponent total besoffen oder zugekifft ist.

Wie gesagt, die Einsamkeit vor dem Computer treibt manchmal seltsame Blüten. Es gilt dann eben, dies zu erkennen und auszunutzen. Hier gelten die von mir im Kapitel *Das Tilt-Phänomen* aufgestellten Grundsätze.

Man kann sich nicht blamieren

Bitte unterschätzen Sie diesen Punkt nicht. Viele Pokerspieler sind eitel und bilden sich wirklich eine Menge auf ihr Spiel ein. Diese Spieler macht es fertig, wenn sie einen schlechten Call machen und jemand einen Kommentar dazu abgibt. Man kann diese Spieler im Live-Game schön ärgern, indem man nach einer schlechten Aktion ihrerseits das Wort ergreift. Man darf es nicht allzu offensichtlich machen und sagen: »*Mein Gott, war das schlecht gespielt, es war doch klar, dass du die Hand verlieren musstest.*« Man fragt einfach beiläufig den gesamten Tisch, als ob es einen nur so interessieren würde: »*Wie viele Outs hatte der X eigentlich, 2 oder 4?*« Der Spieler X wird dann in die Diskussion einsteigen und sich bei dem Versuch verheddern, sein mieses Spiel noch zu rechtfertigen. Da dies ungefähr der Quadratur des Kreises entspricht, wird ihn das einige Zeit in Anspruch nehmen.

Wie wirkt sich dieses Phänomen beim Online-Poker aus? Ganz einfach. Man bekommt in der Regel öfter einen Call als beim Live-Game. Die Leute sitzen allein zu Hause und haben kein Feedback. Sie probieren eher etwas aus. Ich rate Ihnen beim Online-Poker, eine mittelmäßige Hand eher aufzugeben, da man auf die nächste gute Hand nicht, wie beim Live-Game, stundenlang warten muss.

Gefahren im Chat

Ich habe bereits erwähnt, dass man den Chat beim Online-Poker ausschalten kann. Wenn Sie ihn anlassen, so rate ich Ihnen eher, nur zu lesen, aber selbst nichts zu schreiben. Zum einen beansprucht das Tippen wertvolle Ressourcen, die Sie zum Pokerspielen brauchen, und zum anderen laufen Sie nicht Gefahr, jemandem auf den Leim zu gehen und sich ärgern zu lassen. Eine nette Unterhaltung kann sich nach einer verlorenen Hand ganz

leicht in einen heftigen verbalen Schlagabtausch verwandeln, den zu führen sehr anstrengend sein kann.
Wenn Sie nicht chatten, geben Sie auch keine Informationen preis und sind auf der sicheren Seite. Einen Tell gibt es noch in Bezug auf den Chat. In der Regel kann man sagen, dass Tische, an denen viel gechattet wird, sehr lukrativ sind. Hier sitzen wie im Casino die schlechten Spieler, die Anfänger, die noch nicht kapiert haben, worum es beim Poker geht. Bleiben Sie und bringen Sie diese Labertaschen zum Schweigen, indem Sie sie ausnehmen. Im Online-Poker geht es ums Geld. Wenn ich Freundschaften suche, sollte ich mich anderswo umschauen.

Der Spielername – nomen est omen

Achten Sie auf die Namen der anderen Spieler. *Nomen est omen*. Viele Spieler geben durch ihren Namen bereits viele Informationen preis. Nehmen wir zum Beispiel *Hippiechick68*. Ich weiß, dass diese Spielerin wahrscheinlich eine Affinität zu der Hippie-Bewegung hat, entweder 1968 geboren ist oder in dem Jahr ihre große Zeit hatte oder die Zeit verehrt. Es kann natürlich auch sein, dass es sich um eine bewusste Täuschung handelt. Das ist aber die Ausnahme. Die Spieler legen ihren Namen oft zu Beginn ihrer Online-Karriere fest und wählen meist unbedacht einen Namen, der zu ihnen passt. Ich kann diese Information nicht direkt verwerten, sie hilft mir aber, bestimmte Spieler für mich greifbarer und somit spielbarer zu machen.
Wählen Sie am besten einen unauffälligen Namen, der nicht zu protzig ist und so wenig Informationen wie möglich über Sie enthält. Der Name sollte vor allem nicht die immer gleichen Chat-Sprüche provozieren. Wenn Sie sich *HotChick85* nennen, müssen Sie, auch als Mann, mit der einen oder anderen Anmache rechnen.

Vorsicht Langeweile!

Ich habe oben bereits angedeutet, dass Online-Poker eine ziemlich einsame Sache sein kann. Man kann sich schnell langweilen, da man sich nicht wirklich mit den anderen Spielern unterhalten kann. Man kann seine Gewinne oder Verluste nicht im Gespräch mit anderen psychisch kompensieren, und leider muss dann allzu oft der Pokertisch als Blitzableiter herhalten.

Viele Spieler machen den Fehler, dass sie aus Langeweile heraus zu loose spielen. Sie spielen zu viele Hände, weil sie Action haben wollen oder weil sie die letzte verlorene Hand vergessen wollen. Bitte tun Sie das nicht. Warten Sie auf gute Hände. Noch mal: Im Online-Poker laufen die Runden viel schneller ab, sodass man nicht lange auf eine gute Hand warten muss.

Wenn Ihnen das zu lange dauert, dann machen Sie einfach noch einen zweiten Tisch auf. Dies erfordert mehr Aufmerksamkeit, aber man ist beschäftigt. Manche Spieler spielen auch drei Tische gleichzeitig, wobei ich aus eigener Erfahrung sagen muss, dass der dritte Tisch dann eher so nebenher läuft. Das ist nicht unbedingt ein Nachteil, weil Sie am dritten Tisch nur relativ schnell und intuitiv entscheiden können. Diese Entscheidungen sind oft die besten. In der Regel sollten Sie nur mehrere Tische spielen, wenn Sie bereits einige Erfahrung gesammelt haben.

Aber die Möglichkeit, mehrere Tische zu spielen, hat auch einen gravierenden Nachteil: Da eher erfahrene und gute Spieler an mehreren Tischen gleichzeitig spielen, erhöht sich leider auch ihr Gesamtanteil im Online-Poker. Daher ist es sehr wichtig zu wissen, an welchen Tisch Sie sich setzen müssen. Mehr dazu gleich.

Das Limit

Das Gleiche gilt für das Limit. Wenn Sie als Anfänger Texas Hold'em Limit Cash-Game mit Blinds in Höhe von 3 $/6 $ oder

No-Limit mit Blinds von 2 $/4 $ spielen, werden Sie mit Sicherheit baden gehen.
Die Luft wird dünner, je höher Sie im Limit steigen. Tasten Sie sich daher nur langsam vor und spielen Sie im Zweifel lieber zwei Tische mit niedrigem Limit als einen mit großem Limit. Sehen Sie es nicht als Niederlage an, im Limit herunterzugehen. Üben Sie weiter, und Sie werden schon reif für höhere Limits. Um ein guter Pokerspieler zu werden, müssen Sie spielen, spielen und weiter spielen. Je mehr Hände Sie sehen, desto besser. Je mehr Hände Sie billig sehen, umso besser.

Informationen sammeln und Hilfsprogramme

Sammeln Sie Informationen. Information ist gleichbedeutend mit Stärke beim Poker. Je mehr Wettmuster Sie von Spielern kennen, desto mehr Geld fließt in Ihre Kasse. Machen Sie sich ständig Notizen. Hierzu müssen Sie nicht mit Zettel und Stift wie wild herumschreiben. Nein, es gibt Hilfsprogramme, die Sie unbedingt nutzen sollten.
Diese Programme sind genial. Sie sammeln umfangreiche Daten über Ihr Spiel und das der anderen, die Sie dann bequem in Form von Statistiken betrachten können. Sie können Ihr Spiel ganz genau auswerten. Sie können sich zum Beispiel anzeigen lassen, wie oft Sie einen Flop gesehen haben und wie oft Sie auf dem River mit einem Full-House gewonnen haben. Man kann sehen, an welche Gegner man das meiste Geld verloren hat und von welchen Spielern man das meiste gewonnen hat. Hierbei spielt es keine Rolle, bei welchem Internet-Anbieter ich gerade spiele und unter welchem Namen. Das Programm speichert alle Spieler in der gleichen Datenbank. Dies erleichtert mir die Tischwahl ungemein. Ich weiß sofort, welche Tische lukrativ sind und welche Tische für mich potenziell gefährlich sein können. Die Tischwahl ist sehr wichtig beim Online-Poker. Ich habe

in meiner Datenbank mittlerweile Informationen über Tausende von Spielern. Das ist wirklich Gold wert. Glauben Sie mir.
Ein typisches Informationsblatt über einen Spieler XY sagt mir sofort, welchen Spielstil er bevorzugt, zum Beispiel loose-aggressiv, tight-passiv etc. Diese Einschätzung nimmt das Programm allein anhand der ausgewerteten Hände des Spielers vor. Es vergibt dann sogar ein Icon, welches diesen Spieler mit seinem Spielstil kennzeichnet. Natürlich kann ich mir auch noch selbst innerhalb des Programms Notizen machen, wenn ich ein bestimmtes Wettmuster bei einem Spieler entdeckt habe. Auch wenn diese Programme Geld kosten, lohnt es sich. Das Programm hilft Ihnen, automatisch Informationen über andere Spieler zu sammeln, und ist zudem eine sehr gute Methode, um sein eigenes Spiel zu analysieren und zu optimieren.
Aber Vorsicht: Seien Sie sich im Klaren darüber, dass andere Spieler diese Programme ebenfalls nutzen und so im Zweifel über mehr Information über Sie verfügen, als Ihnen lieb ist.
Gerade in den letzten Jahren haben die Online-Poker-Anbieter die Benutzung dieser Programme stark eingeschränkt bzw. komplett verboten. Gerade für Anfänger und Freizeitspieler ist das nur fair, da sie ansonsten keine Chance gegen die erfahrenen Online-Pros hätten.

Ablenkungen

Bitte spielen Sie auch zu Hause vor dem Computer so ernst und gewissenhaft wie im Casino oder in einer Home-Runde. Lassen Sie sich nicht ablenken. Machen Sie nach Möglichkeit das Telefon aus und halten Sie sich die Zeit frei.
Ich weiß, dass gerade der Computer selbst einen dazu verführen kann, viele Anwendungen gleichzeitig auszuführen. Wenn das Online-Poker-Fenster nur eins von vielen ist und Sie gleichzeitig einen erotischen Film anschauen, Radio hören und telefonieren,

so ist das schlecht. Bitte richten Sie es so ein, dass Sie die Geräusche Ihres Poker-Clients noch hören. Natürlich sollten Sie sich auch nicht allein betrinken oder Ähnliches, wenn Sie um Geld spielen. Leider bzw. zum Glück tun dies viele Spieler. Anders sind viele Spielzüge, die ich online beobachtet habe, nicht zu erklären.

Benutzen Sie ein Vier-Farben-Deck

Manchmal kann es passieren, dass man am Bildschirm nicht so genau hinsieht und sich vertut. Ich selbst habe öfter Pik und Kreuz verwechselt und so meine Flush-Chance falsch eingeschätzt. Stellen Sie daher Ihren Client auf ein Vier-Farben-Deck um, um dies zu vermeiden.

Nutzen Sie Bonusgeld

Nutzen Sie bei Ihrer ersten Einzahlung auf Ihren Account das Bonussystem der einzelnen Veranstalter maximal aus. Bitte informieren Sie sich genau über die möglichen Vergünstigungen, lassen Sie sich gegebenenfalls über einen Freund oder Bekannten werben und teilen Sie sich die Provision.

Online-Poker ist schwerer geworden

Leider komme ich an dieser Stelle nicht daran vorbei, Ihnen ein wenig die Illusion zu nehmen. Reichte es in der Anfangszeit des Online-Poker noch völlig aus, tight zu spielen und einige Grundregeln zu beachten, um dauerhaft zu den Gewinnern zu gehören, ist es mittlerweile viel schwerer geworden.
Die große Masse der Online-Spieler spielte bis ca. 2006 größtenteils ohne oder nur mit einem sehr vagen Strategie-Verständnis. In den letzten Jahren haben aber fast alle Spieler Zugang zu sehr ausgefeilten Strategien aus Pokerbüchern, Trainingsseiten und diversen Foren. Hinzu kommt der gestiegene Rake und die Tat-

sache, dass Online-Spieler viel schneller Erfahrung sammeln können, da im Internet mehr Hände pro Zeit gespielt werden als live.

HEADS-UP PLAY – DAS POKERDUELL

Eins sage ich Ihnen vorweg: *Heads-Up Play,* also Poker zu zweit, ist der reine Psychokrieg und kann sehr unangenehm sein. Es gibt auch viele Spieler, die es genießen, sich mit einer anderen Person zu messen. Oft hört man beim Pokerspielen den Satz: *»Lass uns mal treffen und um 500 € Heads-Up spielen, bis einer alles hat.«*

Für manche ist das Heads-Up-Spiel eine Art Westernduell, ein High-Noon. Es gibt keinen Weg, am Heads-Up Play vorbeizukommen, denn es ist am Ende eines jeden Turniers eine notwendige Durchgangsstufe zum Sieg. Befolgen Sie also die nachfolgenden Grundsätze, wenn Sie Turniere und den Psychokrieg gewinnen wollen.

Vorab sei noch mal erwähnt, dass beim Heads-Up-Spiel am Ende eines Turniers der Dealer den Small-Blind legt und der andere den Big-Blind. Der Dealer ist dann in der ersten Wettrunde zuerst dran und entscheidet, ob er den Big-Blind mitgeht, erhöht oder aufgibt. Ab der zweiten Wettrunde ist der andere zuerst dran.

Machen wir uns zunächst wichtige Besonderheiten beim Texas Hold'em zu zweit klar.

- Es kommt sehr oft zu Händen, in denen keiner der Spieler etwas hat. Diese Hände wird meistens derjenige gewinnen, der aggressiver ist. Man kann es sich beim Poker zu zweit einfach nicht erlauben, dazusitzen und auf gute Hände zu warten, weil der andere einen dann einfach überfährt. Man muss grundsätzlich aggressiv wetten und erhöhen, auch wenn man keine tolle Hand hat.

- Die Wertigkeit der Hände verändert sich, wenn nur zwei Spieler mitspielen. Einige Hände steigen in der Wertigkeit an, andere sinken. Bei Heads-Ups sind grundsätzlich alle Hände gut, die eine hohe Karte, zum Beispiel ein Ass oder einen König, enthalten, da diese ein hohes Paar bilden können oder einfach die High-Card sind. Beides ist in Heads-Up meist eine Gewinnerhand. Außerdem sind Paare auf der Hand sehr gut, weil der Gegner auch hier oft nichts entgegenzusetzen hat.
- Andere Karten, insbesondere Suited Connectors, wie zum Beispiel **67s**, sind schlechter, weil man sie erst noch durch das Board verbessern muss. Außerdem entfällt beim Heads-Up der Vorteil, dass man mehrere Spieler mit dem Flush oder der Straße am Ende der Hand ausnehmen kann, wenn sie einen auf dem Flop treffen.
- Heads-Up-Poker unterscheidet sich grundlegend vom Poker mit sechs Spielern oder mehr. Es geht nicht mehr so sehr um die Karten, es geht vielmehr darum, herauszufinden, was der andere Spieler haben könnte, und darum, seine Wettmuster genau zu analysieren. Dies ist natürlich zu zweit auch einfacher, weil Sie ja nur auf diese eine Person achten müssen. Bluffs spielen eine viel größere Rolle.

Merken Sie sich folgende Grundregeln im Heads-Up Play:

- Spielen Sie mehr Hände als normal. Weit mehr Hände. Gute Hände im Heads-Up-Poker sind solche, die sich nicht notwendigerweise durch den Flop verbessern müssen, zum Beispiel

Pocket-Pairs und Starthände mit hohen Karten. Ein Ass, ein König oder eine Dame reichen beim Heads-Up meist schon, um zu gewinnen. Sie sollten in der Regel weit mehr als 50 % der Starthände spielen.

- Spielen Sie aggressiv. Gehen Sie nicht nur mit. Mitgehen ist beim Heads-Up in der Regel der Tod. Wenn Ihre Hand gut genug zum Mitgehen ist, wetten Sie. Wenn der Gegner checkt, wetten Sie. Machen Sie Re-Raises und bluffen Sie, was das Zeug hält. Lehnen Sie sich so lange gegen Ihren Gegner, bis er umfällt und pleite ist. Im Heads-Up hat der zurückhaltende Spieler keine Chance. Spielen Sie loose-aggressiv. Passen Sie aber trotzdem auf. Seien Sie immer noch ein bisschen aggressiver als Ihr Gegenspieler und lernen Sie, die Schwäche des Gegenspielers zu erkennen und knallhart auszunutzen.
- Behalten Sie in jeder Situation die Nerven. Ziehen Sie die Sache durch, auch wenn Ihr Gegner Sie ständig nervt und anlabert. Schalten Sie auf Durchzug und denken Sie nur an das Geld. Gerade am Ende von anstrengenden Turnieren ist es oft schwer, im Heads-Up-Finale die Fassung zu bewahren. Der Gewinner hat meist einfach die besseren Nerven gehabt.

TURNIER – NUR DER STÄRKSTE ÜBERLEBT

Machen Sie sich von Anfang an klar, dass ein Pokerturnier, auch *Tournament* genannt, ein radikales Umdenken vom Spieler verlangt. Ein Turnier verläuft komplett anders als ein Cash-Game. Ich persönlich spiele lieber Turniere als Cash-Games, weil ich beim Turnier den Spannungsbogen liebe, der zum Ende entsteht. Die Spieler fliegen raus, und die Blinds werden kontinuierlich erhöht, sodass der Druck und die Spannung zum Ende hin ansteigen. Das macht mir einfach am meisten Spaß. Ein Abend mit einem Pokerturnier ist für mich wie ein anspruchsvolles Kräftemessen beim besten und spannendsten Gesellschaftsspiel der Welt.

Zudem hat man beim Turnier die Möglichkeit, mit einem geringen Einsatz viel Geld zu verdienen. Der Gewinner der WSOP im Jahr 2006 hat im Hauptevent, einem No-Limit Texas Hold'em-Turnier, 14 000 000 $ gewonnen. Das ist 1400-mal so viel wie sein Einsatz, der 10 000 $ betrug. Dies gilt vor allem, wenn man seinen Buy-In in einem anderen Turnier mit einem noch geringeren Buy-In, also einem sogenannten *Satellite,* gewonnen hat.

Pokerturnier vs. Cash-Game

Was ist also anders? Der wichtigste Unterschied ist, dass es beim Turnier ums Überleben geht. Beim Cash-Game habe ich genauso viel Geld gewonnen, wie ich Chips vor mir liegen habe, weil die Chips im Cash-Game echtem Geld entsprechen. Das Cash-Game ist für mich also erst vorbei, wenn ich kein Geld mehr zur Verfügung habe, das ich in Chips umtauschen kann.

Mit anderen Worten: Das Cash-Game ist erst vorbei, wenn mein Portemonnaie leer ist. Das Turnier ist vorbei, sobald ich rausgeflogen bin.

Bei einem Turnier ist spätestens nach dem Re-Buy oder dem *Add-On* Schluss, sofern das Turnier überhaupt mit Re-Buy oder Add-On gespielt wird. Die Chips in einem Turnier werden gerade am Ende sehr wertvoll, da sie das eigene Überleben sichern. Wenn ich draußen bin, ist es vorbei, und ich kann nach Hause fahren und Fernsehen gucken.

Ein anderer wichtiger Unterschied ist auch, dass es bei einem

Turnier viel mehr auf die Größe der Stacks ankommt, die die einzelnen Spieler noch vor sich haben. Die Spieler verhalten sich anders, abhängig von der Größe ihrer Stacks. Ich muss dies unbedingt in meine Überlegungen einbeziehen. Bitte beachten Sie in einem Turnier unbedingt die folgenden Grundsätze, sonst haben Sie keine Chance:

- Machen Sie sich klar, dass Sie spätestens nach dem Add-On Ihre Chips nicht mehr verlieren dürfen. Selbst wenn Sie die ganze Zeit mehr oder weniger geschlafen haben, müssen Sie aufwachen, wenn das Add-On und das Re-Buy vorbei sind. Sie müssen sich dann zusammenreißen, egal, wie lange Sie schon spielen.
- Seien Sie vor allem bei No-Limit-Turnieren auf der Hut, da ein Fehler das sofortige Aus für Sie bedeuten kann. Spielen Sie daher gerade zu Beginn von No-Limit-Turnieren ohne Re-Buy sehr vorsichtig. Ich selbst halte nichts von der Einstellung, sich in den ersten Runden entweder zu verdoppeln oder rauszufliegen. Mit dieser Einstellung kommen Sie nicht weit, weil man es meistens nicht schafft, diese *Was-soll's-Einstellung* rechtzeitig abzulegen.
- Seien Sie zu Beginn des Turniers sehr vorsichtig und spielen Sie nur gute Hände. Die Blinds sind am Anfang noch niedrig im Vergleich zu Ihrem Stack, sodass Sie ruhig ein paar Runden verweilen können. Denken Sie daran: Jede in einem Turnier überlebte Minute bringt Sie dem Sieg näher. Freuen Sie sich über schlechte Hände, weil Sie dank ihnen eine fehlerfreie Entscheidung treffen können und sie Sie nicht viel kosten, außer im Einzelfall die Blind. Ich selbst habe in No-Limit Texas Hold'em-Turnieren ohne Re-Buy erlebt, dass vier von zehn Spielern in der ersten Hand gleichzeitig All-In gegangen sind. Was für ein Wahnsinn. Das Buy-In betrug 50 €! Es waren

Hände wie J8 offsuit dabei. Hierzu braucht man wohl nichts mehr zu sagen, oder?

- Behalten Sie stets die aktuelle Höhe der Blinds im Verhältnis zu Ihrem Stack im Auge. Wenn Sie im Vergleich zu den Blinds wenig Chips haben, so sollte etwas passieren. Sind die Blinds noch relativ niedrig, dann haben Sie »Luft« und können freier spielen.
- Gegen Ende des Turniers können Sie es sich wegen der ständig ansteigenden Blinds nicht mehr erlauben, nur dazusitzen und auf gute Hände zu warten. Die steigenden Blinds werden Sie auffressen und die anderen Spieler mit größeren Stacks warten wie die Geier darauf, dass Sie endlich sterben. Dann gilt es zu spielen und auch etwas zu riskieren, ehe Sie unweigerlich außerhalb oder in der Bubble verenden. Tun Sie alles, um länger zu überleben. Manchmal muss man in einem Pokerturnier bereit sein zu sterben, um leben zu können. Man muss sehen, dass man den kleinen Stack irgendwie verdoppelt, verdreifacht oder vervierfacht, sonst hat man keine Chance. Hierbei können Sie umgekehrte Psychologie benutzen, sogenannte *Reverse Psychology*. Der Gegner wird annehmen, dass Sie wegen Ihres kleinen Stacks höchstwahrscheinlich nicht mehr viel riskieren werden und nur spielen, wenn Sie auch eine entsprechend gute Hand haben. Das ist eine ideale Voraussetzung für einen Bluff.
- Variieren Sie Ihr Spiel je nach Größe Ihres Stacks und nach dem der anderen. Natürlich spielt es sich umso leichter und angenehmer, wenn man einen großen Stack hat. Benutzen Sie den großen Stack als Waffe gegen die kleinen Stacks. Bedenken Sie, dass die kleinen Stacks im Zweifel eher nicht mitgehen, weil sie Angst davor haben rauszufliegen. Eine Wette, die der Größe des Stacks eines Spielers entspricht, stellt diesen vor eine existenzielle Entscheidung. Es geht dann für den

Spieler um Leben oder Tod. Nutzen Sie dieses Druckmittel aus, passen Sie dabei aber auf, dass Ihr Stack dabei nicht verschwindet.

- Wichtig ist bei einem Turnier vor allem auch die Einstellung. Behalten Sie immer den Willen zum Sieg. Sehen Sie es als völlige Selbstverständlichkeit an, dass Sie gewinnen werden, und Sie werden gewinnen, weil Sie sich wie ein Gewinner verhalten. Der größte Feind eines Spielers ist die Lustlosigkeit. Halten Sie bitte durch. Ich habe es so oft erlebt, dass die Spieler die ersten Stunden, als sogar noch ein Re-Buy möglich war, mit voller Aufmerksamkeit gespielt haben. Als zum Ende hin die Blinds extrem hoch waren und auch kein Re-Buy mehr möglich war, haben diese Spieler dann lustlos und schlecht gespielt. Bitte sparen Sie sich für das Ende noch Energie auf. Gerade das Heads-Up-Psychoduell am Ende eines Turniers hat es in sich. Geben Sie sich bloß nicht mit dem zweiten Platz zufrieden. Sonst werden Sie niemals ein Bracelet gewinnen. Denken Sie sich vor allem, wenn der Gegner Anzeichen von Nervosität zeigt, dass Sie, wenn nötig, auch noch bis morgens sitzen bleiben werden, um zu gewinnen. Der andere, der das Turnier dann beenden will, ist im Nachteil, weil er versucht, das Ende herbeizuzwingen, während Sie einfach dasitzen und Ihr bestes Spiel machen.

Einige Worte zum Schluss zu Turnieren in einer Home-Runde: Einigen Sie sich vorher auf die Regeln. Vor allem Gewinnverteilung, Blinderhöhungen und die Existenz von Add-On und Re-Buys müssen unbedingt vorher abgeklärt werden, um Riesenärger zu vermeiden.

CASH-GAME – DIE KLASSISCHE FORM DES POKERS

Cash-Game ist die traditionelle Form des Pokers, wie man sie aus alten Western kennt. Die Chips entsprechen echtem Geld, und man kann sich jederzeit einkaufen oder das Spiel verlassen. Man kann zum Bankautomaten gehen, mehr Geld holen, weiterspielen, wieder alles verlieren, wieder zum Bankautomaten fahren usw. Nach meiner Einschätzung gibt es zwei Hauptunterschiede zwischen Turnier und Cash-Game:

- Der erste ist der emotionale Unterschied. Im Turnier setzt man einen »Zahnstocher« ein und versucht, einen »Baumstamm« zu gewinnen. Man läuft eigentlich keine Gefahr, sehr viel Geld zu verlieren, bzw. man weiß, was man einsetzt und wie viel man maximal verlieren kann. Im Cash-Game ist der emotionale Stress größer. Man weiß nicht genau, was der Abend bringt, und man braucht auf jeden Fall besseres Money- bzw. Bankroll-Management. Im schlimmsten Fall riskiert man im Cash-Game den »Baumstamm«, um dem »Zahnstocher« hinterherzujagen. Die psychologischen Mechanismen wirken anders: Wenn man im Turnier auf Tilt ist und schlecht spielt, kann einem das nur begrenzt schaden. Im Cash-Game kann es einen zerstören! Man kann seine gesamte Bankroll an einem Abend verlieren. Wenn Sie sich hier entsprechend gefährdet sehen, so sollten Sie eher Turniere spielen.
- Der zweite Hauptunterschied ist die strategische Grundeinstellung. Beim Turnier geht es darum, einen der Top-Plätze zu belegen. Es ist also ein Spiel, das auf ein Chip-Monopol eines Spielers hinausläuft. Das Ziel ist eine möglichst gute Platzie-

rung, und um diese zu erreichen, ist es angebracht, hier und da Risiken einzugehen, auch gelegentlich zu zocken usw. Das Turnier spitzt sich bis zur Klimax zu. Es ist nötig, seine Strategie anzupassen. Das Cash-Game dagegen ist *everlasting,* also ewig. Es gibt keine Klimax und kein Monopoldenken usw. Das Cash-Game findet immer im Hier und Jetzt statt, und es gibt wenig Planung für kommende Runden. Zwar kann sich auch im Cash-Game die Strategie ändern, das ist aber immer von den Gegnern abhängig und nicht von irgendeiner Phase wie beim Turnier. Unterschiedliche Phasen gibt es in einem Cash-Game grundsätzlich nicht.

Auch das Gewinnen stellt sich beim Cash-Game etwas anders dar als beim Turnier. Bei Turnieren gewinnen durchschnittlich die ersten 10–20 % der Teilnehmer Geld. Das bedeutet, dass 90 % der Spieler als Verlierer aus dem Turnier gehen. Im Cash-Game kann jede Hand ein Gewinn sein. Es kann ein Gewinn sein, einen Gegner zu besiegen, indem man ihm alle Chips abnimmt. Man kann dann theoretisch aufstehen, seinen Cash-Out machen und als Gewinner nach Hause fahren, auch wenn man sich dadurch nicht gerade beliebt macht. Wenn Sie als Spieler in einem Turnier von einem anderen All-In gesetzt wurden, geht es um Ihr Ausscheiden im Turnier, also um Leben oder Tod. Bei einem Cash-Game ist das anders. Man kann nach der Hand einfach neue Chips tauschen und weiterspielen. Insofern kann man sagen, dass im Cash-Game eher mitgegangen wird, während die Spieler bei einem Turnier lieber vorsichtiger sind und ihre Hand, aus Angst vor dem Ausscheiden, tendenziell eher wegwerfen.

CASINO – VORSICHT RAKE!

Wie unterscheidet sich Poker im Casino von Poker in einer Home-Runde oder im Internet? Zunächst muss man sich hier in Deutschland meistens fein anziehen. Ein Schlips ist oft Pflicht, und wenn man keinen trägt, muss man sich einen beim Casino leihen. Ich persönlich verstehe nicht, dass einer mit einem 400-€-Hemd ohne Schlips nicht zugelassen wird, während ein anderer mit einem Anzug und einer Krawatte von der Heilsarmee spielen darf. In den USA ist man mit der Kleiderordnung weit weniger streng, was auch Sinn macht, schließlich will man die Spieler nicht vergraulen.

Wenn Sie in Deutschland ins Casino gehen, müssen Sie damit rechnen, mit relativ hohen Beträgen zu spielen. Zumeist müssen Sie mindestens für 250 € Chips tauschen, um überhaupt spielen zu können. Oft liegt der Mindestumtauschbetrag noch höher, zum Beispiel bei 500 €. Seien Sie also finanziell entsprechend ausgestattet, wenn Sie ins Casino gehen, und informieren Sie sich vorher genau über die Limits, die gespielt werden. Sie müssen selbst entscheiden, ob Sie sich in diesen Limits wohlfühlen. Sie müssen sich klarmachen, dass die Spieler in deutschen Casinos oft sehr gut betucht sind, da ein Casinobesuch in Deutschland, anders als in den USA, immer noch ein Event für Reiche und Besserverdienende ist.

Gerade wenn Sie mit hohen Limits nicht vertraut sind, wird es Sie möglicherweise abschrecken und Sie in Ihrem Spiel negativ beeinflussen, wenn Sie erleben, wie selbstverständlich hier mit hohen Geldsummen umgegangen wird. Machen Sie sich diese Dinge klar, bevor Sie in Deutschland in ein Casino gehen, und Sie werden keine böse Überraschung erleben.

Vor allem informieren Sie sich vorher über den Betrag, den das

Casino am Poker verdient, den sogenannten *Rake*. Meist wird ein Rake in Höhe von 10 % für das Casino aus jedem Pot genommen. Der Rake sollte auf jeden Fall in der Höhe begrenzt sein. Bei einem Turnier sollte der Rake höchstens 10 % des Buy-In betragen. Bitte machen Sie sich die Konsequenz eines Rakes in Höhe von 10 % klar. Das Casino ist wie ein zusätzlicher Spieler am Tisch, der automatisch 10 % von jedem Pot gewinnt. Schlimmer noch: Dieser Spieler kann nicht verlieren. Wenn der Rake 10 % beträgt und nach oben hin auf 3 € begrenzt ist, können bei einem 2-€/4-€-Limit-Game in der Stunde über 50 € an Rake an das Casino gehen. Dies müssen Sie natürlich beachten, wenn Sie sich überlegen, wie viel Sie an einem Casinotisch in der Stunde verdienen können. Mit anderen Worten: Sie müssen noch besser spielen als normalerweise, da Sie zunächst einmal den Rake einspielen müssen, um Plus zu machen. Je weniger Spieler beteiligt sind, desto brutaler wird der Rake, weil anteilsmäßig von jedem Spieler mehr Geld genommen wird als bei vielen Spielern. Insofern sollte das Casino in jedem Fall über eine Abstufung des Rakes je nach Anzahl der Spieler verfügen.

Zusätzlich ist es in den meisten Casinos üblich, dem Dealer bei einem gewonnenen Pot ein Trinkgeld zu geben. Da diese Tradition oft so praktiziert wird, dass man keine andere Wahl hat, als nach einem Pot Trinkgeld zu geben, können Sie das Trinkgeld getrost zum Rake hinzuaddieren. Wenn Sie also bei jedem gewonnenen Pot dem Dealer noch ein Paar Euro Trinkgeld geben müssen, liegen Sie schnell bei einem faktischen Rake in Höhe von 12–13 %.

Ich persönlich würde kein Poker im Casino spielen, wenn der Rake 10 % oder mehr beträgt und nach oben nicht begrenzt ist. Es sollte auch eine Abstufung je nach Anzahl der Spieler vorhanden sein. Wenn diese aber erst ab vier Spielern und weniger greift, so sind die Spiele mit fünf oder sechs Spielern natürlich die unprofitabelsten. Im Online-Poker beträgt der Rake durchschnittlich nur 5 % pro Pot. Klar, die Online-Poker-Rooms brauchen keine Dealer zu bezahlen und müssen auch kein schickes Schloss mieten. Wenn Sie also in Deutschland ins Casino gehen, nehmen Sie ausreichend Geld mit und informieren Sie sich vorher über den Rake.

HOME-GAME – VORSICHT HAUSREGELN!

Ein Spiel in einer privaten Runde kann ein vergnüglicher Abend sein und allen Spaß machen. Es kann aber auch ganz anders laufen. Es kann Streit geben, und dann ist im Zweifel keine *Floorperson* da, die schlichtet. Damit ein Home-Game in geordneten Bahnen verläuft, beachten Sie bitte Folgendes:

- Zunächst ist es wichtig, dass die Regeln und das Spiel, das gespielt wird, vorher abgeklärt werden. Wenn Sie also Ihre Freunde oder Bekannten zu einem Pokerabend einladen, dann sagen Sie nicht einfach: »Nächsten Samstag spielen wir Poker bei mir«, sondern sagen Sie auch, was gespielt wird. Sagen Sie: »Nächsten Samstag spielen wir bei mir ein No-Limit Texas Hold'em-Turnier mit 10 € Buy-In.« Dann wissen alle über das Spiel, das sie erwartet, Bescheid, und man kann sich auch ungefähr vorstellen, was der Abend einen im schlimmsten Fall kosten wird. Das Gleiche gilt für die Regeln.
- Klären Sie bitte die Regeln ab, bevor Sie mit dem Spiel beginnen. Dazu gehören Banalitäten wie zum Beispiel, dass der Dealer immer eine Karte verbrennen muss, bevor er eine

Gemeinschaftskarte legt, aber auch, ob ein Turnier mit Re-Buy oder Add-On gespielt wird und wie die Gewinnverteilung ist.

- Seien Sie auch vorsichtig, wenn es um hohe Summen geht. Wie gesagt, es gibt in Privaträumen keinen professionellen Dealer und keine *Floorperson,* die den korrekten Ablauf der Spiele überwachen. Vor allem, wenn viel Alkohol im Spiel ist, kann es dann schon mal sehr laut werden. Spielen Sie daher so, dass Sie sich noch wohlfühlen können, und bedenken Sie, dass Low-Stakes, also kleine Einsätze, auch weniger Stress und mehr Entspannung bedeuten.
- Bitte respektieren Sie auch den Gastgeber. Bringen Sie Getränke oder Snacks mit und vergessen Sie über dem Pokerspiel nicht, dass man immer noch Gast in einem fremden Haus ist. Dazu gehört auch, dass man gehen muss, wenn der Gastgeber entsprechende Andeutungen macht. Klar, aus einer weiteren Runde werden oft auch noch zwei weitere Stunden, und man spielt bis zum Morgengrauen. Wenn der Gastgeber aber Familie hat und den Abend beenden will, dann vergessen Sie bitte nicht Ihre gute Erziehung.
- Man kann Home-Games mittlerweile auch gut im Internet finden. Es gibt Seiten, die sich darauf spezialisiert haben, Spieler zusammenzuführen, die ein Home-Game veranstalten oder daran teilnehmen wollen. Sie können sich natürlich auch die Adressen oder Internetadressen von potenziellen Spielern, die Sie treffen, aufschreiben und diese dann kontaktieren.

9. TEIL

KOMPONENTEN EINER HAND – ZWISCHENERGEBNISSE UND ZUSAMMENFASSUNG

Zur Wiederholung: Was ist eine Hand?

Eine Hand sind nicht nur die Karten, die man auf der Hand hat. Für einen guten Pokerspieler ist die Hand eine Spielsituation, die von vielen Faktoren bestimmt wird. Diese Faktoren habe ich zwar alle bereits besprochen, trotzdem kann es nicht schaden, sie an dieser Stelle noch einmal zu wiederholen. Nur wenn Sie die jeweilige Spielsituation im Licht dieser Faktoren sehen, können Sie gute Plays machen.

1. Die Anzahl der Spieler

Die Anzahl der Mitspieler ist ein wichtiger Faktor in einem Texas Hold'em-Spiel. Je weniger Spieler am Tisch sitzen, desto mehr ist Ihre Hand wert, weil die Wahrscheinlichkeit, dass jemand ein besseres Blatt hat, bei weniger Spielern geringer ist. Je mehr Spieler am Tisch sitzen, desto weniger Hände sollten Sie spielen. Gerade am Ende eines Turniers, wenn nur noch drei oder vier Spieler übrig sind, muss man mehr Hände als gewöhnlich spielen.

2. Die Position

Ihre Hand wird maßgeblich von Ihrer Position bestimmt. Je mehr Spieler nach Ihnen an der Reihe sind, desto weniger sind Ihre Karten wert, da Sie eine schlechte Position haben. Das Problem ist, dass ich die Wettrunde nicht abschließen kann, wenn noch ein oder mehrere Spieler nach mir an der Reihe sind. Ob ich nur mitgehe, wette oder erhöhe, nach mir kann immer noch mal erhöht werden.

Man muss darauf achten, wo die aggressiven und wo die passiven Spieler in Relation zu einem sitzen. Man will natürlich, dass die aggressiven Spieler rechts von einem sitzen und vor einem an der

Reihe sind. Umgekehrt ist es gut, sehr konservative Spieler, also Spieler, die als tight-passive zu qualifizieren sind, links von sich sitzen zu haben.

Es ist gut zu wissen, was die aggressiven Spieler gemacht haben, wenn man dran ist. Wenn man dann zusätzlich noch konservative Spieler hinter sich hat, sind die Chancen, den einen oder anderen Pot zu stehlen, natürlich hoch.

3. Was ist bisher passiert?

Der Wert ihrer Karten hängt entscheidend davon ab, wie das Wettverhalten der anderen Spieler war, die vor Ihnen an der Reihe waren. Gerade Pre-Flop spielt dieser Faktor eine große Rolle. Wenn ich im Texas Hold'em in Late-Position AJ auf der Hand habe und vor mir alle Spieler aufgegeben haben, so ist AJ eine spielbare Hand. Habe ich aber vor mir eine Erhöhung und eine nochmalige Erhöhung plus zwei Calls, sinken meine Karten beträchtlich im Wert, weil höchstwahrscheinlich bessere Starthände unterwegs sind.

4. Odds und Pot-Odds

Wie hoch ist die Chance, dass bestimmte Karten, die ich benötige, um zu gewinnen, noch kommen? Wie viel Geld ist im Pot und wie viel muss ich einsetzen, um an das Geld zu kommen?

Das sind im Poker die entscheidenden Fragen. Vereinfacht gesagt, gilt: Die Chance, meine Hand noch zu machen und am Ende zu gewinnen, also die Odds, sollten auf jeden Fall höher als die Pot-Odds sein. Gute Pot-Odds sind immer dann gegeben, wenn ich wenig zahlen muss, um einen relativ großen Pot gewinnen zu können. Schlechte Pot-Odds sind gegeben, wenn ich viel zahlen muss, um einen relativ kleinen Pot gewinnen zu können.

Mit der Zeit werden Sie aber ohne viel Rechnerei die Wahrscheinlichkeiten für bestimmte Standardsituationen beherr-

schen, z. B. dass ein Flush-Draw auf dem Flop mit 35-prozentiger Wahrscheinlichkeit bis zum River ankommt.
Wenn an dieser Stelle noch Unklarheiten bestehen, lesen Sie das Kapitel *Die Wahrscheinlichkeitsrechnung oder die Kunst, das Glück zu überlisten* noch mal durch.

5. Wer sind meine Gegner?

Eine ganz entscheidende Frage. Ich muss wissen, ob sie eher loose oder tight, passiv oder aggressiv sind. Ich muss den Tisch als Ganzes einschätzen können, auch wenn ich die einzelnen Spieler nicht kenne. Hier gibt es Indikatoren: Wenn immer sehr viele Spieler in den Händen dabei sind, handelt es sich um einen Tisch, der loose ist. Wenn oft fast alle Spieler aufgeben und man selten einen Flop oder einen Showdown sieht, dann hat man es mit einem Tisch zu tun, der sehr tight ist.
Generell kann man sagen, dass man immer einen gegensätzlichen Spielstil wählen sollte als der Tisch. Wenn der Tisch sehr tight ist, so sollte man selbst eher loose spielen und so den einen oder anderen Pot stehlen. Wenn der Tisch sehr loose ist, sollte man selbst eher gute Hände spielen. Man wird dann im Showdown meistens viele Chips gewinnen.
Passiven Spielern begegnet man am ehesten mit moderater Aggression. Man kann sie herumschubsen und sie leicht durch ständiges Wetten in die Defensive drängen. Bei vielen aggressiven Spielern am Tisch sollte man eher vorsichtig sein, da Erhöhungen und Wetten hier oft nochmals Erhöhungen nach sich ziehen. Warten Sie im Zweifel lieber auf eine richtig gute Hand und ziehen Sie diese bis zum Ende durch.

6. Die Karten

Natürlich spielen auch die Karten, also die Karten in Ihrer Hand und die Gemeinschaftskarten, eine Rolle. Ich nenne sie aber bewusst zu guter Letzt, um Ihnen klarzumachen, dass die anderen Faktoren manchmal wichtiger sein können als Ihre Karten. Wenn zum Beispiel der Button, also der Dealer, in der ersten Wettrunde erhöht, nachdem alle anderen aufgegeben haben, und so die Blinds zum Aufgeben bringt, so waren seine Karten mit Sicherheit oft nicht das ausschlaggebende Moment. Sein Play hat eher funktioniert, weil er eine gute Position hatte und das Wettverhalten der anderen Spieler nach einer Erhöhung geradezu »geschrien« hat. In einem Turnier müssen Sie zusätzlich noch die folgenden Dinge zur Einschätzung Ihrer Hand beachten:

7. In welcher Turnierphase befinde ich mich?

Gerade zu Anfang eines Turniers, wo es noch nicht so ernst ist und noch Re-Buys und Add-Ons gemacht werden können, spielen viele Spieler sehr loose und zocken auch mal. Wenn es dann auf das Ende zugeht, werden sie sehr tight, weil sie Angst haben rauszufliegen. Passen Sie Ihr Spiel daran an. Spielen Sie am Anfang eines Turniers eher tight und zum Ende hin eher loose.

8. Wie viele Chips habe ich in Bezug auf den derzeitigen Blind-Level?

Sind die Blinds in einem Turnier im Vergleich zu Ihrem Stack noch relativ gering, so haben Sie keine Eile. Sie können sich zurücklehnen und in Ruhe abwarten, bis Sie ein Play machen. Wenn die Blinds jedoch im Vergleich zu Ihrem Stack schon sehr hoch sind, so müssen Sie handeln. Sonst werden Sie von den hohen Blinds *aufgefressen*. Hier ist Aggression angesagt. Sie müssen natürlich auch auf die Stacks der anderen Spieler achten, um zu sehen, ob ihnen ihre Stackgröße eine bestimmte Spielweise geradezu aufzwingt.

9. Wie viele Chips habe ich in Bezug auf die Stacks der anderen Spieler?

Wenn ich in einem No-Limit-Turnier mehr Chips als ein anderer Spieler habe, so bedeutet das nicht mehr und nicht weniger, als dass ich die Macht habe, diesen Spieler in einer Hand zu eliminieren. Je größer mein Stack im Vergleich zu den anderen ist, desto eher kann ich den übrigen Spielern meine Spielweise aufzwingen. Umgekehrt können andere Spieler mich eher herumschubsen, wenn ich einen kleinen Stack habe. Mit einem kleinen Stack sind meine Handlungsmöglichkeiten stark eingeschränkt. Ich kann nicht mehr gut bluffen oder die Blinds stehlen. Ich muss meine Chips mit guten Karten und ein bisschen Glück verdoppeln oder verdreifachen. Das ist meine einzige Chance.

10. TEIL

POKER-MERKSÄTZE

Ich habe für Sie einige kurze Merksätze zum Texas Hold'em Poker aufgestellt. Diese sollten Sie stets im Kopf haben, wenn Sie sich an den Tisch setzen.

Tight is right. Tight zu spielen ist gut, vor allem für Anfänger.

♠

Spielen Sie eher tight in Early- und eher loose in Late-Position.

♠

Je weniger Mitspieler am Tisch sitzen,
desto mehr ist Ihre Hand wert.

♠

Man braucht zum Mitgehen eine bessere Hand als zum Erhöhen.

♠

Aufgeben ist im Poker ein sehr starker Spielzug.

♠

Texas Hold'em Poker belohnt aggressives Spiel.

♠

Je höher eine Wette oder Erhöhung, desto schlechter
sind die Pot-Odds für den anderen.

♠

Lernen Sie Ihren Gegner kennen und sammeln Sie
so viel Information wie möglich. Information ist Stärke.

Seien Sie unberechenbar. Spielen Sie nicht nur nach System und legen Sie öfter mal einen anderen Gang ein.

♠

Geld, das man nicht verliert, ist genauso gut wie Geld, das man gewinnt.

♠

Auf dem Flop sind in der Regel nur Open-End-Straight-Draws und Flush-Draws für sich allein spielbar. Jagen Sie den anderen Draws nicht hinterher, wenn es etwas kostet.

♠

Geben Sie Ihren Gegnern nur Free-Cards, wenn Sie sich sicher sind, dass diese ihre Hand nicht entscheidend verbessern können.

♠

Wählen Sie Tische mit schlechteren Gegnern. So gewinnen Sie Geld.

♠

Lassen Sie Ihr Ego aus dem Spiel.

11. TEIL

DIE HÄUFIGSTEN FEHLER IM TEXAS HOLD'EM

Hier ist eine Hitliste der häufigsten Fehler beim Texas Hold'em Poker. Es sind immer dieselben Fehler, die gemacht werden. Stopfen Sie die Löcher im Rumpf Ihres Pokerschiffs, und Sie werden gewinnen.

Es werden zu viele Starthände gespielt

Viele Anfänger sind viel zu oft mit dabei. Generell sollte man an vollen Tischen nur etwa 20–30 % der Starthände überhaupt spielen, um unprofitable Wettrunden im weiteren Verlauf des Spiels zu vermeiden.

Es wird unprofitablen Draws hinterhergejagt

Viele Spieler beachten die Wahrscheinlichkeiten einfach nicht und setzen zu viel Geld auf Draws, die völlig aussichtslos sind. Sie bekommen nicht mit, dass sie längst geschlagen sind, und hoffen immer noch, ihren Drilling oder ihre Straße, bei der aber leider noch zwei Karten fehlen, zu bekommen.

Im Poker ist es sehr wichtig zu wissen, wann man eine Hand loslassen muss. Schon Kenny Rogers sang: »*You got to know when to hold 'em, know when to fold 'em. Know when to walk away and know when to run.*«

Lassen Sie sich nicht in große Pots hineinziehen, weil Sie denken: Jetzt habe ich schon so viel bezahlt, jetzt kann ich auch mitgehen und es mir anschauen. Falsch. Wenn Sie denken, Sie können nicht mehr gewinnen, sei es regulär oder durch einen Bluff, sollten Sie aufhören und Geld sparen.

Die eigene Hand wird überschätzt

Viele Spieler überschätzen ihre Hand maßlos. Gerade Anfänger denken, wenn sie viel *Paint,* also viele Bildkarten, haben, sie seien

gut. Dass die Karten eigentlich keinen Wert haben, interessiert sie nicht. Oft sind noch Automatismen von Skat, Rommé oder diversen Würfelspielen vorhanden.
Wie gesagt: Es gibt beim Poker keine Straße mit vier Karten und auch keinen Vier-Karten-Flush. Beim Poker ist Kreuz auch nicht die höchste Farbe. Aberglaube ist ebenfalls völlig fehl am Platz. Man muss nicht nach jeder verlorenen Hand seine Socken wechseln. Man muss einfach nur gut spielen.

Zu aggressiv bei vielen Spielern und im Limit-Spiel

Oft erlebe ich, dass Anfänger bei einem Spiel mit acht oder mehr Spielern zu aggressiv auftreten. Sie versuchen insbesondere vor dem Flop zu bluffen und wetten zu hoch. Sie machen sich nicht klar, dass bei einem großen Spielerfeld oft jemand eine gute Hand hat und Bluffs und hohe Wetten viel Geld kosten können. Spielen Sie bei einer großen Anzahl von Spielern wirklich nur die guten Starthände aus guter Position.

Zu niedrige Wetten

Viele Spieler wetten einfach zu niedrig. Sie erlauben ihren Gegnern dadurch, sehr billig weitere Karten zu sehen und ihre Draws zu machen. Man kann einfach nicht 1 € wetten, wenn schon über 20 € im Pot sind. Wenn man eine gute Hand hat, kommt damit einfach zu wenig Geld in den Pot. Wenn man keine so tolle Hand hat, wird man mit einer niedrigen Wette auch leider niemanden zum Aufgeben bringen.

Zu hohe Wetten

Andererseits darf man auch nicht zu hoch wetten. Wenn ich bei einem No-Limit-Spiel ständig All-In gehe, um die Blinds zu gewinnen, riskiere ich jedes Mal all meine Chips nur für die Blinds. Wenn ich ein Superblatt habe und direkt zu hoch wette, gehen alle raus, und ich habe nichts mehr von meiner Bombenhand. Das hätte man auch mit 72-offsuit machen können. Durch eine zu hohe Wette verwandele ich eine gute Hand in eine schlechte Hand.

Zu lesbar

Gerade als Anfänger sind Spieler leicht zu durchschauen. Sie wetten genau der Wertigkeit ihres Blattes entsprechend, und erfahrene Spieler lesen in ihnen wie in einem offenen Buch. Variieren Sie Ihr Spiel von Anfang an und geben Sie möglichst wenige Informationen preis.

Sonst ergeht es Ihnen wie einem Freund von mir, als er das erste Mal im Casino war. Er saß eine halbe Stunde lang ängstlich da und hat seine Blätter weggeschmissen. Als er dann ein Full-House auf dem Flop getroffen hat, war er so aufgeregt, dass er gewettet hat, obwohl er nicht an der Reihe war. Alle erfahrenen Spieler sind natürlich sofort ausgestiegen.

Kein Fancy-Play

Gerade gegen Anfänger sollte man es nicht zu kompliziert machen. Wenn ich zum Beispiel weiß, ein Spieler ist schlecht, weil er eine sogenannte Calling-Station ist, so versuche ich nicht, irgendwelche subtilen Manöver gegen ihn zu fahren, sondern ich muss es einfach halten.

Die Calling-Station lässt sich nur schwer bluffen, und er versteht die komplizierten Überlegungen hinter bestimmten Wetthöhen natürlich nicht. Ich werde ihm also im Showdown eine gute Hand zeigen, dann wird er sehen, was er davon hat, mit jedem Mistblatt mitzugehen.

Spielen Sie die schlechten Spieler einfach unkompliziert aus. Gegen gute Spieler müssen Sie intelligente Manöver einsetzen.

Zu passiv

Viele Spieler verkennen, dass Texas Hold'em Aggression belohnt. Derjenige, der wettet, ist üblicherweise im Vorteil, weil man zum Mitgehen eine bessere Hand braucht als zum Wetten. Gerade beim Heads-Up oder mit wenigen Spielern ist Aggression gefragt. Wenn man zu passiv spielt, verliert man häufig die Kontrolle über den Tisch, wenn man sie überhaupt je hatte. Andere Spieler überfahren einen regelrecht, und ehe man sich's versieht, ist man all seine Chips los.

Doyle Brunson brachte es in seinem Klassiker *Super System* aus dem Jahr 1978 auf den Punkt: *»If you want to be a big winner at No Limit Hold'em you can't play a solid, safe game. You must get in there and gamble.« (»Wenn man im No-Limit Hold'em abräumen will, darf man nicht konservativ spielen. Man muss sich etwas trauen und riskieren.«)*

Scared Money

Spielen Sie bitte nicht in einem Limit, das nicht Ihrer Bankroll oder Ihren finanziellen Möglichkeiten entspricht. Sie sind im Nachteil. Sie werden pokerfremde Erwägungen anstellen und haben einfach nicht die Sicherheit, die ein Spieler hat, der über ein dickes Geldpolster verfügt.

Spielen Sie am Anfang konsequent in einem niedrigen Limit. Erst wenn man dieses Limit *geschlagen* hat, wenn man also regelmäßig in dem Limit gewinnt, sollte man daran denken, in ein höheres Limit zu wechseln.

Position wird nicht beachtet

Im Hold'em Poker ist Position alles. Als Anfänger macht man sich das Konzept oft nicht so ganz klar. Viele Anfänger ignorieren, dass der Wert der eigenen Hand entscheidend von der Position abhängig ist.

Technische Fehler

Technische Fehler sind nicht nur peinlich, sondern auch teuer. Bitte lernen Sie die Regeln korrekt. Wenn man denkt, eine Straße sei besser als ein Flush oder zwei Paar seien besser als ein Drilling, hat man am Pokertisch schlechte Chancen. Wenn man zuerst die Rangreihenfolge der Hände auf einem Zettel nachschauen muss, wenn man ein Full-House bekommt, ist das nicht gut. Erfahrene Pokerspieler lauern nur auf derartige Tells. Hierzu gehört auch, dass man erkennen muss, wenn das eigene Bottom-Pair durch die Gemeinschaftskarten overcoated ist.

Zu emotionales Spiel

Viele Pokerspieler lassen ihr Ego spielen und nicht ihren Verstand. Poker bestraft aber ein zu emotionales Spiel. Bitte sagen Sie sich nicht: »So, jetzt zeige ich es ihm/ihr aber.«
Gerade Männer verfallen beim Poker oft in Machorituale, die völlig fehl am Platz sind. Wenn ich die Karten nicht bekomme, kann ich in der Regel auch nicht spielen. Poker belohnt Geduld und Zielstrebigkeit und bestraft emotionales Spielen.

Unnötig rausgehen, wenn drinbleiben nichts kostet

Zu Beginn macht man die Leute noch darauf aufmerksam, irgendwann dann nicht mehr. Wer beim Poker nicht kapiert, dass es keinen Sinn macht, rauszugehen, wenn man umsonst drinbleiben kann, der ist *lost in space* und wird bei dem Spiel auch zukünftig nichts reißen. Prominentester Anwender dieser Untugend ist übrigens Stefan Raab, dem es selbst nach der 10. Austragung der TV Total Pokernacht auf Pro 7 noch passiert ist.

Immer wieder fragen, ob man dran ist

Der Alleinunterhalter am Tisch fragt ständig, ob er dran ist und was er machen kann. Im Poker ist es essenziell wichtig, das

Geschehen am Tisch genau zu verfolgen. Dass man dabei auch mitbekommt, wer an der Reihe ist, sollte selbstverständlich sein. Outen Sie sich direkt als Anfänger, werden Sie blitzschnell zur Zielscheibe der guten Spieler.

12. TEIL

POKER-QUIZ – TESTEN SIE IHR POKERWISSEN

POKER-QUIZ

Die Regeln

1. Wie viele Wettrunden gibt es beim Texas Hold'em Poker?

A 5

B 4

C 2

D 7

2. Ein Texas Hold'em-Spiel. Der Spieler nach dem Big-Blind hat erhöht. Was kann der nächste Spieler tun?

A Checken oder erhöhen.

B Aufgeben oder erhöhen.

C Mitgehen, checken oder aufgeben.

D Aufgeben, mitgehen oder erhöhen.

3. Beim Poker spielt die Wertigkeit der Farben bekanntlich keine Rolle. Bei sogenannten Chip-Races oder beim Auslosen der Dealerposition zu Beginn eines Pokerspiels aber schon. Wie ist dann aufsteigend die korrekte Reihenfolge?

A Karo, Herz, Pik, Kreuz.

B Kreuz, Karo, Herz, Pik.

C Herz, Karo, Kreuz, Pik.

D Pik, Herz, Karo, Kreuz.

4. Ein Showdown wie in einem Spielfilm: Spieler A hat AK. Spieler B hat KQ. Spieler C hat KT. Die Gemeinschaftskarten sind QQJ JJ. Wer hat gewonnen?

A Spieler A.
B Spieler B.
C Spieler C.
D Niemand, und der Pot wird geteilt.

5. Ein Pot-Limit Texas Hold'em-Spiel. Im Pot sind 22 €. Mein Opponent wettet 10 €. Ich will erhöhen. Wie hoch darf meine Erhöhung maximal sein?
A 22 €
B 32 €
C 42 €
D 12 €

6. Nach einem Texas Hold'em-Turnier fragen Sie einen Bekannten, wie es gelaufen ist. Er sagt: »Ich bin in der Bubble ausgeschieden.« Was meint er damit?
A Er saß an einem Tisch, an dem viel geredet wurde.
B Er hat kein Geld gewonnen.
C Er war meistens in Early-Position.
D Er saß neben einem guten Spieler, der ihm viele Chips abgenommen hat.
E Er hat einen ganz guten Platz belegt, aber nur wenig gewonnen.

7. Welche Aussage in Bezug auf ein Poker-Turnier ist richtig?
A Ich kann mehr Add-Ons als Buy-Ins machen.
B Ein Add-On ist schon im ersten Blind-Level möglich.
C Ein Re-Buy bringt einen Spieler in das Turnier zurück.

8. Ein No-Limit-Spiel. Spieler A geht All-In. Spieler B will mitgehen, hat aber nur noch halb so viele Chips wie Spieler A. Was passiert?

A Spieler B muss neue Chips tauschen, um mitgehen zu können.
B Spieler B muss aufgeben.
C Spieler B kann mitgehen, und es wird ein Side-Pot für ihn gebildet.
D Spieler B kann mitgehen und schuldet nach einem Verlust dem Spieler B die Differenz.

9. Ein Texas Hold'em-Spiel beim Showdown. Ich habe KJ. Der Gegner hat AA. Die Gemeinschaftskarten sind QKT J A. Farben spielen keine Rolle. Wer hat gewonnen?
A Der Gegner
B Ich
C Keiner
D Beide

Die Basics

10. Sie sehen einen sehr starken Spieler, gegen den Sie bereits viel Geld verloren haben. Sie stehen hinter ihm, und rechts und links von ihm ist jeweils ein Platz frei. Welchen Platz nehmen Sie?
A Rechts von ihm.
B Links von ihm.
C Auf seinen Schultern.

11. Welche Aussage in Bezug auf die erste Wettrunde vor dem Flop beim Texas Hold'em Poker ist zutreffend?
A Seien Sie eher aggressiv in Early-Position und passiv in Late-Position.
B Spielen Sie eher loose in Late-Position und tight in Early-Position.

C Der Dealer hat in der ersten Wettrunde die beste Position, weil er als Letzter an der Reihe ist, wenn keiner wettet.
D Ein Bluff in Early-Position ist meistens eine sichere Sache.

12. Welche Aussage in Bezug auf AA, KK, QQ und AKs als Starthand ist grundsätzlich zutreffend?
A Erhöhen Sie nur in Late-Position.
B Erhöhen Sie nur in Early- und Middle-Position.
C Erhöhen Sie, egal in welcher Position.
D Erhöhen Sie nur in Middle- und Late-Position.

13. Was ist das Problem mit der zweitbesten Hand, der sogenannten Second-Best Hand?
A Es gibt kein Problem, da die zweitbeste Hand eben auch gut ist.
B Die zweitbeste Hand verliert meistens viel Geld.
C Die zweitbeste Hand hat meist schlechtere Pot-Odds.
D Die zweitbeste Hand wird oft aufgegeben.

14. Welche Aussage bezüglich der Blinds beim Texas Hold'em ist richtig?
A Die Blinds sind grundsätzlich in der besten Position, da sie als Letzte handeln.
B Die Blinds sind ab der zweiten Wettrunde in einer guten Position.
C Die Blinds sind grundsätzlich in einer schlechten Position.
D Die Blinds müssen in jeder Wettrunde zuletzt entscheiden, ob sie nochmals erhöhen wollen.

15. Sie sind in einem Limit-Spiel mit sechs Spielern in der ersten Wettrunde. Sie haben AT. Der Spieler nach der Big-Blind hat erhöht, und zwei konservative Spieler vor Ihnen sind mitgegangen. Was tun Sie?

A Erhöhen
B Mitgehen
C Aufgeben
D Checken

16. Sie sind in einem No-Limit-Turnier in der ersten Wettrunde. Sie haben KK. Ein Spieler vor Ihnen mit wenigen Chips ist All-In gegangen. Hinter Ihnen sitzen noch vier Spieler mit ähnlich vielen Chips wie Sie. Was tun Sie?

A Erhöhen
B Mitgehen
C Aufgeben
D Checken

17. Wie hoch ist die Wahrscheinlichkeit, zwei Asse als Starthand zu bekommen?

A 3,5 %
B 0,45 %
C 0,045 %
D 2,20 %

18. Wie hoch ist die Wahrscheinlichkeit, ein Paar als Starthand zu bekommen?

A 12,67 %
B 34,89 %
C 16,45 %
D 5,85 %

19. Wie viel Prozent der Starthände sollte man grundsätzlich spielen?

A 5–10 %

B 50–70 %

C 40–50 %

D 20–30 %

20. Warum sind sogenannte Suited Connectors, zum Beispiel 89s, bei vielen Spielern so beliebt?

A Sie haben nur Straßenpotenzial.

B Sie haben Straßen- und Flushpotenzial.

C Sie bilden meist die höhere Straße.

21. Was ist ein Rainbow-Flop?

A Ein Flop, der eine Straße und einen Flush wahrscheinlich macht.

B Ein Flop, der schwarze und rote Farben zeigt.

C Eine Spielvariante aus Köln.

D Ein Flop, der aus unterschiedlichen Farben besteht.

E Ein Getränk.

22. Ein No-Limit-Spiel. Sie haben einen Nut-Flush mit dem Flop getroffen. Das Board zeigt 7T9. Ein Gegner in Late-Position wettet, und Sie müssen auf dem Button entscheiden, was Sie jetzt machen. Was ist am besten?

A Aufgeben

B Mitgehen

C Erhöhen

D All-In-Gehen

23. Ein Limit-Spiel mit acht Mitspielern. Sie haben QQ. Der Flop zeigt AK5. Ein Spieler in Early-Position wettet. Zwei weitere Spieler in Middle-Position gehen mit. Was machen Sie?

A Erhöhen
B Mitgehen
C Aufgeben
D All-In-Gehen

Die Einteilung der Spieler

24. Warum braucht man beim Poker zum Mitgehen eine bessere Hand als zum Wetten?

A Man braucht immer eine bessere Hand, wenn man aggressiv spielt.
B Weil passives Spielen nie belohnt wird.
C Weil man beim Wetten immer die Chance hat, dass der andere aufgibt und es so auf die Hand nicht mehr ankommt.

25. Woran merken Sie, dass ein Spiel loose ist?

A Es kommt selten zum Showdown.
B Es sind nach dem Flop immer viele Spieler in der Hand.
C Man sieht selten einen Flop.
D Am Tisch wird wenig gesprochen.
E Ein Surfertyp sagt ständig: »Hang loose, Alter.«

26. Welche Aussage in Bezug auf eine aggressive Spielweise ist nicht zutreffend?

A Man braucht nicht immer eine gute Hand, um zu gewinnen.
B Man kann agieren und den Tisch kontrollieren, während die anderen nur reagieren.

C Man verliert nicht so viel Geld, wenn man verliert.
D Man kann den anderen unter Stress setzen, wenn man ständig erhöht.

27. Wie sollte man seine Spielweise umstellen, wenn man wenig Risiko eingehen will, zum Beispiel in einer bestimmten Phase eines Turniers?
A Auf tight-aggressive.
B Auf loose-aggressive.
C Auf loose-passive.
D Auf tight-passive.

28. Wie sollte man einem Maniac, also einem loose-aggressiven Spieler, begegnen?
A Tight-aggressive, wobei nur die Top-Hände gespielt werden sollen.
B Loose-aggressive.
C Loose-passive, aber eher noch mehr schlechtere Hände spielen.
D Loose-passive, aber nicht so loose wie der Maniac.

Wichtige Spielkonzepte im Texas Hold'em

29. Was ist eine Value-Bet?
A Eine Wette, die in der Erwartung abgegeben wird, dass der andere aufgibt.
B Eine Wette, die in der Erwartung abgegeben wird, dass der andere mitgeht.
C Eine hohe Wette.
D Eine Wette, die in der Erwartung abgegeben wird, dass der andere in der nächsten Runde nur checken wird.

30. Was ist ein Post-Oak-Bluff?

A Ich wette nach der dritten Wettrunde.

B Ich wette niedrig, sodass der andere denkt, ich hätte eine gute Hand und wolle daraufhin durch meine niedrige Wette den Pot mästen.

C Ich wette so hoch, dass der andere denkt, ich hätte die Nuts.

D Ein Bluff, der zu spät kommt.

31. Was ist ein Check-Raise?

A Eine Erhöhung, nachdem alle schon gewettet haben.

B Eine Wette in einem Schachspiel.

C Man checkt zunächst, um nach einer Wette des Gegners zu erhöhen.

32. Warum ist Slow-Play eine sehr starke Taktik im Poker?

A Weil ich durch mein langsames Spiel die anderen, ungeduldigen Spieler aus dem Konzept bringe.

B Weil der andere Spieler denkt, ich hätte keine gute Hand.

C Weil man generell nicht zu hektisch spielen sollte.

Die Poker-Psychologie – Eine Lektion fürs Leben

33. Was ist das Betting-Pattern eines Spielers?

A Sein typisches Verhalten in bestimmten Spielsituationen.

B Das Muster seiner Hose.

C Das Betting-Pattern eines Spielers gibt nur Auskunft darüber, ob er eher nur gute oder gelegentlich auch schlechte Hände spielt.

34. Was ist ein Rush?

A Ein Spieler neben mir hat gerade einen Joint geraucht und ist gut drauf.

B Ein Spieler gewinnt am laufenden Band.

C Eine Runde im Texas Hold'em, die schnell vorbei ist.

35. Wie sollte mein Table-Image sein, wenn ich sehr tight spiele?

A Loose

B Tight

C Aggressiv

D Passiv

Die Wahrscheinlichkeitsrechnung oder die Kunst, das Glück zu überlisten

36. Wie viele Outs habe ich bei einem Flush-Draw?

A 7

B 5

C 9

D 13

37. Was ist das Pawlowsche-Hund-Syndrom beim Poker?

A Mir läuft das Wasser im Mund zusammen, wenn ein anderer Spieler sich am Tisch ein Bier aufmacht.

B Ein verfälschtes Bild über die Wahrscheinlichkeiten, das entsteht, wenn das Hirn einen unwahrscheinlichen Vorgang mit Erfolg verknüpft.

C Es beschreibt das Verbot von russischen Hunden in einigen Casinos im Mittelwesten der USA.

38. Warum ist Rabbit-Hunting, also schauen, welche Karten noch gekommen wären, wenn man weitergespielt hätte, so gefährlich?

A Es nervt den Dealer, und das bringt Nachteile mit sich.
B Es bringt Unglück, in Karten zu schauen, die nicht mehr spielentscheidend sind.
C Die anderen Spieler halten einen für einen Anfänger.
D Man bekommt ein falsches Bild von den Wahrscheinlichkeiten.

39. Wie viele Outs habe ich bei einem Open-End-Straight-Draw?

A 2
B 4
C 8
D 5

40. Ein Heads-Up Game. Im Pot befinden sich 50 €.
Der Gegner sagt: »Netter Pot, müssten 50 € sein.« Er wettet noch mal 50 €. Wie hoch sind meine Pot-Odds zum Mitgehen?

A 33,33 %
B 75 %
C 60 %
D 25 %

41. Welche Aussage bezüglich eines Drillings ist nicht zutreffend?

A Ein Drilling ist besser, wenn er mit einem Paar auf der Hand gebildet wird, ein sogenanntes Set.
B Ein Paar auf der Hand hat gute Chancen, sich durch das Board zum Drilling zu verbessern.

C Ein Drilling ist mehr wert als zwei Paare.

D Bei zwei gleichen Drillingen entscheidet der höhere Kicker.

42. Wie hoch sind die Odds, einen Open-End-Straight-Draw mit der letzten Gemeinschaftskarte zu treffen?

A 17,39 %

B 23,56 %

C 11,32 %

D 26 %

43. Ich habe einen Flush-Draw und einen Inside-Straight-Draw gleichzeitig. Wie viele Outs habe ich?

A 13

B 12

C 11

D 17

44. Sie haben in einem Texas Hold'em-Spiel in der zweiten Wettrunde auf dem Flop nur einen Inside-Straight-Draw.
Im Pot sind nach einer 10-€-Wette des Gegners 35 €. Was ist die Entscheidung mit der besten Gewinnaussicht?

A Mitgehen

B Aufgeben

Überlegungen zu einzelnen Spielformen von Texas Hold'em

45. Welche Aussage in Bezug auf Heads-Up Play, also Poker zu zweit, ist zutreffend?

A Passives Spiel wird belohnt.

B Man sollte sehr tight spielen.

C Es ist grundsätzlich besser, hier nur die guten Starthände zu spielen.
D Aggressives Spiel wird belohnt.

46. Welche Spielvariante von Texas Hold'em ist für den Anfänger am gefährlichsten?
A Spread-Limit Texas Hold'em.
B Limit Texas Hold'em.
C No-Limit Texas Hold'em.

47. Worum geht es bei einem Turnier in erster Linie?
A Man muss so viele Re-Buys wie möglich machen.
B Man sollte sehr loose spielen.
C Es ist grundsätzlich besser, hier nur die guten Starthände zu spielen.
D Ums Überleben und ums Gewinnen.

48. Welche Aussage in Bezug auf ein Cash-Game ist zutreffend?
A Wenn meine Chips weg sind, bin ich ausgeschieden.
B Die Blinds werden nach einem bestimmten System erhöht.
C Ich kann jederzeit aufstehen, meine Chips umtauschen und gehen.
D Man spielt nicht mit Chips, sondern mit Bargeld.

POKER-QUIZ – AUFLÖSUNG

Die Regeln

1. Wie viele Wettrunden gibt es beim Texas Hold'em Poker?
Richtige Antwort: B. 4 Wettrunden.

2. Ein Texas Hold'em-Spiel. Der Spieler nach dem Big-Blind hat erhöht. Was kann der nächste Spieler tun?
Richtige Antwort: D. Aufgeben, mitgehen oder erhöhen. Antwort C ist falsch, da erhöhen nicht erwähnt wird.

3. Beim Poker spielt die Wertigkeit der Farben bekanntlich keine Rolle. Bei sogenannten Chip-Races oder beim Auslosen der Dealerposition zu Beginn eines Pokerspiels aber schon. Wie ist dann aufsteigend die korrekte Reihenfolge?
Richtige Antwort: B. Kreuz, Karo, Herz, Pik, auf Englisch: Club, Diamond, Heart, Spades.

4. Ein Showdown wie in einem Spielfilm: Spieler A hat AK. Spieler B hat KQ. Spieler C hat KT. Die Gemeinschaftskarten sind QQJJJ. Wer hat gewonnen?
Richtige Antwort: B. Spieler B, weil höheres Full-House mit drei Damen.

5. Ein Pot-Limit Texas Hold'em-Spiel. Im Pot sind 22 €. Mein Opponent wettet 10 €. Ich will erhöhen. Wie hoch darf meine Erhöhung maximal sein?
Richtige Antwort: C. 42 €, weil Wette und Mitgehen mit einbezogen werden.

6. Nach einem Texas Hold'em-Turnier fragen Sie einen Bekannten, wie es gelaufen ist. Er sagt: »Ich bin in der Bubble ausgeschieden.« Was meint er damit?
Richtige Antwort: B. Er hat kein Geld gewonnen. Wer in der Bubble ausscheidet, ist der letzte Spieler, der ohne Gewinn gehen muss, was sehr ärgerlich ist.

7. Welche Aussage in Bezug auf ein Poker-Turnier ist richtig?
Richtige Antwort: C. Ein Re-Buy bringt einen Spieler in das Turnier zurück.

8. Ein No-Limit-Spiel. Ein Spieler A geht All-In. Spieler B will mitgehen, hat aber nur noch halb so viele Chips wie Spieler A. Was passiert?
Richtige Antwort: C. Spieler B kann mitgehen, und es wird ein Side-Pot für ihn gebildet.

9. Ein Texas Hold'em-Spiel beim Showdown. Ich habe KJ. Der Gegner hat AA. Die Gemeinschaftskarten sind QKT JA. Farben spielen keine Rolle. Wer hat gewonnen?
Richtige Antwort: D. Beide, weil keiner die Straße auf dem Board verbessern kann.

Die Basics

10. Sie sehen einen sehr starken und aggressiven Spieler, gegen den Sie bereits viel Geld verloren haben. Sie stehen hinter ihm, und rechts und links von ihm ist jeweils ein Platz frei. Welchen Platz nehmen Sie?
Richtige Antwort: B. Links von ihm, weil ich nicht will, dass er Position auf mich hat.

11. Welche Aussage in Bezug auf die erste Wettrunde vor dem Flop beim Texas Hold'em Poker ist zutreffend?
Richtige Antwort: B. Spielen Sie eher loose in Late-Position und tight in Early-Position. C ist falsch, weil in der ersten Wettrunde der Big-Blind zuletzt entscheidet, wenn keiner gewettet hat.

12. Welche Aussage in Bezug auf AA, KK, QQ und AKs als Starthand ist in der ersten Wettrunde grundsätzlich zutreffend?
Richtige Antwort: C. Erhöhen Sie, egal in welcher Position.

13. Was ist das Problem mit der zweitbesten Hand, der sogenannten Second-Best Hand?
Richtige Antwort: B. Die zweitbeste Hand verliert meistens viel Geld.

14. Welche Aussage bezüglich der Blinds beim Texas Hold'em ist richtig?
Richtige Antwort: C. Die Blinds sind grundsätzlich in einer schlechten Position.

15. Sie sind in einem Limit-Spiel mit sechs Spielern in der ersten Wettrunde. Sie haben AT. Der Spieler nach der Big-Blind hat erhöht, und zwei konservative Spieler vor Ihnen sind mitgegangen. Was tun Sie?
Richtige Antwort: C. Aufgeben, weil Ihre Hand wahrscheinlich geschlagen ist.

16. Sie sind in einem No-Limit-Turnier in der ersten Wettrunde. Sie haben KK. Ein Spieler vor Ihnen mit wenigen Chips ist All-In gegangen. Hinter Ihnen sitzen noch vier Spieler mit ähnlich vielen Chips wie Sie. Was tun Sie?

Richtige Antwort: A. Erhöhen, weil ich höchstwahrscheinlich die bessere Hand habe und ich durch eine Erhöhung die Spieler nach mir rausbekomme und so den All-In-Spieler isoliere.

17. Wie hoch ist die Wahrscheinlichkeit, zwei Asse als Starthand zu bekommen?
Richtige Antwort: B. 0,45 %.

18. Wie hoch ist die Wahrscheinlichkeit, ein Paar als Starthand zu bekommen?
Richtige Antwort: D. 5,85 %.

19. Wie viel Prozent der Starthände sollte man grundsätzlich spielen?
Richtige Antwort: D. 20–30 %.

20. Warum sind sogenannte Suited Connectors, zum Beispiel 89s, bei vielen Spielern so beliebt?
Richtige Antwort: B. Sie haben Straßen- und Flushpotenzial.

21. Was ist ein Rainbow-Flop?
Richtige Antwort: D. Ein Flop, der aus unterschiedlichen Farben besteht.

22. Ein No-Limit-Spiel. Sie haben einen Nut-Flush mit dem Flop getroffen. Das Board zeigt 7T9. Ein Gegner in Late-Position wettet, und Sie müssen auf dem Button entscheiden, was Sie jetzt machen. Was ist am besten?
Richtige Antwort: B. Mitgehen ist richtig, damit der Gegner seine Hand verbessern kann und den Pot mästet.

23. Ein Limit-Spiel mit 8 Mitspielern. Sie haben QQ. Der Flop zeigt AK5. Ein Spieler in Early-Position wettet. Zwei weitere Spieler in Middle-Position gehen mit. Was machen Sie?
Richtige Antwort: C. Aufgeben, weil wahrscheinlich ein Ass- oder Königs-Paar unterwegs ist.

Die Einteilung der Spieler

24. Warum braucht man beim Poker zum Mitgehen eine bessere Hand als zum Wetten?
Richtige Antwort: C. Weil man beim Wetten immer die Chance hat, dass der andere aufgibt und es so auf die Hand nicht mehr ankommt. Antwort B ist falsch wegen Slow-Play.

25. Woran merken Sie, dass ein Spiel loose ist?
Richtige Antwort: B. Es sind nach dem Flop immer viele Spieler in der Hand.

26. Welche Aussage in Bezug auf eine aggressive Spielweise ist nicht zutreffend?
Richtige Antwort: C. Man verliert nicht so viel Geld, wenn man verliert, ist falsch, weil man aufgrund seiner Aggression meist hoch wettet und somit auch hoch verliert.

27. Wie sollte man seine Spielweise umstellen, wenn man wenig Risiko eingehen will, zum Beispiel in einer bestimmten Phase eines Turniers?
Richtige Antwort: D. Auf tight-passive.

28. Wie sollte man einem Maniac, also einem loose-aggressiven Spieler, begegnen?

Richtige Antwort: D. Loose-passive, aber nicht so loose wie der Maniac.

Wichtige Spielkonzepte im Texas Hold'em

29. Was ist eine Value-Bet?
Richtige Antwort: B. Eine Wette, die in der Erwartung abgegeben wird, dass der andere mitgeht.

30. Was ist ein Post-Oak-Bluff?
Richtige Antwort: B. Ich wette niedrig, sodass der andere denkt, ich hätte eine gute Hand und wolle daraufhin durch meine niedrige Wette den Pot mästen.

31. Was ist ein Check-Raise?
Richtige Antwort: C. Man checkt zunächst, um nach einer Wette des Gegners zu erhöhen.

32. Warum ist Slow-Play eine sehr starke Taktik im Poker?
Richtige Antwort: B. Weil der andere Spieler denkt, ich hätte keine gute Hand.

Die Poker-Psychologie – Eine Lektion fürs Leben

33. Was ist das Betting-Pattern eines Spielers?
Richtige Antwort: A. Sein typisches Verhalten in bestimmten Spielsituationen.

34. Was ist ein Rush?
Richtige Antwort: B. Ein Spieler gewinnt am laufenden Band.

35. Wie sollte mein Table-Image sein, wenn ich sehr tight spiele?
Richtige Antwort: A. Loose, weil die anderen Spieler mich dann bei einer guten Hand eher ausbezahlen.

Die Wahrscheinlichkeitsrechnung oder die Kunst, das Glück zu überlisten

36. Wie viele Outs habe ich bei einem Flush-Draw?
Richtige Antwort: C. 9.

37. Was ist das Pawlowsche-Hund-Syndrom beim Poker?
Richtige Antwort: B. Eine verfälschtes Bild über die Wahrscheinlichkeiten, das entsteht, wenn das Hirn einen unwahrscheinlichen Vorgang mit Erfolg verknüpft.

38. Warum ist Rabbit-Hunting, also schauen, welche Karten noch gekommen wären, wenn man weitergespielt hätte, so gefährlich?
Richtige Antwort: D. Man bekommt ein falsches Bild von den Wahrscheinlichkeiten.

39. Wie viele Outs habe ich bei einem Open-End-Straight-Draw?
Richtige Antwort: C. 8.

40. Ein Heads-Up Game. Im Pot befinden sich 50 €. Der Gegner sagt: »Netter Pot, müssten 50 € sein.« Er wettet noch mal 50 €. Wie hoch sind meine Pot-Odds zum Mitgehen?
Richtige Antwort: A. 33,33 %.

41. Welche Aussage bezüglich eines Drillings ist nicht zutreffend?
Richtige Antwort: B. Ein Paar auf der Hand hat gute Chancen, sich durch das Board zum Drilling zu verbessern, ist falsch, weil man nur zwei Outs, das heißt Karten, die einem weiterhelfen, hat. Die Chancen sind also eher schlecht.

42. Wie hoch sind die Odds, einen Open-End-Straight-Draw mit der letzten Gemeinschaftskarte zu treffen?
Richtige Antwort: A. 17,39 %.

43. Ich habe einen Flush-Draw und einen Inside-Straight-Draw gleichzeitig. Wie viele Outs habe ich?
Richtige Antwort: B. 12 ist richtig, da zum Beispiel eine Herz-Out von der Straße bereits in den Outs vom Herz-Flush-Draw enthalten ist.

44. Sie haben in einem Texas Hold'em-Spiel in der zweiten Wettrunde auf dem Flop nur einen Inside-Straight-Draw. Im Pot sind nach einer 10-€-Wette des Gegners 35 €. Was ist die Entscheidung mit der besten Gewinnaussicht?
Richtige Antwort: B. Aufgeben. Die Pot-Odds sind einfach zu schlecht, nämlich 22 %. Meinen Draw treffe ich nur mit einer Wahrscheinlichkeit von 16,5 % nach dem Flop. Der Break-Even-Point ist unterschritten, weil die Odds niedriger sind als die Pot-Odds.

Überlegungen zu einzelnen Spielformen von Texas Hold'em

45. Welche Aussage in Bezug auf Heads-Up Play ist zutreffend?
Richtige Antwort: D. Aggressives Spiel wird belohnt.

46. Welche Spielvariante von Texas Hold'em ist für den Anfänger am gefährlichsten?
Richtige Antwort: C. No-Limit Texas Hold'em.

47. Worum geht es bei einem Turnier in erster Linie?
Richtige Antwort: D. Ums Überleben und ums Gewinnen.

48. Welche Aussage in Bezug auf ein Cash-Game ist zutreffend?
Richtige Antwort: C. Ich kann jederzeit aufstehen, meine Chips umtauschen und gehen.

13. TEIL

WICHTIGE INFORMATIONEN RUND UMS POKERN

CHEATING – SCHUMMELN AM POKERTISCH

***Cheating* oder Schummeln bezeichnet im Poker ein regelwidriges Verhalten, das darauf abzielt, einem Spieler einen ungerechtfertigten Vorteil gegenüber den anderen zu geben.**

Sicherlich kennen Sie den Ausspruch *Er hat noch ein Ass im Ärmel.* Im wirklichen Leben ist dies die Bezeichnung dafür, dass man noch Optionen hat, und es ist meistens positiv gemeint. Beim Poker ist Schummeln ein echt mieses Verhalten und auch ein Zeichen von Schwäche.

Bitte missverstehen Sie dieses Kapitel nicht. Ich werde im Folgenden die bekanntesten Schummelmethoden aufzählen, aber nicht, damit Sie sich diese zu eigen machen, sondern um diese Techniken gegebenenfalls zu identifizieren, um dann aufzustehen und zu gehen. Bitte werden Sie keine »Ratte«.

Das Schummeln erfordert auch viel zu viel Aufmerksamkeit vom Spieler, die dann beim richtigen Spiel fehlt. Insofern wird der Vorteil, den das Schummeln bringt, sowieso wieder kompensiert. Erinnern Sie sich an die Schulzeit. War Ihr Spickzettel auch so durchgeschwitzt, dass Sie ihn nicht mehr lesen konnten? Und waren Sie nicht ohnehin durch das Schummeln so aufgeregt, dass Sie kaum einen Satz zu Papier gebracht haben?

Um zu schummeln und gleichzeitig noch gut zu spielen, muss man schon sehr gut sein. Die wenigsten können dies. Poker enthält ja bereits das Element des Täuschens. Darüber hinaus noch zu schummeln, ist meiner Meinung nach auf eine absurde Art und Weise »doppelt gemoppelt« und macht Schummeln beim

Poker schlimmer als bei anderen Spielen. Schließlich geht es beim Poker oft um viel Geld. Insofern ist es ein Unterschied, ob ich beim Familien-Mau-Mau schummele oder in einem High-Stakes-Poker-Game. Im letzteren Fall füge ich anderen einen finanziellen Schaden zu. Ich bin also nicht viel besser als ein mieser Strauchdieb, der anderen auf der Straße das Geld abknöpft. Schummeln ist überhaupt nicht notwendig. Beim Poker können Sie Ihre Gegner innerhalb des Regelwerkes derart austricksen, dass wirklich kein Bedarf mehr besteht. Dennoch gibt es viele Menschen, die einfach die Einstellung haben, dass sie jeden auch noch so kleinen Vorteil ausnutzen müssen. Sie können nicht anders und sind gefangen in ihrem schlechten Wesen. Kriminelle wird es immer geben, und die Chance, dass einer sich bei Ihnen an den Pokertisch setzt, ist vielleicht gar nicht so gering, wie Sie denken. Insofern präsentiere ich Ihnen hier eine Hitliste der häufigsten Schummelvarianten im Poker, damit es hinterher nicht heißt: *»Ich hätte ja gar nicht gedacht, dass es so etwas gibt. Und jetzt ist mein ganzes Geld weg. Ich spiele nur noch mit Leuten, die ich kenne.«*

Der schummelnde Dealer

Einen Spieler, der beim Dealen durch bestimmte Techniken schummelt, nennt man *Mechanic*. Der Name rührt wohl daher, dass er beim Geben das Deck derart präzise manipulieren kann, dass es an die Arbeit eines Technikers oder Mechanikers erinnert. Ein Mechanic ist beim Geben in der Lage, sich oder einem Partner geeignete Karten zuzuschustern. Dies erreicht er zum Beispiel, indem er die gewünschten Karten, Asse, beim Mischen ganz unten platziert und bei Bedarf dann von unten wegholt.
Da eine gute Hand nicht viel Geld bringt, wenn alle anderen aufgeben, wird der geschickte *Cheater* sich selbst ein Bombenblatt geben und einem anderen ebenfalls. Für den anderen ist es aber nicht ganz so gut. Denkbar ist, dass der Cheater sich selbst AA

gibt und einem anderen Spieler KK. Man kann sich leicht vorstellen, wie der Cheater bei dieser Hand absahnen wird. Diese Technik nennt man *Double Duke*.

Beim Dealen gibt der Cheater den anderen Spielern die Karten von oben und sich oder dem Partner von unten, das sogenannte *Bottom-* oder *Base-Dealing*. Hierbei wird meist der sogenannte *Mechanic's Grip* verwendet. Dies ist eine Technik, die Karten beim Geben so zu halten, dass das Deck von der Hand verdeckt wird. Der Zeigefinger liegt dabei längs über dem Kartendeck. Seien Sie auf der Hut, wenn Sie diese Dealvariante sehen. Hierfür gibt es, außer dass man besser mogeln kann, keinen Grund. Man sagt, es gebe ein leicht anderes Geräusch, wenn die Karten von unten oder mitten aus dem Deck genommen werden. Nehmen Sie ein Kartendeck und probieren Sie es aus.

Manchmal bleibt die Karte auch hängen, wenn sie von unten oder aus der Mitte gezogen wird. Dies kann man dann relativ leicht erkennen.

Eine andere Technik, die aber eher selten ist, ist ein sogenanntes *Cold-Deck,* bei der der Cheater das Kartenspiel gegen ein mitgebrachtes vorsortiertes Spiel austauscht.

Heben Sie möglichst immer das Deck ab, sodass ein potenzieller Cheater keine Karten hierin platzieren kann. Beachten Sie auch, dass diese Techniken besonders in Pokervarianten, bei denen eine Karte schon spielentscheidend sein kann, verwendet werden. Es gibt zum Beispiel eine Pokervariante namens *Chicago-Low,* bei der das niedrigste Pik immer die Hälfte des Pots gewinnt. Hier reicht es aus, nur eine Karte, nämlich die Pik 2, zu kontrollieren, um zu gewinnen.

Markierte Karten

Markierte Karten kann man mittlerweile schon bei E-Bay kaufen, also seien Sie stets auf der Hut, wenn jemand sein eigenes

Deck mitbringt und darauf besteht, damit zu spielen. Es gibt hier verschiedenste Drucktechniken, die oft Markierungen in die verschnörkelte Rückseite der Karten einbauen. Es gibt sogar solche, die nur mit einer speziellen Sonnenbrille wahrgenommen werden können.

Die andere Variante ist, dass ein Spieler während des Spiels die Karten markiert, indem er zum Beispiel mit dem Fingernagel eine Ecke umknickt oder sie kaum merklich einreißt. Das ist natürlich relativ offensichtlich und kann daher leicht entdeckt werden.

Es gibt auch Spieler, die mit einem Gerät in bestimmte Karten eine Art Druckpunkt setzen. Dies sind sogenannte *Punched Cards,* die dann eine Markierung enthalten, die nicht gesehen werden kann, aber vom Cheater, ähnlich wie Blindenschrift, gefühlt werden kann.

Interessant ist auch die Idee, in eine Kartenfabrik einzudringen und die Druckplatten für die Karten minimal zu verändern. So wie Warren Beatty im Film *Kaleidoscope:* Der von ihm gespielte Playboy und Falschspieler Barney Lincoln findet durch diese Gaunerei in den Casinos Europas seine gezinkten Karten vor und kann dadurch im großen Stil abräumen. Wirklich passiert ist das Ganze in Südafrika Ende der 90er-Jahre, wo ein Betrüger in die Protea-Playing-Cards-Fabrik eindrang.

Chips

Es ist auch möglich, dass ein Spieler sich selbst Chips mitbringt und seinen Stack heimlich auffrischt. Dies ist eher unwahrscheinlich, da es viele verschiedene Arten von Chips gibt, die man leicht anhand des Gewichtes oder der Bemalung unterscheiden kann. Es gibt aber auch Spieler, die sich einfach heimlich aus dem Chipkoffer oder bei anderen bedienen und sich neu »betanken«. Bitte bewahren Sie die nicht verteilten Chips daher stets verschlossen und für Spieler möglichst unzugänglich auf.

Kollusion

Kollusion ist ein Zusammenwirken zweier oder mehrerer Spieler zum Nachteil der anderen. Kollusion zu erkennen und von normalem Spiel abzugrenzen kann im Einzelfall sehr schwierig sein. Einzelne Formen von Kollusion sind:

- Zunächst kann ich wissentlich und willentlich an einen anderen Spieler Chips verlieren, ein sogenanntes *Chip-Dumping,* und ihm so zum Beispiel in einem Turnier helfen, eine Platzierung zu erreichen, bei der er noch Geld gewinnt. Dies zu beweisen wird fast immer unmöglich sein, weil man ja auch einfach schlecht gespielt haben kann.
- Zwei Spieler, die nebeneinandersitzen, können Karten austauschen und so ihre Hand verbessern.
- Zwei oder mehrere Spieler können sich Signale zukommen lassen. Dies kann vielerlei Formen annehmen: die Art und Weise, wie ich meinen Chip auf meine Karten lege, durch Husten, Klopfzeichen, Kratzen, die Sitzhaltung usw. Es sind unzählige Signale denkbar. Achten Sie auf Signale, die scheinbar unnötig sind und sich ständig wiederholen. Wenn Sie es schaffen, diese Signale ebenfalls zu lesen, können Sie die bösen Cheater komplett ausnehmen, was ethisch völlig korrekt ist.
- Zwei Spieler können sich auch einfach gegenseitig schonen, das sogenannte *Soft-Play*. Sie unterlassen es, den Partner auszunehmen, obwohl die Gelegenheit dazu da wäre. Gerade im Turnier ist diese Form der Mogelei besonders fies, da die Spieler ja nur darauf warten, dass die anderen sich gegenseitig rausschmeißen. Diese Form der Kollusion ist streng genommen kein Schummeln und lässt sich nur schwer beweisen. Ein Indiz für *Soft-Play* ist, dass zwischen bestimmten Spielern meist nur »durchgecheckt« wird und fast keine Erhöhung mehr stattfindet. Das ist vor allem sehr verdächtig, wenn ein

dritter Spieler All-In ist und die anderen danach nicht mehr erhöhen. Es geht dann nur noch darum, den anderen zu »busten«, also rauszukriegen. Oft wird Kollusion in Form von Soft-Play auch unbewusst zwischen Spielern praktiziert, die zum Beispiel ein Ehepaar oder Geschwister sind und für die es selbstverständlich ist, dem anderen keinen Schaden zuzufügen. Ich kann Ihnen nur raten: Knacken Sie diese verflixte Bande und lassen Sie das bloß nicht durchgehen. Dreschen Sie auf diese Spieler ein und hetzen Sie sie pokertechnisch gegeneinander auf. Treiben Sie Keile zwischen sie und lassen Sie die Geschichte der beiden so tragisch enden wie im Film *Cap und Capper*.

- Auf der anderen Seite können zwei Spieler auch ständig erhöhen und wieder erhöhen mit dem Ziel, einen Spieler in ihrer Mitte in die Falle laufen zu lassen, das sogenannte *Steam-Rolling*. Ein Indiz hierfür sind scheinbar grundlose Erhöhungen. Wenn Sie dies erkennen, können Sie hieraus Profit schlagen, indem Sie sich in die Konstellation einschalten und den »luftleeren« Wetten mit einer guten Hand aggressiv begegnen.

Angle-Shooting

Dies ist kein Getränk, wie man auf den ersten Blick denken könnte. Ein sogenannter *Angle-Shooter* ist ein Spieler, der jede Gelegenheit im Poker zu seinem Vorteil nutzt. Er nutzt jede Gesetzeslücke aus, um zu gewinnen. Mit einem solchen Spieler zu spielen kann extrem nervig sein. Man muss immer wie ein Schießhund aufpassen, da derjenige jeden noch so kleinen Vorteil gegen einen verwenden wird.

Der Angle-Shooter versucht zum Beispiel, indem er so tut, als werfe er seine Hand hin, andere Spieler dazu zu bringen, ihre Karten ebenfalls hinzuschmeißen, obwohl sie gar nicht an der Reihe sind. Er sagt beim Showdown wahrheitswidrig, dass er eine Straße habe, und bringt Sie dazu, möglicherweise die bessere Hand auf den Muck zu werfen. In dem Fall sind Sie erledigt. Sobald die Karten den Muck, also die anderen abgelegten Karten, berührt haben, ist die Hand tot, und Sie haben den Pot unabhängig von Ihrer Hand verloren.

Einerseits sind diese windigen Angle-Shooter eine Plage. Andererseits bringen sie einen aber dazu, stets auf der Hut zu sein. Das ist grundsätzlich nicht schlecht. »To stay sharp«, also aufmerksam zu sein, ist sehr wichtig im Poker. Natürlich soll hier an dieser Stelle der Angle-Shooter keinen Heiligenschein aufgesetzt bekommen. Er bleibt ein Angle-Shooter, also ein mieser Hund.

Den miesesten Angle-Shoot in der Geschichte des Live-Poker legte wahrscheinlich 2011 der venezolanische EPT-Sieger Ivan Freitez hin. Auf dem River machte er ein Full-House, die sichere Gewinnerhand. Er tat dann aber so, als wollte er nur callen und nicht erhöhen. Floorman Thomas Kremser wurde gerufen und erklärte, dass er die minimale Erhöhung machen muss. Der Gegner callte natürlich. Einer der Kommentatoren bezeichnet den Move als so *dirty,* dass er sofort unter die Dusche muss.

Oft praktizieren auch unerfahrene Spieler Techniken, die als Angle-Shooting wahrgenommen werden können, in Wirklichkeit aber durch Unachtsamkeit passieren: zum Beispiel spielen, wenn man nicht dran ist, das sogenannte »Acting out of Turn«, oder seine Karten vom Tisch nehmen oder verdecken. Man muss hier unterscheiden! Wenn es absichtliches Angle-Shooting ist, kann man den Spieler vom Spiel ausschließen, wenn er des Öfteren unangenehm auffällt. Wenn es bloße Unachtsamkeit ist, sollte man den Spieler darauf hinweisen, aber bei wiederholten Verstößen muss auch der unachtsame Spieler damit rechnen, die Konsequenzen zu tragen.

Ein Beispiel: Ein Spieler hat immer die Hände über seinen Karten, sodass die anderen nicht erkennen können, ob er noch im Spiel ist oder nicht. Dadurch kommt es oft zu »Acting out of

Turn«, da die Spieler, die hinter ihm dran sind, keine Karten bei ihm sehen und denken, er hätte bereits aufgegeben. Kommt dies zwei- oder dreimal vor, weist man den Spieler freundlich auf sein Fehlverhalten hin. Kommt es danach immer noch vor, muss der Spieler mit der bitteren Konsequenz rechnen, dass seine Karten für tot erklärt werden. Geben Sie dem Anfänger eine kleine Schonfrist, schließlich wollen Sie ihn ja noch ausnehmen.

Card-Peeking

In die Karten des Gegners schauen, das sogenannte *Card-Peeking,* ist manchmal ganz leicht. Das Thema wird kontrovers diskutiert. Klar ist es mies, wenn ich mich regelrecht verrenke, um einen Blick auf die Karten des anderen zu erhaschen. Es ist auch nicht streng nach Knigge, sich jedes Mal verbissen anzustrengen und fast unter dem Tisch zu liegen, um beim Geben zu sehen, was die einzelnen Spieler bekommen.
Andererseits müssen die Spieler auch selbst darauf achten, dass die anderen ihre Karten nicht sehen können. Gerade unerfahrene Spieler sollte man, wenn nötig auch mehrmals, darauf aufmerksam machen, dass sie ihre Karten verbergen müssen. Das gebietet die Höflichkeit.
Ich selbst bin der Ansicht, dass es irgendwann reicht. Wenn ich einem Spieler dreimal gesagt habe, er solle seine Karten weghalten, damit ich sie nicht sehen kann, guck ich mir sie danach gnadenlos an, wenn er sie wieder offen hält. Dann ist der Spieler selbst schuld. Jemand, der beim Texas Hold'em seine Karten nicht verdeckt, hat den Sinn des Spiels nicht verstanden und verdient irgendwann auch keine Sonderbehandlung mehr.

Online-Cheating

Natürlich gibt es beim Online-Poker keinen betrügerischen Dealer, und es kann sich niemand ein Ass in den Ärmel stecken.

Eine Form des Betrügens beim Online-Poker sollten Sie aber immer im Hinterkopf behalten, damit gegebenenfalls die Alarmglocken bei Ihnen läuten und Sie den Tisch möglichst schnell wechseln. Die Kollusion.

Es ist leicht, sich per Telefon oder per Internet via Skype oder ähnlichen Programmen abzusprechen, wenn man am selben Tisch sitzt. Allerdings versuchen die Anbieter dies zu verhindern, indem sie solchen Spielern, über die sich wiederholt zahlreiche Spieler beschwert haben, verbieten, am selben Tisch zu spielen. Trotzdem kann man sich nie ganz sicher sein, wer am Tisch eine »Konferenzschaltung« betreibt. Es ist ja auch logisch, dass die Internet-Anbieter das Problem herunterspielen und so tun, als hätten sie alles im Griff.

Ein Anzeichen für Kollusion im Internet kann zum Beispiel sein, wenn ein Spieler Pre-Flop immer ungewöhnlich lange überlegt. Dies kann bedeuten, dass er sich erst mit seinen Mitspielern absprechen muss, bevor er handeln kann. Ansonsten gelten die normalen Grundsätze, die oben zum Thema Kollusion besprochen wurden.

Spektakuläre Betrugsfälle: online und offline

Die Hamburger Profi-Pokerszene wurde in den Jahren 2006 und 2007 von einem professionellen Falschspieler abgezockt. Zwei Jahre lang war er ein gern gesehener Gast in den Casinos. Er war durchaus beliebt und lud seine Mitspieler auch oft ein. Schließlich aber kam heraus: Das Geheimnis seines sagenhaften Kartenglücks war das sprichwörtliche Ass im Ärmel. Zwar waren es oft keine Asse, die er in seinem Ärmel versteckt hatte, sondern einfach immer nur zwei Karten, aber der Vorteil, mit vier statt zwei Holecards zu spielen, ist natürlich immens. Aufgeflogen ist er bei einer unplanmäßigen Zählung der Karten. Der Cheater versuchte noch, seine zwei versteckten Karten im Ärmel in den Muck zu befördern. Aber er wird dabei beobachtet, und die Videoaufzeichnung bewies dann alles.

Ein Riesenskandal erschütterte die Online-Poker-Welt 2008, als bekannt wurde, dass Mitarbeiter und Ex-Mitarbeiter der Anbieter *Ultimate Bet* und *Absolute Poker* sogenannte Superuser-Accounts besaßen und so die Hole-Cards ihrer Gegner einsehen konnten. Arglose Spieler wurden auf diese Weise um Millionen von Dollar betrogen. Einer der Hauptverantwortlichen war Russ Hamilton, der 1994 das WSOP-Main-Event gewann. Er wurde allerdings nie strafrechtlich belangt. Der Skandal hatte einen generellen Vertrauensverlust in der Community zur Folge und warf viele Fragen zur Sicherheit von Online-Poker auf, etwa wer solche Websites überhaupt kontrollieren soll und darf.

Zu einem weiteren spektakulären Betrugsfall kam es bei der Partouche Poker Tour 2010. Bei dem Turnier ging es um ein Preisgeld von über 1,2 Millionen € für den Sieger, und Ali Tekintamgac kam unter die letzten neun Spieler. Bevor der Final-Table ausgespielt wurde, disqualifizierten ihn die Organisatoren, da sie über Kameraaufzeichnungen überwältigende Indizien fanden, die nahelegten, dass Tekintamgac betrogen hatte. Die Masche war vergleichsweise einfach und geradezu klassisch: Ein Komplize, der sich als Blogger ausgab, stand während des Spiels fortwährend an Tekintamgacs Tisch und spähte die Handkarten seiner Gegner aus. Über Handzeichen signalisierte er dann Tekintamgac, welche Karten die anderen Spieler hielten. Ein Kratzen an der Augenbraue bedeutete hierbei zum Beispiel ein Ass auf der Hand.

FEINHEITEN UND GRENZSITUATIONEN – DAMIT ES KEINEN STREIT AM POKERTISCH GIBT

Time

Braucht ein Spieler zu lange, so kann ein anderer Spieler *Time* rufen, und der Spieler bekommt nur noch eine Minute Zeit, um zu handeln. Nach dieser Minute läuft dann noch ein 10-Sekunden-Countdown. Wenn er nach Ablauf des Countdowns nicht gehandelt hat, ist seine Hand tot.

String-Bets

Eine String-Bet ist eine nicht verbal geäußerte Wette, die in mehreren Schritten auf den Tisch gelegt wird. Zum Beispiel zuerst 2 € und nach einer Verzögerung noch einmal 2 €. Es gilt dann der zuerst hingelegte Betrag. Schließlich könnte der Spieler die Reaktion seines Gegners auswerten und bei Bedarf mehr hinlegen.

Show one, show all

Es gilt grundsätzlich *Show one, show all.* Wenn ein Spieler, aus welchem Grund auch immer, eine Karte sieht, die er nicht sehen sollte, so dürfen grundsätzlich alle am Tisch diese Karte sehen, weil alle Spieler den gleichen Zugang zu Informationen haben müssen.

Ins Spiel einsteigen

Ein Spieler, der in ein Cash-Game einsteigt, kann entweder warten, bis er Big-Blind ist, oder er muss eine entsprechende Summe hinlegen, bevor er Karten bekommt. Wenn er dann an der Reihe ist, kann auch er erhöhen.

Das Gesagte gilt

Wenn ein Spieler verbal äußert, was er macht, so gilt im Zweifel das Gesagte und nicht die Handlung. Wenn ein Spieler zum Beispiel sagt, dass er aufgibt, ist seine Hand tot, unabhängig davon, ob er seine Karten weggeworfen hat oder nicht. Wenn er sagt, er erhöht, so muss er wenigstens um den Minimalerhöhungsbetrag erhöhen.

Protect your Hand

Das bedeutet, dass jeder Spieler für seine Karten verantwortlich ist. Man kann seine Karten mit der Hand, einem Chip oder einem sonstigen Gegenstand beschützen. Tut man dies nicht, so muss man anstandslos hinnehmen, wenn der Dealer die Hand aus Versehen »tötet« o. Ä.

Dealerfehler

Bei einem Dealerfehler vor der ersten Wettrunde werden alle Karten neu ausgegeben, unabhängig davon, ob Spieler schon ihre Karten gesehen haben oder nicht. Sobald zwei Spieler nach den Blinds gehandelt haben, kann der Dealerfehler nicht mehr beanstandet werden. Ein Dealerfehler ist in folgenden Situationen gegeben:

- Die erste oder die zweite Karte der Runde wurde aus Versehen offen aufgelegt.
- Zwei Karten oder mehr wurden vom Dealer aus Versehen aufgedeckt.
- Zwei Karten oder mehr liegen verkehrt herum im Deck.
- Zwei Karten oder mehr wurden zu viel ausgegeben.
- Ein Spieler hat eine unkorrekte Anzahl von Karten bekommen.
- Die Reihenfolge im Uhrzeigersinn wurde nicht eingehalten, oder die Karten wurden nicht einzeln ausgegeben.

- Die erste Karte wurde an die falsche Position gedealt.
- Die Karten wurden an einen leeren Platz gegeben oder an einen Spieler, der nicht teilnahmeberechtigt ist.

Bei einem Dealerfehler auf dem Flop oder danach, insbesondere wenn der Dealer eine Gemeinschaftskarte legt, obwohl die vorige Wettrunde noch nicht vorbei ist, oder er eine Karte zu viel hinlegt, bleibt die verbrannte Karte liegen, und der Dealer mischt die falsch gegebenen Karten wieder zurück ins Deck. Er legt dann die Karten, ohne eine Karte zu verbrennen.
Wenn der Dealer vergisst, eine Karte zu verbrennen, und ein Spieler dies beanstandet, muss der Zustand wiederhergestellt werden, der mit korrektem Verbrennen eingetreten wäre. Das heißt, dass die Karte vom Board genommen und die nächste Karte aus dem Deck offen aufgelegt wird. Sobald ein Spieler eine Aktion begonnen hat, bleibt die fehlerhafte Karte liegen.

Karten auf dem Boden

Fällt einem Spieler aus Versehen eine Karte auf den Boden und die anderen Spieler können sie sehen, so muss dieser Spieler mit der Karte weiterspielen.

Sprechverbot

Es ist verboten, während man in einer Hand ist, über seine verdeckten Karten zu sprechen.

Karten werfen

Wirft ein Spieler seine Karten versehentlich auf die Karten eines anderen Spielers, so ist die geworfene Hand tot.

Konkludentes Mitgehen

Wenn man einen Chip legt, der höherwertig ist als die momentane Wetthöhe, und man nichts dazu sagt, so gilt das nur als Mitgehen. Der Dealer gibt dann bei der nächsten Gelegenheit dem Spieler den überzähligen Betrag zurück.

Cards speak

Das heißt, dass die Spieler beim Showdown selbst dafür verantwortlich sind, ihre entsprechende Gewinnkombination zu sehen. Der Dealer assistiert hier lediglich.

Das Board spielen

Wenn man das Board spielen will, so muss man dies verbal ankündigen, bevor man seine Karten wegwirft. Ansonsten verliert man jeden Anspruch auf den Pot.

UNSITTEN BEIM POKER, DIE EINFACH NUR NERVEN

Im Folgenden präsentiere ich Ihnen einige Dinge, die am Pokertisch absolute No-Gos sind, leider aber immer wieder vorkommen. Sie machen sich durch solche Verhaltensweisen nicht nur unbeliebt, im Zweifel werden die Gegner Sie deswegen auch noch ausnehmen wollen wie eine Weihnachtsgans.

Slowrolling

Bingo! Sie haben eine Mega-Hand, und alle am Tisch sollen wissen, dass man von Glücksgöttin Fortuna mit Küssen geradezu übersät wurde. Aber muss das ausgerechnet auf Kosten des armen

Kerls gehen, der gerade eine Menge Geld verloren hat? Muss man auf den Geldverlust noch eine Demütigung draufpacken?
Insbesondere beim Slowrolling zeigt sich, dass Poker fast immer ein Nullsummenspiel der Laune ist: Die gute Laune des einen ist spiegelbildlich die schlechte des anderen. Am schlimmsten ist, wenn der Slowroller nun so tut, als sei er jetzt ein intelligenter und besserer Mensch, nur weil der Dealer irgendeinen 1-Outer aus dem Stapel gezogen hat.

Andere beraten und in die Hand schauen

Der größte Horror überhaupt: Man spielt gegen einen mehr oder weniger schlechten ABC-Spieler und macht einen auf ihn zugeschnittenen Move. Plötzlich kommt der bereits ausgeschiedene, spielstarke Pro vorbei, schaut dem anderen kurz in die Karten rät ihm zu einem bestimmten Verhalten, das natürlich unsere ganze Planung versaut.
Diese absolute Untugend passiert vor allem in feucht-fröhlichen Homerunden zu später Stunde und nervt wie die Pest. Poker spielt man alleine, und selbst beste Freunde oder frisch verliebte Paare sollten sich daran halten.

Den Dealer beschimpfen und beschuldigen

Was soll die ewige Anmotzerei des Dealers, als wäre man Joe Pesci im Film *Casino?* Erinnern Sie sich bitte daran, was mit dem Charakter von Pesci zum Schluss passiert! Achtung, Spoiler: Er stirbt auf grausame Art und Weise …
Der Dealer kann nichts für die Karten, er ist nur ein Handlanger der Stochastik und macht seinen Job. Wenn man keinen Bock mehr hat, kann man einfach gehen und den armen Mann in Ruhe lassen. Auch das ständige Ansprechen mit Sätzen wie »Jetzt gib mir mal was Knackiges« sind Pseudo-Luden-Gelaber, zeugen von Unbeherrschtheit und lassen einen im Zweifel dumm aussehen.

Nervige Menschen mit Pulver in der Nase

Es gibt nichts Unentspannteres am Pokertisch, als einen Mitspieler in unmittelbarer Nähe, der gekokst hat. Ein Pokerturnier ist keine Party im Berliner Berghain und auch kein Karneval in Rio de Janeiro. Man muss meist still am Tisch sitzen, und da ist die künstliche Aufgekratztheit eher nervig.
Ein säuerlich-chemischer Körpergeruch und ein ständig rülpsender, schluckender, aufstoßender Mitspieler sind nicht cool, sondern schlichtweg nervtötend. Wer einmal an einem vollen Tisch neben einem solchen Wrack mehrere Stunden verbringen musste, weiß, wovon ich rede.

Spieler, die denken, im Poker sind alle Beleidigungen erlaubt

Einige Spieler sind scheinbar dem Eindruck aufgesessen, dass es sinnvoll und toll ist, wenn man seinen Gegner »needelt« und so zur Weißglut bringt. Statt subtiler Spitzen kommen dann oft plumpe, unverschämte Anspielungen auf Privatangelegenheiten. Dinge, die im Vertrauen erzählt wurden, werden zwischen Turn und River einem vollen Ring-Game aufgetischt.
Der Pokertisch ist keine Blase, die von der Restwelt abgetrennt ist. Böse Beleidigungen sollten tabu sein. Ansonsten kann es passieren, dass man an den falschen Tisch mit den falschen Leuten gerät.

Stinkende Gegner

Mangelnde Körperhygiene, Knoblauch, Billig-Duftwässerchen und Magensäure-geschwängerte Rülpser sind der absolute Albtraum, vor allem an einem vollen Tisch. Muss man sich beim Hinsetzen jedes Mal in widerliche Bierfurzluft oder andere Ausdünstungen begeben, macht das Ganze von vornherein schon keinen Spaß mehr.

All-In-Situation und der größte Nixpeiler vermischt die Chips

Ein typisches Homerunden-Phänomen: Wegen eines All-In wird ein Sidepot gebildet, oder es geht am Ende der Hand schlicht darum, Chips zu ordnen und zu verteilen. Oftmals schafft der Spieler mit dem wenigsten Durchblick hier Fakten, indem er einfach mal Chipstapel hin- und herschiebt. Rückabwicklung meist unmöglich. Man kann sich keine Aktion unter dieser Sonne vorstellen, die mehr nervt. Dadurch wird jede Homerunde zu einer kleinen EPT Berlin 2010 – jenes Turnier, das nach einem bewaffneten Raubüberfall und mehr oder weniger absichtlich durcheinandergewürfelten Stacks im absoluten Chaos mündete. Leider gibt es in der Homerunde keinen Turnierdirektor Thomas Kremser, der die Ordnung wiederherstellt.

Der penetrante Witzeerzähler und der Märchenonkel

Natürlich darf am Pokertisch geredet werden. Es dürfen auch Witze und Anekdoten zum Besten gegeben werden. Ein großes Problem stellen aber Spieler dar, die mit Nachdruck in der Stimme ausufernde, penetrante und nicht enden wollende Geschichten erzählen.

Kein Einsatz kann gemacht werden, kein Call kann annonciert werden, bevor die Pointe erzählt ist oder ganz wichtige Informationen über das neue Auto oder iPhone ausgetauscht sind. Merke: Das Pokerspiel geht immer vor! Gespräche sind im Zweifel immer zweitrangig.

Essen am Tisch

Die notorischen Fresser sind vor allem in Homerunden eine echte Plage. Erstens sind sie mehr mit dem Essen als mit dem Spiel beschäftigt, und zweitens verkleben sie nach und nach Chips, Karten und auf wundersame Weise auch alles andere.

Wozu gibt es die Dinnerbreak? Warum muss man den vollen Tisch an seinem Stoffwechsel inklusive unangenehmer Begleitgeräusche teilhaben lassen? Bitte esst euren Kram in der Pause oder nach dem Bust bei McDonald's!

Permanent darüber aufregen, dass die Blinds hochgehen

Es ist wirklich immer das Gleiche: Man sitzt in einem Turnier, es liegen Zettel mit der Struktur aus, oder eine große Tafel zeigt – völlig idiotensicher – die Länge der Blind-Levels. Egal, wie *deep* die Struktur ist, immer wird es den einen Spieler geben, der sich beschwert: »Boah, jetzt schon« oder »Krass, die wollen uns hier raushaben« sind die Klassiker.

Auch Sprüche wie »Das geht alles von meiner Zeit ab« sind unnötig. Es gibt Dinge, die man nicht ändern kann: Jahrhunderte vergehen, Dynastien zerbrechen, und die Blinds in einem Pokerturnier werden immer hochgehen.

BANKROLL – HOURLY-RATE – MONEY-MANAGEMENT – DER RICHTIGE UMGANG MIT GELD BEIM POKER

Dieses Kapitel dreht sich nicht um das Pokerspiel selbst, sondern um den Umgang eines Pokerspielers mit Geld. Ein Pokerspieler und mit Geld umgehen? Ein Paradox? Nein, im Gegenteil. Wenn Sie ernsthaft Poker spielen, kommen Sie nicht daran vorbei, sich Gedanken über Ihren Stundenlohn, Ihr Pokergeld und Ihren Umgang damit zu machen.

Bankroll

Das Geld, das ich zum Pokern zur Verfügung habe, nennt sich *Bankroll.* Spielen Sie nur mit diesem Geld. Vergleichen Sie Poker mit einem Hobby wie zum Beispiel der Fotografie. Der angehende Fotograf braucht eine Kamera, ein gutes Stativ etc. Beim Poker brauchen Sie Geld zum Spielen, Ihre Bankroll. Die Bankroll ist also beim Poker Ihr Arbeitsmaterial.

Die Höhe der Bankroll ist natürlich davon abhängig, in welchen Limits Sie üblicherweise spielen und wie ernsthaft Sie die Sache überhaupt betreiben wollen. Wenn ich dreimal im Jahr für 20 € spielen gehe, brauche ich mit Sicherheit keine richtige Bankroll. Auch wenn Bill Gates in Las Vegas manchmal 3-$/6-$-Limit-Texas-Hold'em spielt, um Spaß zu haben, braucht er wahrscheinlich keine Bankroll, weil er sich wohl kaum an einem Abend ruinieren kann.

Die Bankroll erlaubt es einem Spieler, immer den genauen Überblick über seine Situation zu haben. Wenn ich zum Beispiel 40 € zum Pokern aus dem Portemonnaie nehme und verliere und dann an einem anderen Abend 20 € nehme und 100 € gewinne, verliere ich schnell den Überblick. Wenn ich nur mit der Bankroll spiele, ist deren Höhe eine Art Pokerbarometer, und ich weiß, ob ich alles richtig mache oder ob ich mein Spiel ändern muss. Am besten, ich notiere mir zusätzlich jedes Spiel und wie viel ich dabei jeweils gewonnen oder verloren habe.

Ich habe außerdem in meiner Bankroll Geld, das ich von vornherein fürs Pokern verplant habe. Wenn ich es verliere, ist es nicht so schlimm, als wenn ich die letzten 600 €, die ich eigentlich für die überfällige Miete verwenden wollte, verspiele.

Eine Grundregel besagt, dass die Bankroll eines Spielers mindestens 300-mal die Big-Bet beim Limit-Spiel betragen sollte. Wenn Sie also ernsthaft 1-€/2-€-Limit-Texas-Hold'em spielen wollen, brauchen Sie eine Bankroll in Höhe von 600 €. Bitte missverstehen Sie das jetzt nicht. Ich brauche nicht 600 €, um an einem Abend 1-€/2-€-Limit-Texas-Hold'em zu spielen. Nein, ich brauche 600 €, um langfristig an vielen Abenden dieses Spiel zu spielen. Diese Höhe ist erforderlich, um dauerhaft die glücks- und pechbedingten Schwankungen aufzufangen. Beim No-Limit und beim Pot-Limit brauche ich natürlich auf Dauer eine verhältnismäßig höhere Bankroll, weil die *Swings,* also die Geldschwankungen, hier größer sind.

Einige Spieler vertreten die Ansicht, dass man möglichst keine Entnahmen aus seiner Bankroll tätigen darf. Das sehe ich persönlich anders. Wenn sich meine Bankroll von 1000 € auf 2000 € verdoppelt hat, gibt es meiner Meinung nach keinen Grund, sich nicht ein bisschen Geld für einen schönen Urlaub, vielleicht in Las Vegas, aus der Bankroll zu nehmen.

Hier muss jeder selbst entscheiden. Es ist ähnlich wie in der Wirtschaft, man muss sich die Frage stellen, ob man seine Gewinne reinvestieren oder für sich persönlich entnehmen will. Im Poker bedeutet reinvestieren, zum Beispiel in höhere Limits zu wechseln, beim Online-Poker mehrere Tische gleichzeitig zu spielen oder einfach mehr zu spielen. Ich persönlich gönne mir immer gern etwas von meinen Gewinnen.

Ich habe von Online-Poker-Spielern gehört, die mehrere Hunderttausend Dollar in ihrem Account haben, aber in abgerissenen Klamotten herumlaufen und in einem Loch als Wohnung hausen. Das Geld ist für sie nur ein abstrakter Wert. Es ist einfach nur Bankroll, und Entnehmen kommt für sie nicht oder nur selten infrage.

Letztendlich ist die Höhe der Bankroll natürlich davon abhängig, wie viel Geld Sie überhaupt für das Spiel ausgeben wollen. Wie gesagt, wenn Sie nur ab und zu um kleinere Beträge spielen, brauchen Sie keine Bankroll. Beim Online-Poker hat man automatisch seine Bankroll, nämlich seinen Account. Man kann also nicht anders, als eine Bankroll zu haben. Das ist auch gut so, denn, wie gesagt, eine Bankroll verleiht einem Spieler einen größeren Überblick über seine Gewinne und Verluste und verhindert, dass ständig Geld aus der Haushaltskasse zum Pokern genommen wird.

Hourly-Rate

Die *Hourly-Rate* ist der Stundenlohn eines Pokerspielers. Fragen Sie sich zu Beginn eines jeden Pokerspiels, wie viel Geld Sie in der Stunde für sich herausspielen können. Diese Einschätzung erfordert viel Erfahrung, aber man kann sagen, dass die Anzahl der schlechten Spieler am Tisch und das Limit, welches gespielt wird, hier wesentliche Faktoren sind. Ihr stündlicher Gewinn ist dann einfach Ihr Anteil an dem Verlust der schlechten Spieler.

Hierbei müssen Sie aber auch den *Rake,* also den Betrag, den sich der Casinobetreiber bzw. der Betreiber des Online-Poker-Rooms aus jedem Pot herausnimmt, berücksichtigen. Bei den meisten Online-Poker-Rooms beträgt er 5 % und in Casinos meist 10 % vom Pot. Sehen Sie den Rake wie einen weiteren Spieler an, der in jedem Fall am Ende immer 5 % bzw. 10 % gewinnt.

Als Faustformel gilt: Ein guter, solider Pokerspieler macht ungefähr zwei *Big-Bets* pro Stunde. Wenn man also 3-€/6-€-Limit-Poker spielt, sollte der Stundenlohn, die Hourly-Rate, ungefähr 12 € betragen. Gerade in den höheren Limits wird der Anteil der guten Spieler größer und die Luft dünner. Sie müssen daher wirklich gutes und solides Poker spielen, um einen akzeptablen Stundenlohn zu erzielen. Es ist aber möglich, glauben Sie mir. Es kann unter Umständen beim Online-Poker sinnvoller sein, eher mehrere Tische mit kleinem Limit zu spielen, als in ein höheres Limit zu wechseln.

In diesem Zusammenhang dürfen Sie Poker nicht als etwas Glamouröses sehen. Bezogen auf die Hourly-Rate ist Poker eine Arbeit wie jede andere auch. Man macht seinen Stundenschnitt und ist nicht besonders aufgeregt, wenn man groß abräumt. Auf der anderen Seite juckt es einen auch nicht viel, wenn man hoch verliert, weil man weiß, dass der langfristige Erfolg die Basis für eine gute Hourly-Rate ist. Wenn Sie dauerhaft so spielen, dass Sie Ihre Gewinnaussichten maximieren und Ihre Verlustchancen minimieren, sind Sie jedoch relativ sicher.

Money-Management

Es wird viel über *Money-Management* geredet, und jeder versteht darunter etwas anderes. Für mich bedeutet Money-Management einen vernünftigen Umgang mit der Bankroll. Auch wenn man im Pokerspiel das Geld oft nur als Spielchips sehen darf, um seine Entscheidungen nicht von pokerfremden Erwägungen leiten zu lassen, so bedeutet das nicht, dass die Bankroll nur Spielgeld ist. Sie ist richtiges Geld, und jeder, der das nicht einsieht, wird ein hoffnungsloser Spieler wie aus dem berühmten Roman von Dostojewski.

Ein vernünftiger Umgang mit der Bankroll bzw. mit dem Geld überhaupt bedeutet Folgendes:

- Ich muss aufhören zu spielen, wenn ich merke, dass es für mich nicht gut läuft. Ich darf meinen Verlusten nicht immer mehr Geld hinterherwerfen. Gerade beim Online-Poker ist das sehr schwer. Hier fällt es keinem auf, wenn Sie schon zwei Tage hintereinander spielen und geistig nicht mehr auf der Höhe sind. Die Verluste und die Misserfolge lassen Sie schlechter spielen. Wenn jemand Ihre *Losing-Streak* bemerkt, wird er es sofort gegen Sie ausnutzen. Poker ist nicht wie normale Arbeit. Sie müssen zwar nicht früh aufstehen, aber dafür verlieren Sie Geld, wenn Sie einen schlechten Tag haben. Auf der Arbeit kriegen Sie Ihr Geld trotzdem und hatten einfach nur einen schlechten Tag. Das ist der Unterschied.

- Spielen Sie nicht in einem Level, den Ihre Bankroll nicht verträgt. Zum einen werden die anderen Spieler immer besser, je höher der Level ist, auf dem Sie spielen. Zum anderen können Sie die Schwankungen mit einer kleinen Bankroll nicht entsprechend abfangen. Besser wenig gewinnen, als hoch zu verlieren.
- Nehmen Sie, wenn Sie in einer Home-Runde oder in einem Casino spielen gehen, nur einen bestimmten Betrag mit. Wenn das Geld weg ist, hören Sie auf. Bitte gehen Sie nicht nachts um 4:00 Uhr zum Bankautomaten, um noch mehr Geld in den Rachen eines besseren Spielers zu werfen. Wenn Sie dies befolgen, werden Sie durch Poker keine unvorhergesehenen großen Geldverluste erleiden. Einige Spieler nehmen zum Beispiel immer nur 10 % ihrer Bankroll zu einem Spiel mit.

Gerade als erfahrener Spieler werden Sie jetzt vielleicht zu Recht denken: »Klar, das hört sich in der Theorie alles ganz gut an, aber die Praxis sieht anders aus.« Ich habe auch schon viele Leute stundenlang über den richtigen Umgang mit Geld beim Pokern philosophieren hören. Und genau sie waren dann die Spieler, die abends beim Pokerspiel wirklich jede Regel, die sie selbst aufgestellt hatten, konsequent missachtet haben. Sie haben ihren Verlusten das Geld nur so »hinterhergeschaufelt«. Sie haben besoffen und emotional gespielt, und alle Theorien waren vergessen. Das ist leider oft die Realität beim Poker.

Ziehen Sie daraus einen Vorteil: Die meisten Spieler haben ein katastrophales Money-Management. Lehnen Sie sich im Spiel nur einen Moment zurück und machen Sie sich Gedanken über Ihre Bankroll, rechtzeitiges Aufhören, den maximalen Betrag, den man an einem Abend ausgeben sollte, und den richtigen Wett-Level. Sie werden dann vernünftiger als die Mehrheit Ihrer Gegner spielen.

POKER, ALKOHOL UND DROGEN

Wie ich bereits im Kapitel Pokertugenden beschrieben habe, sind vor allem Disziplin und Aufmerksamkeit wichtige Grundtugenden beim Poker. Daraus folgt, dass Sie immer nüchtern spielen sollten, um Ihre Sinne nicht zu trüben und diszipliniert zu bleiben. Das ist die Theorie.
Die Praxis sieht anders aus: Gerade in Home-Runden und beim Online-Poker sind Genussmittel aller Art an der Tagesordnung. Ein starker Alkoholiker muss sich mit Sicherheit erst auf einen gewissen Level trinken, um aufmerksam und diszipliniert zu sein. Ich kann und will mich daher an dieser Stelle einfach nicht damit begnügen zu sagen, dass man beim Poker nichts trinken oder nehmen sollte. Es ist wichtig zu wissen, wie man sich selbst in Bezug auf Genussmittel beim Poker verhalten sollte. Auf der anderen Seite muss ich natürlich ganz genau wissen, wie ich mir den »bedröhnten« Zustand eines Gegners zunutze machen kann. Daher im Einzelnen:

Poker und Alkohol

Ich selbst habe es zweimal erlebt, dass jemand sturzbetrunken in eine Pokerrunde kam und am Ende gewonnen hat. Das hätte eigentlich nicht passieren dürfen, und ich kann mir bis heute nicht erklären, was geschehen ist. Wahrscheinlich waren alle anderen Spieler, mich eingeschlossen, am Ende genauso betrunken, sodass es wohl keine Rolle mehr spielte.

Man sollte während eines Pokerspiels grundsätzlich nicht trinken. Damit meine ich nicht, dass Sie komplett trocken sein müssen, um Erfolg beim Poker zu haben. Nein, aber Sie dürfen nicht so betrunken werden, dass der Alkohol Ihre Aufmerksamkeit oder Ihre Disziplin nachhaltig beeinträchtigt. Ich habe für mich festgestellt, dass ein bis zwei kleine Biere völlig in Ordnung sind. Oft hilft mir ein Bier, ins Spiel zu finden, weil ich so ein bisschen mutiger und kommunikativer werde.

Der springende Punkt ist aber, dass es bei einem oder zwei kleinen Bieren bleiben muss. Alles, was darüber hinausgeht, trübt meine Sinne. Ich habe dann nicht mehr die feinen Antennen und Sensoren, die ich zum Pokern brauche. Ich bin dann einfach nur noch dumpf und spiele emotional. Ich übersehe Karten und schätze meine Spielsituation andauernd falsch ein. Ein ganz teurer Abend.

Wenn ich einen besoffenen Spieler vor mir sitzen habe, so nutze ich das knallhart aus. Es macht Spaß. Man muss einfach nur seine guten Hände spielen und dem Betrunkenen genug Gelegenheiten zum Fehlermachen geben. Machen Sie es nicht zu kompliziert. Das wird der Betrunkene gar nicht mitbekommen. Spielen Sie den Besoffenen einfach aus.

Poker und Cannabis

Hier gilt im Prinzip das Gleiche, was eben zum Alkohol gesagt wurde. Aber Vorsicht. Ein bekiffter Spieler wird schneller wieder nüchtern als ein besoffener Spieler.

Ich kenne auch jemanden, der mir erzählt hat, dass er bekifft besser Online-Poker spielen könne. Er vertritt die Ansicht, dass alles, was sich auf einem Monitor abspielt, durch Cannabis »verdichtet« werden könne. Man könne besser in das Geschehen am Monitor eintauchen. Ich denke, jeder sollte für sich selbst entscheiden, was er sich antut. Übermäßiger Cannabiskonsum ist in jedem Fall schädlich für Ihr Spiel. Schließlich will man nicht sich und vor allem seine Chips »in den Weltraum schießen«.

Poker und sonstige Drogen

Bei harten Drogen gibt es meiner Ansicht nach weder ein Wenn noch ein Aber. Wenn Sie Speed, Kokain, Crystal Meth, Ecstasy, LSD, Psilocybin-Pilze oder etwas Vergleichbares genommen haben, haben Sie am Pokertisch nichts verloren. Diese Drogen sind einfach viel zu hart, um danach auch nur einigermaßen aufmerksam und diszipliniert zu spielen. Bitte gehen Sie zu einer Goa-Party, einem Sit-In, einem Selbsterfahrungsworkshop oder am besten zu einer Therapie. Gehen Sie aber bitte nicht zu einem Pokerspiel. Sie werden keine Chance haben, wenn die Bildkarten mit Ihnen reden und Sie denken, der Dealer müsse Drogen besorgen, anstatt die Karten auszuteilen.

In einigen Internet-Foren zum Thema Poker und Drogen habe ich gelesen, dass es viele Spieler in den USA gebe, die bestimmte Beruhigungsmittel beim Poker nehmen. Es wird von sensationellen Erfolgen erzählt, da das Beruhigungsmittel jegliches emotionales Spielen verhindere und man so nicht auf Tilt kommen könne. Ich weiß nicht, was ich hiervon halten soll. Ich hätte keine Lust, am Pokertisch einzuschlafen. Das Problem ist nämlich, dass man nach Stunden ohne Chips aufwacht und feststellt, dass man »weggeblindet« wurde.

POKER UND RECHT – DIE HÄUFIGSTEN FRAGEN

Ich werde im Folgenden die häufigsten Fragen, die das Thema Poker aus juristischer Sicht aufwirft, beantworten.

Ist Poker strafbar?

Viele Spieler haben mich bereits gefragt, ob Poker in Deutschland verboten ist. Betrachten wir hierzu die einschlägigen Normen im Strafgesetzbuch, die in Verbindung mit dem Glücksspielstaatsvertrag der Bundesländer maßgeblich sind:

§ 284 StGB Unerlaubte Veranstaltung eines Glücksspiels

(1) Wer ohne behördliche Erlaubnis öffentlich ein Glücksspiel veranstaltet oder hält oder die Einrichtungen hierzu bereitstellt, wird mit Freiheitsstrafe bis zu zwei Jahren oder mit Geldstrafe bestraft.

(2) Als öffentlich veranstaltet gelten auch Glücksspiele in Vereinen oder geschlossenen Gesellschaften, in denen Glücksspiele gewohnheitsmäßig veranstaltet werden.

(3) Wer in den Fällen des Absatzes 1 1. gewerbsmäßig oder 2. als Mitglied einer Bande handelt, die sich zur fortgesetzten Begehung solcher Taten verbunden hat, wird mit Freiheitsstrafe von drei Monaten bis zu fünf Jahren bestraft.

(4) Wer für ein öffentliches Glücksspiel (Absätze 1 und 2) wirbt, wird mit Freiheitsstrafe bis zu einem Jahr oder mit Geldstrafe bestraft.

§ 285 StGB Beteiligung am unerlaubten Glücksspiel

Wer sich an einem öffentlichen Glücksspiel (§ 284) beteiligt, wird mit Freiheitsstrafe bis zu sechs Monaten oder mit Geldstrafe bis zu einhundertachtzig Tagessätzen bestraft.

Ich kann gemäß den beiden Paragrafen bestraft werden, wenn ich ein öffentliches Glücksspiel veranstalte, halte oder daran teilnehme.

Glücksspiel

Fraglich ist daher zuerst, ob Poker ein Glücksspiel im Sinne des Strafrechts darstellt. Nach der herrschenden Ansicht in Rechtsprechung und Literatur ist ein Glücksspiel »**ein Spiel, bei dem die Entscheidung über Gewinn und Verlust nach den Vertragsbedingungen nicht wesentlich von den Fähigkeiten und Kenntnissen und vom Grade der Aufmerksamkeit der Spieler bestimmt wird, sondern allein oder hauptsächlich vom Zufall, nämlich vom Wirken unberechenbarer, dem Einfluss der Beteiligten in ihrem Durchschnitt entzogener Ursachen.**
Erforderlich ist außerdem ein nicht gänzlich unerheblicher Einsatz, durch den die Aussicht auf einen vom Zufall abhängigen Vorteil erlangt wird.«

Nach dem, was Sie bisher über Poker wissen, ist Poker natürlich eher ein Geschicklichkeitsspiel, bei dem langfristig die Fähigkeiten der Spieler für den Ausgang bedeutender sind als der bloße Zufall. Ansonsten könnte sich niemand seinen Lebensunterhalt mit Poker verdienen, und die Top-Pokerspieler wären einfach nur die glücklichsten Menschen der Welt.
Die deutsche Rechtsprechung sieht das aber anders. Für sie ist Poker immer noch ein Glücksspiel, genau wie Roulette oder das Hütchenspiel. Dies gilt für Turniere und Cash-Games.

Die einzige Form des Pokers, die in Deutschland nicht als Glücksspiel gilt, ist die Abhaltung von Turnieren mit einem sogenannten Eintrittspreis, der unabhängig vom Ausgang des Spiels verfällt. Der Gewinner erhält dann einen Sachpreis als Gewinn, der nicht aus den Eintrittsgeldern finanziert werden darf. Bei dieser Variante fehlt es am *erheblichen Einsatz,* und es liegt insofern kein Glücksspiel vor. Die staatlichen Casinos haben natürlich eine Erlaubnis nach § 284 I StGB.

Öffentlich

Eine Veranstaltung ist öffentlich, wenn »***sie einem nicht fest geschlossenen Personenkreis nach außen hin erkennbar zugänglich gemacht wird.***
Als öffentlich nach § 284 II StGB gilt aber auch eine geschlossene Gesellschaft, in welcher ein Glücksspiel gewohnheitsmäßig veranstaltet wird.«

Die erste Alternative betrifft also den Fall, dass ich in einer Gaststätte oder einem sonstigen öffentlichen Raum erkennbar Poker spiele, in den theoretisch auch beliebige andere Personen eintreten können. Das ist verboten.
Dies kann ich leicht umgehen, indem ich in einem Privatraum, welcher der Öffentlichkeit nicht zugänglich ist, spiele.
Hierbei muss ich aber § 284 II StGB beachten: Wenn die Sache gewohnheitsmäßig stattfindet, so ist sie in Privaträumen genauso verboten wie in der Öffentlichkeit. Der Richter bzw. Staatsanwalt wird gewohnheitsmäßiges Spiel in den Räumen einer Privatperson bejahen, wenn er zum Beispiel den Eindruck gewinnt, dass bei demjenigen jede Woche am gleichen Tag um Geld gepokert wird.
Vor allem für Gaststätten ist § 285 StGB sehr gefährlich. Die Strafandrohung ist zwar relativ gering, und man hat in der Regel

gute Aussichten, bei einer strafrechtlichen Verurteilung relativ glimpflich davonzukommen.
Allerdings kann man seine behördliche Erlaubnis zum Betreiben einer Gaststätte verlieren, wenn man sich nach § 285 StGB strafbar macht. Die Erlaubnis kann genauso entzogen werden, wie wenn man zum Beispiel Drogen an der Theke verkaufen und so gegen das Betäubungsmittelgesetz verstoßen würde.

Poker ist in Deutschland grundsätzlich verboten, außer man spielt weder öffentlich noch gewohnheitsmäßig. Die Casinos haben eine staatliche Erlaubnis.

Die einzig erlaubte Form des öffentlichen Pokers in Deutschland sind Sachpreisturniere, oder man geht eben in ein staatliches Casino.
Allerdings ist es für die Polizei bzw. den Staatsanwalt sehr schwer, Glücksspiel nachzuweisen, wenn sie das Geld und somit die Einsätze nicht finden. Das ist insbesondere schwer, wenn ein Spieler alle Einsätze einfach bei sich im Portemonnaie hat. Es ist dann nahezu unmöglich, die Behauptung, es gehe bei dem Pokerspiel nur um Chips ohne Geldwert, zu widerlegen. Die Polizei hat ja keine Einsätze in Form von Geld gefunden, die sie eindeutig dem Spiel zuordnen kann. Somit entfällt eine Bestrafung mangels Nachweis des Glücksspiels.

Online-Poker

Die Online-Spieler befinden sich in einer rechtlichen Grauzone. Einer Meinung zufolge ist Online-Poker erlaubt, weil man ja auf einem Server spielt, der im Ausland steht, und insofern kein Glücksspiel im Sinne des § 284 StGB stattfindet. Dazu befinden sich die Firmensitze der Anbieter häufig in europäischen Ländern wie zum Beispiel Malta, wo Glücksspiel gesetzlich erlaubt und lizenziert ist. Eine andere Ansicht bejaht einen Verstoß gegen § 285 StGB, da es nicht darauf ankommt, wo das Glücksspiel stattfindet. Andere sagen, das Glücksspiel finde in Deutschland auf dem Computer des Online-Spielers statt und sei daher, unabhängig davon, wo der Server steht, verboten. Hier fehlt bislang eine eindeutige Linie.

In Deutschland interessieren sich die staatlichen Behörden bisher nicht für den kleinen Online-Spieler. Die Behörden bleiben meist untätig, auch weil sich keiner wirklich zuständig fühlt. Zu zerfasert sind die Kompetenzen zwischen Bund und Ländern.

Kann man Spielschulden einklagen?

Spielschulden sind Naturalobligationen nach § 762 BGB. Das bedeutet, dass auf deren Erfüllung kein Anspruch besteht. Auf der anderen Seite können sie aber auch nicht zurückgefordert werden, wenn sie bereits bezahlt sind.

Pokerschulden sind demnach Ehrenschulden und müssen dem Gesetz nach nicht bezahlt werden. Wenn sie aber erst einmal bezahlt sind, gibt es keinen gesetzlichen Weg, sie zurückzufordern.

Anders sieht es aus, wenn es sich um Spielschulden bei Unternehmen handelt, die legal Glücksspiel anbieten, zum Beispiel staatliche Casinos. Diese können Verbindlichkeiten natürlich gerichtlich einklagen.

Müssen Pokergewinne versteuert werden?

Nein, grundsätzlich müssen Gewinne aus Glücksspiel nicht versteuert werden. Diese Gewinne sind kein besteuerbares Einkommen nach dem EStG. Zum einen handelt es sich meist nicht um regelmäßige Einkünfte, und zum anderen sind Glücksspielgewinne eben keine tauglichen Steuerobjekte.

Aber Achtung: Der Bundesfinanzhof hat 2015 im Fall des deutschen Pokerspielers Eddy Scharf entschieden, dass Gewinne aus der Teilnahme an Pokerturnieren unter bestimmten Umständen als Einkünfte aus Gewerbebetrieb der Einkommensteuer unterliegen können.

Im Urteil heißt es, Turnierpokerspiel in den Varianten Texas Hold'em und Omaha sei nach einkommensteuerrechtlichen Maßstäben nicht als reines – und damit per se nicht steuerbares – Glücksspiel, sondern als Mischung aus Glücks- und Geschicklichkeitsspiel einzustufen.

Die Steuerbarkeit richtet sich nach dem konkreten Einzelfall bzw. danach, ob beim Pokerspielen ein am Markt orientiertes, einkommensteuerbares Verhalten vorliegt. Indizien hierfür sind zum Beispiel regelmäßige Teilnahme an großen, auch im Ausland ausgetragenen Turnieren, der Umfang der Preisgelder, hohe Buy-Ins, pokerbezogene mediale Präsenz und Fähigkeiten.

Vereinfacht gesagt: Als Hobby-Spieler, der ab und zu auch mal hoch gewinnt, müssen Sie sich keine Sorgen um das Finanzamt machen. Je mehr Ihr Pokerspiel aber in Richtung Profi tendiert, der hiermit seinen Lebensunterhalt bestreitet, desto eher sollten Sie sich Sorgen machen. Viele namhafte deutsche Pokerspieler sind wegen des Urteils nach Österreich gezogen, wo man sich nach wie vor als Pokerspieler keine Sorgen um das Finanzamt machen muss.

BERÜHMTE POKERFILME

21 (USA 2008)

Dieser Film ist streng genommen kein Pokerfilm. Es geht um die wahre Geschichte einiger Studenten des renommierten MIT

(Massachusetts Institute of Technology), die ab 1979 durch wissenschaftliche Analyse das Black-Jack-Spiel in Casinos knackten. Ein sehr interessanter Film für jeden, der sich für das wissenschaftliche Element beim Glücksspiel interessiert.

Casino Royale (GB 2006)

James-Bond-Film mit Daniel Craig und Judi Dench in den Hauptrollen. Während in dem gleichnamigen Original von 1967 noch Baccara gespielt wurde, geht es in der Version von 2006 natürlich um Poker, speziell Texas Hold'em. Unvergessen die Szene, als Bond während eines laufenden Pokerturniers mit 10 Millionen Dollar Eintritt vergiftet wird und sich im Auto reanimiert. Danach geht's natürlich sofort zurück an den grünen Filz.

Cincinnati Kid (USA 1965)

Ein absoluter Klassiker mit Steve McQueen in der Hauptrolle. Alles dreht sich in dem Film um die Pokerszene. Beim Five Card Stud liegen vier Karten offen und nur eine verdeckte Karte vor jedem Spieler. Der ganze Psychokrieg besteht darin, die eine verdeckte Karte des Gegners zu erahnen. Der Film ist wirklich der Pokerklassiker schlechthin, und man sollte ihn gesehen haben, auch wenn der Weg zum finalen Spiel manchmal etwas langatmig erscheint.

Five Card Stud (USA 1968)

Mystery-Western mit Dean Martin und Robert Mitchum, bei dem alle Spieler eines bestimmten Five-Card-Stud-Spiels nacheinander ermordet werden. Der Film ist ein klassischer Western mit allen Klischees, die dazugehören. Das Krimi-Element ist sehr gut eingearbeitet worden, und der Titelsong ist der Knaller: *»He was playing Five Card Stud, how he loved that Five Card Stud … life to him was Five Card Stud, when he played, he played for blood.«*

House of Games (USA 1987)

Die Geschichte einer Psychologin, die von einem Patienten in ein betrügerisches Pokerspiel involviert wird. Ein intelligent gemachter Film, der die ganze Zeit über unberechenbar bleibt und mit einigen Twists überrascht.

Kaleidoscope (GB 1966)

Ein Warren-Beatty-Film über einen betrügerischen Spieler, der sogar so weit geht, nachts in eine Kartenfabrik einzubrechen, um die Druckplatten für die Kartenrückseiten zu verändern. So kann er dann in allen Top-Casinos schummeln. Sehenswert.

Lock, Stock & Two Smoking Barrels (GB 1998)

Ein Film aus der Zeit, als Regisseur Guy Ritchie noch nicht mit Madonna verheiratet und richtig gut war. Der deutsche Titel lautet »Bube, Dame, König, Gras«. Vier Freunde aus London kratzen ihr letztes Geld zusammen, damit einer von ihnen an einem High-Stakes-Poker-Spiel mit einem Obergangster teilnehmen kann. Sie wissen nicht, dass das Spiel ein Betrug ist, und verlieren ihr gesamtes Geld. Obwohl die Pokerszene gleich zu Beginn des Films kommt und eher kurz ist, ist sie genial. Der Moment des Verlierens ist wunderbar eingefangen worden, und deshalb lohnt es sich, in jedem Fall wenigstens den Anfang zu gucken.

Luckytown (USA 2000)

Ein Film mit Kirsten Dunst in der Hauptrolle. Die Protagonistin macht sich auf den Weg nach Las Vegas, um ihren Vater, einen notorischen Spieler, zu finden. Sie nimmt dabei einen Typen mit, dessen Traum es ist, ein Pokerspieler zu werden. Der Film enthält viele Spielszenen, und Kirsten Dunst sieht einfach super aus.

Maverik (USA 1994)

Ein Western mit Mel Gibson und Jodie Foster in den Hauptrollen. Der Held muss das Eintrittsgeld für ein Pokerspiel auf einem Schiff zusammenbekommen. Das Pokerspiel am Ende ist ziemlich unrealistisch, der Film ist aber über weite Strecken gute Unterhaltung und auf jeden Fall ein Muss für jeden Pokerspieler.

Rounders (USA 1998)

Matt Damon muss als Spieler in die Pokerwelt zurückkehren, um die Spielschulden eines Freundes, genial gespielt von Edward Norton, zurückzuzahlen. Völlig unverständlich, warum ein solcher Top-Film seinerzeit nicht in die deutschen Kinos kam. Der Film ist wirklich einmalig, und jeder, der Poker spielt, sollte ihn gesehen haben. Chris Moneymaker, der Gewinner der WSOP 2003, gab an, er sei durch diesen Film zum Spiel gekommen.

Die Story und die Pokerszenen sind sehr gut gemacht. Auch das Casting ist perfekt. Es spielen unter anderem noch John Malkovich, Gretchen Mol, Famke Janssen und John Turturro mit.

Stuey (USA 2003)

Alternativer Titel ist *High Roller*. Der Film basiert auf dem Leben der Pokerlegende Stu Ungar, der dreimal die WSOP gewann und von vielen als der beste No-Limit Texas Hold'em-Spieler aller Zeiten angesehen wird. Stu Ungar war auch nebenbei der beste Gin-Rummy-Spieler aller Zeiten. Ein unglaubliches Talent, dessen Leben aber trotz seiner Spielerfolge tragisch verlief. Der Film ist fantastisch, und es gelingt dem Regisseur auf eine geschickte Art und Weise darzustellen, wie dicht Erfolg und Niederlage im Leben beieinanderliegen können.

The Gambler (USA 1974)

Ein Film über einen spielsüchtigen Literaturprofessor, der nach Las Vegas aufbricht, um seine Schulden zurückzugewinnen. Der Film zeichnet das genaue Porträt eines Spielsüchtigen. Er zeigt, wie das Gewinnerlebnis im Wertesystem eines Spielsüchtigen einen immer geringeren Stellenwert einnimmt und es dem Spieler letztendlich nur um den Moment geht, in dem alles auf der Kippe steht. Von einigen wird dieser Film in einem Atemzug mit *Der Pate* genannt, wohl nicht zuletzt wegen der ausgezeichneten schauspielerischen Leistung von James Caan, Paul Sorvino und James Woods. James Woods spielt im wirklichen Leben übrigens selbst aktiv Poker. Im Jahr 2014 gab es ein Remake des Klassikers mit Mark Wahlberg und John Goodman in den Hauptrollen.

BERÜHMT-BERÜCHTIGTE POKERSPIELER

Ich beschreibe jetzt einige Berühmtheiten in der schillernden Welt des Pokers. Sicherlich ist die Auswahl hier beschränkt, und der eine oder andere Leser wird monieren, dass X oder Y fehlt. Das riskiere ich aber und stelle Ihnen hiermit unsere Lieblinge in alphabetischer Reihenfolge vor.

»Amarillo Slim« Preston

Thomas Austin Preston lebte von 1928 bis 2012 und war einer der bekanntesten Pokerspieler überhaupt. Er lebte, wie sollte es anders sein, in Amarillo, Texas. Er hat die WSOP im Jahr 1972 gewonnen und eine Autobiografie namens *In a World of Fat*

People geschrieben, die auf jeden Fall lesenswert ist. Amarillo Slim hat schon mit Personen wie Richard Nixon, Larry Flint oder Lyndon B. Johnson am Pokertisch gesessen. Über ihn sind zahlreiche Geschichten überliefert. So soll er auf einem Kamel durch das edelste Casino von Marrakesch geritten sein und von Pablo Escobar aufgrund einer Verwechslung während der Eröffnungsfeier eines Casinos in Kolumbien entführt worden sein.
2003 wurde er wegen Belästigung Minderjähriger angeklagt. Die Anklage wurde 2004 nach einem Handel mit der Verteidigung reduziert, und er bekannte sich schuldig. Er bekam eine Bewährungsstrafe von zwei Jahren und musste 4000 $ zahlen.

Chris Moneymaker

Chris Moneymaker ist wirklich der echte Name des Gewinners der World Series of Poker 2003. Seine Geschichte klingt wie ein modernes Märchen. Sie begann damit, dass er das Buy-In für die WSOP durch ein Satellite-Turnier beim Online-Poker gewann. Er setzte insgesamt 40 $ ein und gewann 2 500 000 $.
Als er das Buy-In gewann, war es schwierig für ihn, das Geld für ein Flugticket nach Las Vegas und das Hotel aufzubringen. Sein Vater Mike und ein Freund namens David Gamble, auch wieder ein echter Name, liehen ihm gegen eine Gewinnbeteiligung das Geld aus. Chris spendete 25 000 $ seines Preisgeldes für die Krebsforschung.
Christopher Brian Moneymaker eroberte die World Series of Poker 2003 im Sturm. Die meisten Leute glaubten, dass Chris damals einfach Glück mit den Karten hatte. Natürlich spielte das Glück eine Rolle, aber Chris hat einfach gezeigt, dass er es versteht, mit den ganz Großen zu spielen. Er hatte vor diesem Turnier drei Jahre Poker gespielt, jedoch nie in einem Live-Turnier. Am ersten Tag hatte er Johnny Chan zu seiner Rechten und Phil Ivey zu seiner Linken. Nicht gerade die Idealposition. Er dachte,

er würde sofort ausgespielt werden, beschloss aber in der ersten Nacht, sich nicht mehr einschüchtern zu lassen. Wenn er geschlagen werden würde, würde er geschlagen werden, aber er musste sein Spiel machen. Und das tat er! Er schlug sich fantastisch und spielte wunderbares Poker. Das Blatt, an das sich die meisten Leute noch erinnern können, ist das, bei dem er mit 88 gegen Humberto Brenes' AA spielte. Er bekam die dritte Acht und hatte ein Set. Humberto war aus dem Rennen.

Wie gesagt, ohne Glück und einen Rush kann man die WSOP mit ihren mittlerweile Tausenden von Teilnehmern nicht gewinnen. Man kann sie aber auch absolut nicht gewinnen, wenn man schlecht spielt. Sein Sieg im Jahr 2003 trug maßgeblich zur Entstehung des Pokerbooms bei und veranlasste den ESPN-Kommentator Norman Chad zu dem Satz »This is beyond fairytale – it's inconceivable!« (»Das ist besser als jedes Märchen, das ist einfach unglaublich!«).

Daniel »Kid Poker« Negreanu

Daniel Negreanu ist einer der bekanntesten Pokerspieler. Seine Turniergewinne betragen mittlerweile ca. 30 Millionen Dollar, und damit führt er die »All Time Money List« des »Hendon Mob« an.

Seine verbalen Analysen am Tisch sind messerscharf, und oft werden die Gegner weiß im Gesicht, wenn sie hören, wie Daniel ihre Hand interpretiert. Daniel sagt über Poker: *»Ich bin in erster Linie Pokerfan und dann erst Spieler. Ich freue mich, dass Poker immer beliebter wird, und werde alles tun, Integrität und Image des Spiels schützen zu helfen.«*

Doyle »Texas Dolly« Brunson

»Texas Dolly« wurde im Jahre 1933 in Texas geboren und war zunächst Basketballspieler. Kurz bevor er zur NBA wechseln wollte, machte ihm eine Sportverletzung einen Strich durch die Rechnung. Danach begann seine Karriere als professioneller Pokerspieler. Doyle Brunson hat die WSOP im Jahr 1976 und 1977 gewonnen, also »Back to Back«. Er ist der Autor der Pokerbibel *Super-System – How I Won a Million Dollar Playing Poker* und ist heute noch ein aktiver und gefürchteter Spieler in Las Vegas.

Fedor Holz

Fedor »CrownUpGuy« Holz ist geldmäßig der erfolgreichte deutsche Spieler. Er führt die »Germany All Time Money List« mit weit über 32 Millionen Dollar Live-Turniergewinnen an und liegt damit vor anderen deutschen Erfolgsspielern wie Christoph Vogelsang, Ole Schemion, Rainer Kempe, Dominik Nitsche, Tobias Reinkemeier, Philipp Gruissem und Fabian Quoss.
Holz hat nach eigenen Angaben einen Intelligenzquotienten von 155 und bezeichnet sich selbst als guten Allrounder. Neben seiner Poker-Karriere engagiert er sich für die nicht-kirchliche Poker-Charity REG, die weltweit Menschen in Not auf möglichst effektive Art und Weise hilft.

Gus Hanson

Gustav Hansen wurde wegen seiner Erfolge bei der World Poker Tour bekannt. Bevor er Pokerspieler wurde, war er ein hochrangiger Backgammonspieler. Im kalifornischen Santa Cruz begann er mit dem Pokern, ursprünglich stammt er aus Kopenhagen.
Gus Hanson ist das Paradebeispiel für einen loose-aggressiven Spieler. Er hat diese Form des Pokers zur Perfektion gebracht. Leider ist er auch das Paradebeispiel dafür, dass man mit Poker – und speziell mit seinem Spielstil – viel Geld verlieren kann. Online hat der »Great Dane« leider bereits über 20 Millionen Dollar verloren.

Jennifer Harman

Jennifer Harman gehört zu den erfolgreichsten Pokerspielerinnen weltweit. Jennifer spielt seit über 20 Jahren professionell Poker. Ihr Weg dahin war steinig. Sie gibt freimütig zu, dass sie am Anfang ihrer Karriere ihre Fähigkeiten und ihre finanziellen Mittel häufig überschätzte. Sie hat aber aus ihren Fehlern gelernt. Sie musste sich Geld leihen, doch sie schaffte es ins Geschäft zurück. Jennifer sagt, dass jeder professionelle Pokerspieler mehr als einmal im Leben sein gesamtes Geld verspielt hat, ihr Fall sei also nichts Besonderes.

In der Vergangenheit war sie mit Todd Brunson, dem Sohn von Doyle Brunson, zusammen. Veranstaltungen nur für Frauen schätzt Jennifer nicht besonders. Auf das »Ladies-Only Event« bei der WSOP angesprochen, erwiderte sie, dass gleichzeitig immer auch ein anderes offenes Event stattfinde, das sie lieber spiele. Das Preisgeld sei höher. Das ist die richtige Einstellung.

Ich denke, dass man als Frau im Poker Vorteile hat, weil man über bessere soziale Antennen verfügt als ein Mann. Zudem haben viele Männer gerade schönen Frauen gegenüber immer noch eine »Beißhemmung«. Während der WSOP 2004 musste sich Jennifer einer Nierentransplantation unterziehen. Ihre Nichte spendete ihr eine gesunde Niere. Jennifer geht es seither blendend.

Johnny Chan

Johnny Chan, auch bekannt als »Orient Express«, kam im Alter von neun Jahren mit seinen Eltern aus China in die USA. Mit 21 Jahren kam er nach Las Vegas, wo er zunächst als Koch arbeitete. Schon bald spielte er mehr und mehr nach seinen Schichten und konnte das Kochen schließlich ganz aufgeben. Er gewann die WSOP im Jahre 1987 und 1988. Er hatte auch 1998 einen Kurzauftritt im Pokerfilm *Rounders*. Der Film enthält Filmmaterial von Chans Sieg gegen Eric Seidel bei der WSOP von 1988.

Mike »The Mouth« Matusow

Mike Matusow lebt in Las Vegas, und man kennt ihn als einen der besten Omaha High/Low-Spieler der Welt. Er begann seine Pokerkarriere als Dealer in Las Vegas. Im Hauptevent der WSOP 2005 belegte er den neunten Platz.

Mike »The Mouth« Matusow hat seinen Spitznamen absolut verdient. Bei den Fernsehübertragungen des Hauptevents der WSOP steht Mike häufig im Mittelpunkt. Er hat sich 2004 mehrmals mit dem Gewinner Greg Raymer angelegt und holte sich dabei regelmäßig eine blutige Nase. Mike versuchte massiv, Greg mit Worten zu ärgern. Das heißt, er erzählte einfach Unsinn. Mike redet nicht nur viel, wenn der Tag lang ist, er redet, als hätte er mit einer Zeitmaschine den Tag um das Zehnfache verlängert. Unglaublich. Man muss es einmal gesehen haben. Das Händeschütteln im Anschluss an die Partie verweigerte Greg Raymer, weil dieser ihn zuvor zu extrem beleidigt hatte.

Matusow ist ein sehr emotionaler Mensch. Er musste schon oft weinen, als er bei einem Turnier ausschied. Manchmal kommt es während großer Turniere zu den berüchtigten »matusowschen Ausrastern«. Von einem matusowschen Ausraster oder *blow-up* spricht man, wenn er zu Beginn eines Turniers sein bestes Poker spielt, um dann alles mit nur einem Blatt oder innerhalb weniger Runden in den Sand zu setzen.

Während der WSOP 2005 war es scheinbar wieder so weit. Der Dealer warf Mike unsauberes Spiel vor. Der Turnierleiter wurde gerufen und sollte eine Entscheidung fällen. Mike verteidigte sich und wurde dabei von den anderen Spielern am Tisch unterstützt. Der Turnierleiter beließ es bei einer Verwarnung. Doch nur wenige Augenblicke später stieß Mike, immer noch verärgert, einen unangemessenen Fluch aus: das F-Wort. Der Leiter meinte, er müsse ihn mit einer 10-Minuten-Strafe belegen. Dieses Wort sei am Pokertisch tabu. Mikes Antwort: *»F… that.«*

Das waren 10 weitere Strafminuten. *»F-ing great«,* so Mikes Kommentar. Noch mal 10 Strafminuten. Beim Verlassen des Tisches ließ Mike es sich nicht nehmen, noch einmal 10 Strafminuten für einen weiteren Fluch zu sammeln. Insgesamt 40 Strafminuten, doch aus dem Publikum wurde ihm applaudiert. Am besten kann ich mich an Mikes Interview aus dem Jahr 2005 bei der WSOP erinnern. Er sprach über sein Leben und darüber, wie er sich verändert habe. Er sagte, er habe seine wilden Jahre jetzt hinter sich. Ich fühlte mich wirklich emotional berührt von seinen Worten und dachte: Menschen können sich also doch ändern. Im Anschluss an die Fernsehübertragung der WSOP wurde Mike leider zu sechs Monaten Gefängnis verurteilt. Er hatte angeblich für einen Zivilfahnder Drogen besorgt. Das war zumindest Mikes Version der Geschichte.

Phil Hellmuth jr.

Phil Hellmuth jr. gehört zu den erfolgreichsten Turnierpokerspielern aller Zeiten. Allein von seinen Erfolgen bei den World Series of Poker können die meisten Spieler nur träumen, er besitzt 14 WSOP-Armbänder und gehört zu den Top-Geldgewinnern beim Poker. Eines seiner Armbänder erhielt er für den Gewinn der WSOP 1989, als er gerade 24 Jahre alt war und somit zum seinerzeit jüngsten Gewinner dieses wichtigen Events wurde. Er verhinderte in diesem Jahr, dass Johnny Chan dieses Event dreimal hintereinander gewann.

Leider ist Phil Hellmuth auch ein Spieler, der nicht gut verlieren kann und seine Emotionen nicht immer im Griff hat. Er wird daher auch der »John McEnroe des Pokers« genannt. Er hält sich wirklich für den besten Spieler aller Zeiten, und von ihm stammt der berühmte Ausspruch: *»I guess, if there wasn't luck involved, I would win everyone.«* (Wenn das Spiel nichts mit Glück zu tun hätte, würde ich alle schlagen.)

Unvergessen auch sein Auftritt bei einer WSOP, in dem er sich in seinem Haus filmen ließ. Die erste Einstellung zeigt Phil Hellmuth jr., der in seinem Bett neben einer angebrochenen Klorolle aufwacht. Es geht dann weiter, wie er sich die Zähne putzt und ihm dabei der Sabber aus dem Mund läuft. Vielleicht noch ein Wort zu Phil Hellmuths Einstellung. Er hält sich für den besten Spieler aller Zeiten. Ob er recht hat oder nicht, sei dahingestellt. Er erteilt uns aber eine wichtige Pokerlektion: Man muss sich für einen Gewinner halten, wenn man gewinnen will. Egal, was die anderen über einen denken.

Phil Ivey

Ja, im Poker gibt es viele Phils. Phil Iveys Name hat in der Pokerwelt aber immer noch einen ganz besonderen Klang, lange Zeit galt er sogar als der beste Pokerspieler der Welt und er hat fast 26 Millionen Dollar in Live-Turnieren verdient.
Allerdings wurde er vor einigen Jahren in Geschehnisse verwickelt, die nur entfernt mit Poker zu tun haben. Phil Ivey hatte beim Baccara in England und Amerika insgesamt ca. 17 Millionen Dollar mit einer Technik namens »Edge-Sorting« verdient, und das Ganze hat ein ausgedehntes juristisches Nachspiel. Ivey bzw. seine Begleiterin bat den Dealer regelmäßig, bestimmte Karten um 180 Grad zu drehen. Das Casino behauptete, dass Ivey die beim Baccara vorteilhaften Karten drehen ließ und aufgrund eines minimalen Symmetrie-Fehlers auf der Rückseite später in der Lage war, sie zu identifizieren.

Pius Heinz

Der Deutsche Spieler Pius Heinz aus Köln gewann 2011 die WSOP für 8,7 Millionen Dollar. Er besiegte am letzten Spieltag die beiden Poker-Schwergewichte Ben Lamb und Martin Staszko und schnappte sich den begehrtesten Titel der Pokerwelt.

Heinz ist somit der einzige Deutsche, der je den Sieg beim Main Event der WSOP – der wichtigste Titel in der Pokerwelt überhaupt – eingefahren hat. Nach seinem Sieg wurde es nach einigen kleineren Erfolgen aber ruhig um den »Poker Papst«, und er wurde nicht mehr an den Pokertischen gesehen.

Stu »The Kid« Ungar

Stuart »The Kid« Ungar wurde 1953 als Sohn jüdischer Einwanderer geboren. Mit 10 Jahren begann er in New York Gin-Rummy zu spielen. Das erste Turnier, an dem er teilnahm, gewann er und erspielte in der Folgezeit als Kind über 30 000 Dollar. Allerdings verlor er das meiste Geld wieder bei Pferdewetten. Seine Gin-Rummy-Karriere ging weiter, und er kam 1976 nach Las Vegas, wo er seine langjährige Freundin heiratete und eine Tochter bekam.
Ein Hauptgrund, warum Stu mit dem Poker anfing, war einfach darin zu sehen, dass die gesamte Gin-Rummy-Action dieser Zeit durch ihn faktisch gestoppt wurde. Er war einfach zu gut. Stu konnte jeden Gegner besiegen. Der beste Spieler im Gin bis zu Ungars Erscheinen war damals Harry »Yonkie« Stein. Stein verlor in einem High-Stakes-Gin-Spiel so übel gegen Ungar, dass er seine Karriere schlagartig beendete und fortan in Gin-Rummy-Kreisen nicht mehr gesichtet wurde. Nach diesem Ereignis fand Ungar einfach niemanden mehr, der gegen ihn antreten wollte. Er war gezwungen, sich ein Handicap bei jedem Ginspiel zu geben. Er bot seinen Gegnern zum Beispiel an, jeweils die letzte Karte im Stoß anzusehen. Bei anderen Gelegenheiten bot Ungar an, in jeder Runde der Dealer zu sein. All das nützte nichts. Ungar gewann trotzdem jedes Spiel. Bei einer Gelegenheit schummelte ein Opponent. Ungars Bodyguard teilte Ungar dies mit. Ungar blieb ganz cool und sagte, dass er das schon längst wisse, es mache aber nichts, weil er ihn ohnehin schlagen würde. So geschah es dann auch.

1980 nahm Ungar zum ersten Mal an der World Series of Poker teil und gewann prompt, indem er die Pokerlegende Doyle Brunson besiegte. Von da an ging es weiter. Er gewann die WSOP erneut im darauffolgenden Jahr und noch mal im Jahr 1997. Stu Ungar war wahrscheinlich der beste No-Limit Texas Hold'em-Spieler aller Zeiten. Ich denke, das kann man hier an dieser Stelle so sagen. Er hatte ein fotografisches Gedächtnis und einen sehr hohen IQ. Dazu hatte er das Kämpferherz eines Löwen.

Es ist wirklich nicht übertrieben, wenn man sagt, dass Stu Ungar der Mozart des Pokers war. Leider hatte er über das Talent hinaus auch andere Eigenschaften, die Mozart ebenfalls hatte. Wie Mozart war Stu Ungar ein leidenschaftlicher Spieler. Er verzockte sein Geld, wo es nur ging, vor allem beim Golf. Als er das erste Mal in seinem Leben einen Golfplatz betrat, verlor er 80 000 Dollar. Insgesamt waren es Millionen. Darüber hinaus hatte Stu ein massives Drogenproblem. Er liebte Kokain, und das wurde ihm zum Verhängnis. Es scheint so, dass sich ein derart schneller Verstand einfach auch viel schneller langweilt und immer einen Kitzel braucht. Ob es das Zocken ist oder das Kokain. Ich denke, dass das Hirn von Ungar einfach nicht für das normale Leben gebaut war.

Ungars Gehirn war eher wie ein Formel-1-Wagen, der nur für die Rennstrecke konzipiert ist, aber eben nicht für die Straße. Ähnlich war es bei Ungar. Sein Geist war für das Kartenspiel geschaffen. Im echten Leben versagte er. 1990 wurde Stu Ungar am dritten Tag der WSOP mit einer Überdosis Kokain auf seinem Hotelzimmer gefunden. Er musste ins Krankenhaus und konnte nicht weiterspielen. Sein Chip-Stack war aber bis dahin schon so groß, dass er am Ende noch den 9. Platz belegte, obwohl er nur noch weggeblindet wurde. Sein Preisgeld betrug 20 500 Dollar. Stu gewann immer sehr viel Geld beim Poker, um es danach komplett für Drogen und Sportwetten zu verschwenden.

Stu war in seinem Leben viermal Millionär und viermal total pleite. Es war immer das gleiche Muster.

1997 gelang es ihm, nach 16 Jahren, den WSOP Main Event erneut zu gewinnen, was eine unglaubliche Leistung darstellt. Die Presse taufte ihn daraufhin »The Comeback-Kid«, und Stu hat den Sieg seiner Tochter Stephanie gewidmet. Den Gewinn verschleuderte er leider wieder für Drogen und Sportwetten. 1998 konnte er bei der WSOP nicht antreten, weil er von seiner Kokainsucht völlig geschwächt war. In den Folgemonaten lief er durch Las Vegas und bettelte um Geld. Er behauptete, er brauche das Geld, um wieder zurück an den Pokertisch zu kommen. Ein Bluff. In Wirklichkeit kaufte er sich Crack.

Am 22. November 1998 wurde Stu Ungar tot in seinem Hotelzimmer aufgefunden. Die Todesursache war nicht eindeutig festzustellen, aber er ist wohl letztlich an den Folgen seines jahrzehntelangen Drogenkonsums gestorben. Es war nicht einmal Geld für eine Beerdigung vorhanden, sodass ein Freund von Stu, nämlich Bob Stupak, eine Kollekte veranstalten musste. Stu Ungar hat mit seinem außerordentlichen Talent insgesamt über 30 Millionen Dollar am Pokertisch gewonnen. Er hat als einziger Mensch dreimal die WSOP im Turniersystem gewonnen. Seine Tochter eröffnete die WSOP 2005 mit den Worten: »Shuffle Up and Deal.« Sie selbst spielt nicht.

TJ Cloutier

TJ Cloutier hat weltweit bereits über 50 große Pokerturniere gewonnen und dabei zwischen 7 und 8 Millionen Dollar verdient. Er wird von vielen Spielern als der beste Turnierspieler der Welt angesehen. TJ spielte zunächst Profi-Football bei den Montreal Allouettes, als ihn eine Verletzung dazu zwang, seinen Sport aufzugeben. Danach betrieb er einen Nahrungsmittelhandel, der im Jahr 1976 pleiteging. Er fuhr mit seinen letzten 100 Dollar in der Gesäßtasche nach Texas, wo er ein halbes Jahr auf einer Ölbohrplattform arbeitete. An seinen freien Tagen spielte er Poker und fand bald heraus, dass er hiermit mehr verdienen konnte als mit seiner normalen Arbeit.

DIE OFFIZIELLE HALL OF FAME DES POKERS

Die Poker Hall of Fame ist eine Ruhmesliste, in die nur die besten und einflussreichsten Spieler bzw. Organisatoren des Pokerspiels aufgenommen werden. Sie wurde im Jahr 1979 vom Binion's Horseshoe Casino in Las Vegas ins Leben gerufen.
Jedes Jahr werden ein oder zwei Personen neu in die PhoF aufgenommen. Die Wahl wird von allen lebenden Mitgliedern der Poker Hall of Fame und einem ausgewählten Kreis von Medienvertretern vorgenommen. Dabei müssen die Kandidaten folgende Anforderungen erfüllen:

- Der Spieler muss gegen starke Gegner gespielt haben.
- Der Spieler muss mindestens 40 Jahre alt sein.
- Der Spieler muss um hohe Beträge gespielt haben.
- Der Spieler muss konsistent gut gespielt haben und respektiert sein.
- Der Spieler muss sich über die Zeit bewährt haben. Der berüchtigte »test of time«.
- Oder für Nicht-Spieler: Er muss zum Wachstum und Erfolg von Poker mit anhaltenden positiven Ergebnissen beigetragen haben.

Fast jedes Jahr wird die Wahl mit einer gewissen Kritik beäugt. Der Poker Hall of Fame wird vorgeworfen, es handele sich in erster Linie um einen Klub amerikanischer Männer, in den man als Europäer keinen Eintritt erhält. Tatsächlich war der Spanier Carlos Mortensen 2016 der erste Europäer, der in die Poker Hall of Fame aufgenommen wurde. Bis auf zwei Ausnahmen, nämlich Edmond Hoyle und Bill Hickok, finden sich in der PHoF ausschließlich Spieler des 20. und 21. Jahrhunderts.
Hier die Mitglieder der Poker Hall of Fame und das Jahr ihrer jeweiligen Aufnahme:

- Johnny Moss (1979)
- Nick Dandolos (1979)
- Felton McCorquodale (1979)
- Red Winn (1979)
- Sid Wyman (1979)
- Bill Hickok (1979)
- Edmond Hoyle (1979)
- T. Forbes (1980)
- Bill Boyd (1981)
- Tom Abdo (1982)
- Joe Bernstein (1983)
- Murph Harrold (1984)
- Red Hodges (1985)
- Henry Green (1986)
- Walter Pearson (1987)
- Doyle Brunson (1988)
- Jack Straus (1988)
- Fred Ferris (1989)
- Benny Binion (1990)
- David Reese (1991)
- Thomas Preston (1992)

- Jack Keller (1993)
- Little Man Popwell (1996)
- Roger Moore (1997)
- Stu Ungar (2001)
- Lyle Berman (2002)
- Johnny Chan (2002)
- Bobby Baldwin (2003)
- Berry Johnston (2004)
- Jack Binion (2005)
- Crandell Addington (2005)
- T. J. Cloutier (2006)
- Billy Baxter (2006)
- Phil Hellmuth (2007)
- Barbara Enright (2007)
- Dewey Tomko (2008)
- Henry Orenstein (2008)
- Mike Sexton (2009)
- Dan Harrington (2010)
- Erik Seidel (2010)
- Barry Greenstein (2011)
- Linda Johnson (2011)
- Eric Drache (2012)
- Brian Roberts (2012)
- Tom McEvoy (2013)
- Scotty Nguyen (2013)
- Jack McClelland (2014)
- Daniel Negreanu (2014)
- Jennifer Harman (2015)
- John Juanda (2015)
- Todd Brunson (2016)
- Carlos Mortensen (2016)
- Dave Ulliott (2017)
- Phil Ivey (2017)
- John Hennigan (2018)
- Mori Eskandani (2018)

GESCHICHTE DER WSOP

Alles begann im Jahr 1949. Der notorische Spieler Nicholas »Nick the Greek« Dandolos trat in Las Vegas mit einer ungewöhnlichen Bitte an Casinobetreiber Benny Binion heran: Er wollte einen High-Stakes-Poker-Marathon spielen. Benny war einverstanden, aber er stellte die Bedingung, dass das Spiel öffentlich ausgetragen werden sollte.

Aus dem Marathon wurden ganze fünf Monate, die in die Geschichte eingehen sollten. Nicks Gegenspieler war der legendäre Johnny Moss. In den fünf Monaten spielten die beiden jede erdenkliche Pokervariante und verließen den Tisch nur zum Schlafen. Am Ende hatte Johnny Moss die stattliche Summe von 2 Millionen Dollar gewonnen. Als Nick the Greek seinen letzten Pot gegen Johnny Moss verlor, stand er auf und sprach die berühmten Worte: *»Mr. Moss, I have to let you go.«*

Benny Binion erkannte damals das rege öffentliche Interesse am Pokerspiel. Die Menschen sahen es als Sportevent an und waren ganz verrückt darauf, den Profis beim Poker zuzusehen. Er entschied sich daher im Jahr 1970, sieben namhaften Pokerspieler in seinem Casino zu empfangen, nämlich Johnny Moss, »Amarillo Slim« Preston, Brian »Sailor« Roberts, Doyle »Texas Dolly« Brunson, Walter »Puggy« Pearson, Crandall Addington und Carl Cannon.

Dort spielten sie einfach Poker, und es gab noch kein Turniersystem, in welchem Spieler eliminiert wurden und ein Gewinner übrig bleibt. Johnny Moss wurde dann letztlich von den Spielern zum Sieger gewählt. Er erhielt keinen Cent Preisgeld, dafür aber eine kleine Silbertasse. Während der Veranstaltung trat ein Reporter an den Spieler Amarillo Slim heran und meinte, dass es

doch besser wäre, einen richtigen Gewinner zu haben und vor allem mehr Drama. Die Idee war geboren.
1971 fand die erste WSOP mit einem Turniersystem statt, und der legendäre Johnny Moss konnte seinen Titel verteidigen.
Seither hat die WSOP die Geister aller Pokerspieler auf der ganzen Welt beflügelt, und insgeheim träumt jeder Pokerspieler davon, ein Gewinnerarmband, ein sogenanntes Bracelet, an seinem Handgelenk zu tragen. Jeden Sommer gibt es im Rahmen der WSOP über 50 Turniere in allen möglichen Varianten, das wichtigste ist aber das Main Event mit 10000 Dollar Buy-In, in dem traditionell No-Limit Texas Hold'em gespielt wird.

WSOP-GEWINNER IM MAIN EVENT SEIT 1970

Jahr	Teilnehmer	Preisgeld	Sieger
1970	7	Silberpokal	Johnny Moss
1971	6	$ 30000	Johnny Moss
1972	8	$ 80000	Thomas Preston
1973	13	$ 130000	Walter Pearson
1974	16	$ 160000	Johnny Moss
1975	21	$ 210000	Brian Roberts
1976	22	$ 220000	Doyle Brunson
1977	34	$ 340000	Doyle Brunson
1978	42	$ 210000	Bobby Baldwin
1979	54	$ 270000	Hal Fowler
1980	73	$ 385000	Stu Ungar
1981	75	$ 375000	Stu Ungar
1982	104	$ 520000	Jack Straus

1983	108	$ 540000	Tom McEvoy
1984	132	$ 660000	Jack Keller
1985	140	$ 700000	Bill Smith
1986	141	$ 570000	Berry Johnston
1987	152	$ 625000	Johnny Chan
1988	167	$ 700000	Johnny Chan
1989	178	$ 755000	Phil Hellmuth
1990	194	$ 835000	Mansour Matloubi
1991	215	$ 1000000	Brad Daugherty
1992	201	$ 1000000	Hamid Dastmalchi
1993	220	$ 1000000	Jim Bechtel
1994	268	$ 1000000	Russ Hamilton
1995	273	$ 1000000	Dan Harrington
1996	295	$ 1000000	Huck Seed
1997	312	$ 1000000	Stu Ungar
1998	350	$ 1000000	Scotty Nguyen
1999	393	$ 1000000	Noel Furlong
2000	512	$ 1500000	Chris Ferguson
2001	613	$ 1500000	Carlos Mortensen
2002	631	$ 2000000	Robert Varkonyi
2003	839	$ 2500000	Chris Moneymaker
2004	2576	$ 5000000	Greg Raymer
2005	5619	$ 7500000	Joe Hachem
2006	8773	$ 12000000	Jamie Gold
2007	6358	$ 8250000	Jerry Yang
2008	6844	$ 9152416	Peter Eastgate
2009	6494	$ 8546435	Joe Cada
2010	7319	$ 8944310	Jonathan Duhamel
2011	6865	$ 8715368	Pius Heinz
2012	6598	$ 8531853	Greg Merson

2013	6352	$ 8 361 570	Ryan Riess
2014	6683	$ 10 000 000	Martin Jacobson
2015	6420	$ 7 683 346	Joe McKeehen
2016	6737	$ 8 005 310	Qui Nguyen
2017	7221	$ 8 150 000	Scott Blumstein
2018	7847	$ 8 800 000	John Cynn

BERÜHMTE POKERZITATE

Ich werde jetzt einige berühmte Pokerzitate präsentieren. Ich werde sie bewusst nicht übersetzen, weil die Bedeutung dabei oft verloren geht. Natürlich muss man diese Sprüche nicht unbedingt kennen, um ein guter Pokerspieler zu werden. Dennoch bringen es manche Sprüche schon sehr genau auf den Punkt.

Poker is generally reckoned to be America's second most popular after-dark activity. Sex is good, they say, but poker lasts longer.
Alfred Alvarez

It is easy to smile at an insult and pretend it's funny when the person insulting you is losing you with money. Alfred Alvarez

A king can do no wrong … unless it runs into an ace. Anonym

Money isn't everything … unless you're playing in a re-buy-tournament. Anonym

When a man with money meets a man with experience, the man with experience leaves with money and the man with money leaves with experience. Anonym

Besides lovemaking and singing in the shower, there aren't many human activities where there is a greater difference between a person's self-delusional ability and actual ability than in poker. Steve Badget

Once you start thinking you have nothing left to learn, you have everything to learn. Steve Badget

In a game of poker, I can put the players' souls in my pocket. Beausourire, Haitian Poker Player

In the long run there's no luck in poker, but the short run is longer than most people know. Rick Bennet

Trust everyone, but always cut the cards. Benny Binion

»Living in the past« is a Jethro Tull album, not a smart poker strategy. Richard Roeper

Try to decide how good your hand is at a given moment. Nothing else matters. Nothing! Doyle Bunson

Sometimes you'll miss a bet, sure, but it's OK to miss a bet. Poker is an art form, of course, but sometimes you have to sacrifice art in favour of making a profit. Mike Caro

Bad-Beats only happen to good players. Joe Crow

If it were easy, everyone would do it. Bonnie Damiano

The next best thing to gambling and winning is gambling and losing. Nick »The Greek« Dandalos

The single greatest key to winning is knowing thy enemy – yourself.
ANDY GLAZER

I never saw a poker player's money that I did not like.
OKLAHOMA JOHNNY HALE

Poker is not a game in which the meek inherit the earth.
DAVID HAYANO

It's unlucky to be superstitious. DAVE ENTELES

If you are a guy, you know you play too much poker if your wet dreams involve »nuts« instead of breasts. ANONYM

The winner is not the player who wins the most pots. The winner is the player who wins the most money. ANTHONY HOLDEN

Egoism is the anesthetic provided by nature to dull the pain of being a damn fool. CHUCK HUMPHREY

Before you criticize someone, walk a mile in his shoes. That way, when you criticize him, you will be a mile away, and you will have his shoes. CHUCK HUMPHREY

If the shoe fits, steal it. LOU KRIEGER

It's morally wrong to let a sucker keep money. CANADA BILL JONES

Luck never gives, it only lends. SCHWEDISCHES SPRICHWORT

There is a very easy way to return from a casino with a small fortune: go there with a large one. JACK YELTON

God does not play dice with the universe. He plays an ineffable game of his own devising, which might be compared, from the perspective of any of the other players to being involved in an obscure and complex version of poker in a pitch-dark room, with blank cards, for infinite stakes, with a dealer who won't tell you the rules, and who smiles all the time. Terry Pratchett and Neil Gaiman

Poker is … a fascinating, wonderful, intricate adventure on the high seas of human nature. David A Daniel

It's going to finish when I fold my hand and go up to the big poker game in the sky. Al Alvarez

Losing is like smoking. It's habit forming. Puggy Pearson

The real things to know is that folks will stand to lose more than they will to win. That's the most important percentage there is. I mean, if they lose, they're willin' to lose everything. If they win, they're usually satisfied to win enough to pay for dinner and a show. The best gamblers know that. Puggy Pearson

Omaha is a game that was invented by a sadist and is played by masochists. Shane Smith

I never go looking for a sucker. I look for a champion and make a sucker of him. »Amarillo« Slim Preston

At gambling, the deadly sin is to mistake bad play for bad luck. Ian Fleming

I won my ticket on Titanic *in a lucky hand of poker … a very lucky hand.* Jack, im Film *Titanic*

A person should gamble every day, because think of how bad it would be to walk around being lucky and not know it.
Robert Turner

Poker is the game closest to the western conception of life, where life and thought are recognized as intimately combined, where free will prevails over philosophies of fate or of chance, where men are considered moral agents and where – at least in the short run – the important thing is not what happens but what people think happens.
John Luckacs

Learning to play two pairs is worth about as much as a college education, and about as costly. Mark Twain

That's what this is all about: Making the wrong move at the right time. Edward G. Robinson in *Cincinnati Kid*

My old pappy always used to say, there is no more deeply satisfying religious experience… than cheatin' on a cheater.
Mel Gibson im Film *Maverick*

A person should gamble every day, because think of how bad it would be to walk around being lucky and not know it. Robert Turner

Limit poker is a science, but no-limit is an art. In limit, you are shooting at a target. In no-limit, the target comes alive and shoots back at you. Jack Straus

Show me a good loser and I'll show you a loser. Stu Ungar

Last night I stayed up late playing poker with tarot cards. I got a full house and four people died. Steven Wright

It's hard work. Gambling. Playing poker. Don't let anyone tell you different. Think about what it's like sitting at a poker table with people whose only goal is to cut your throat, take your money, and leave you out back talking to yourself about what went wrong inside. STU UNGAR

BLÖDE SPRÜCHE AM POKERTISCH UND WARUM SIE SO BLÖD SIND

Bestimmte – völlig sinnentleerte – Aussagen hört man am Pokertisch so oft, dass man auch wissen sollte, was dahintersteckt. In den folgenden Beispielen deuten die Aussagen auf schlechte Gegner hin – das sollten sie erkennen und ausnutzen. Viel Spaß mit den dümmsten Aussagen im Live-Poker:

»Ich musste das callen«
Nein, man muss im Poker gar nichts callen! Wenn man sicher denkt, man ist geschlagen, sollte man aufgeben, auch wenn man schon Geld investiert hat. Oft wollen die Spruchdrücker auch nur suggerieren, dass hinter ihrem Spiel komplexe mathematische Überlegungen stehen. Dem ist aber nicht so.

»Ich wollte nur wissen, was du hast«
Warum? Der tolle Informationsvorsprung ist mit Sicherheit nicht so viel wert wie das Geld, das du durch diesen schwachsinnigen Call verloren hast.

»Die waren doch suited«
Hände mit der gleichen Farbe zu überschätzen ist ein typischer

Anfängerfehler im Texas Hold'em. Die Chance, dass man einen Flush floppt, beträgt nicht mal 1 Prozent. Vor allem, wenn die Karten niedrig sind, läuft man bei vielen Spielern am Tisch auch noch Gefahr, gegen einen höheren Flush zu verlieren. Und das ist teuer.

»Meine Lieblingshand ist XY«
So ein Quatsch! Die Lieblingshand eines jeden Texas-Hold'em-Spielers ist schlicht AA, weil man damit die besten Gewinnaussichten hat. Alles andere ist abergläubischer Mist und sollte besser unausgesprochen bleiben, außer man will sich direkt als Fisch in der Runde vorstellen.

»Ich kann einfach nicht gegen Anfänger gewinnen«
Dann bist du wahrscheinlich selber einer oder einfach schlecht. Gegen Anfänger muss man sein Spiel anpassen und tendenziell weniger bluffen. Dazu impliziert die Aussage, dass man selber der tollste und erfahrenste Spieler überhaupt ist. Lieber einfach mal »die Kresse halten« und still adaptieren.

»A chip and a chair«
Der Spruch bezieht sich auf Jack Straus, der 1982 das Main Event der World Series of Poker gewann, nachdem er tatsächlich nur noch einen einzigen 500er-Chip gehabt hatte. Straus dachte schon, er wäre draußen, sah dann aber noch den Chip unter einer Serviette. Wie dem auch sei, das heißt nämlich im Umkehrschluss nicht, dass jeder noch so winzige Stack noch große Chancen hat. Oft ist ein solcher Spruch der Startschuss zur Jagd auf die Short-Stacks im Turnier.

»That's Poker«
Was man eigentlich meint, ist »die verdammte Varianz«, oder? Okay, im englischen Sprachraum kann man es vielleicht noch

ertragen aber in einem deutschen Sachpreisturnier ein »säts Pouka« in voller Lautstärke zu hören, tut einfach nur weh.

»Wie konntest du das callen?«

Dieser Spruch vereint gleich mehrere Poker-Untugenden auf einmal: Erstens sollte man anderen Spielern grundsätzlich keine Strategietipps geben und sie nicht beleidigen. Zweitens sollte man gerade bei Anfängern davon ausgehen, dass sie fast alles callen und sich darauf einstellen, siehe oben.

»Ich tipp bei dir auf Ace-King«

Öde und überflüssig! Gute Pokerspieler denken ohnehin in Ranges und setzen andere Spieler selten auf bestimmte, einzelne Hände. Außerdem ist es meist pure Angeberei, und der Sprücheklopfer will anderen Spielern weismachen, er könne wie Sherlock Holmes aus der Farbe der Schnürsenkel den zweiten Vornamen der Oma deduzieren.

»Coinflip«

Okay, es gibt im Hold'em Situationen, in denen die Gewinnchancen der Gegner in etwa ähnlich sind, typischerweise ein Paar gegen zwei höhere Karten. Es gibt aber nervtötende Gegner, die praktisch bei jeder Konfrontation, egal ob AA vs. QQ oder 87 vs. AT, Coinflip rufen. Macht eure Hausaufgaben und benutzt die Begriffe richtig. Das gilt auch für »Set«, »Odds« und vor allem »Pot-Odds«.

BERÜHMTE STARTHÄNDE BEIM TEXAS HOLD'EM POKER

Im Folgenden sind berühmte Starthände im Texas Hold'em Poker aufgelistet. Auf die Farben kommt es nicht an. Die abgebildeten Karten sind nur Beispiele. Leider sind die Namen nicht immer *political correct*. Ich entschuldige mich hiermit dafür. Einige Ausdrücke muss man aber einfach kennen.

American Airlines, Bullets, Pocket Rockets, Anonyme Alkoholiker, Batterien

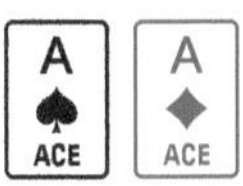

Big Slick, Kalashnikov, King Arthur, Anna Kournikowa

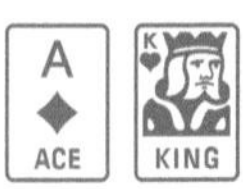

(Sieht gut aus, verliert aber leider oft)

Dead Man's Hand

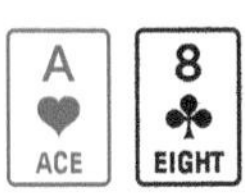

(Asse und Achter hielt der berühmte Wild Bill Hickok in der Hand, als er 1876 beim Pokern ermordet wurde.)

Cowboys, King Kong, Ace Magnets, Gorillas

Marriage, Hochzeit, Royal Couple

(Wenn die Karten unterschiedliche Farben haben, so heißt diese Starthand *Mixed-Marriage*.)

Kojack, Harry Potter, Just Kidding

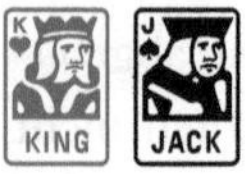

(von J. K. Rowling)

Canine, Fido, Bow Wow

Siegfried & Roy, Four Tits, Quallen, Lady-Luck, Hilton Sisters, Double-Date, Divas, Snowshoes

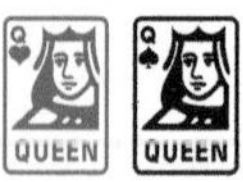

Gay Waiter, San Francisco Busboy

(Queen with a tray, Queen mit Tablett)

Computer Hand

Fishhooks, Hooks, Häkchen, Jüngelchen, Johnnies, Jacks

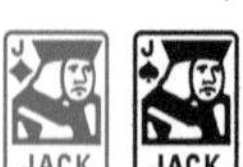

John Travolta

Motown, Jackson Five

Texas Dolly

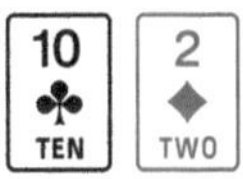

German Virgin

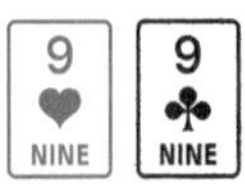

(Nine Nine klingt wie »nein, nein«)

Big Lick, Dinner for Two, Porn Hand, Good Cover

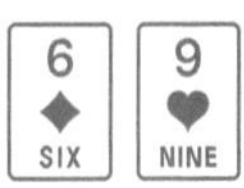

Snowmen, Schneemänner, Race Tracks, Double Infinities

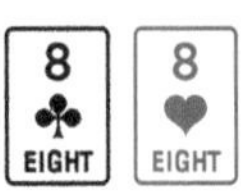

Sunset Strip

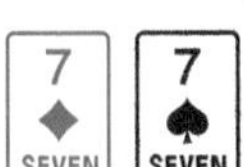

Beer Hand, Whip (Worst Hand in Poker)

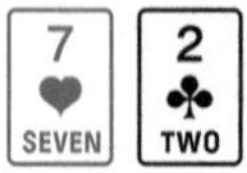

Route 66, Udo Jürgens

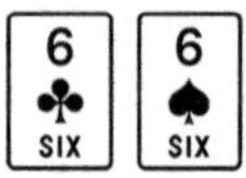

Midlife Crisis, Sailboats

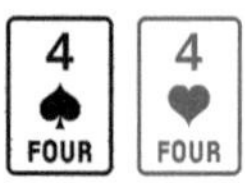

Crabs

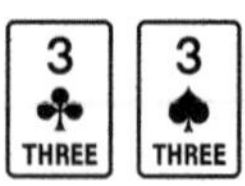

Deuces, Pocket Swans, Ducks, Enten

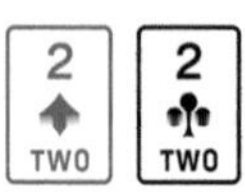

GLOSSAR – POKER-BEGRIFFE

Es folgt eine Liste aller gängigen Pokerbegriffe und Poker-Fachbegriffe. Dieses Glossar erklärt fast alle gängigen Wörter der Pokersprache, damit Sie wissen, worum es am grünen Filz geht.

3-Bet Erhöhung nach einer vorherigen Wette und einer Erhöhung. Im Texas Hold'em vor dem Flop die zweite Erhöhung nach Blind und Erhöhung.

ABC-Player Ein ABC-Spieler ist ein vorhersagbarer Spieler, der blind nach System spielt.

Aces-Full Ein Full-House mit drei Assen, etwa A♠ A♥ A♦ Q♦ Q♣.

Aces-Up Eine Hand mit zwei Paaren, von denen eines ein Ass-Paar ist, etwa A♠ A♣ 8♥ 8♣ Q♦.

Action Die Bezeichnung für Aktivität in einer Wettrunde, zum Beispiel wetten, erhöhen, mitgehen oder noch mal erhöhen. Wird oft auch als Synonym für Glücksspiel verwendet: »Wo ist die Action heute Abend?«

Add-On Das Einkaufen von zusätzlichen Chips am Ende der Re-Buy-Periode während eines Turniers.

Affiliate Ein Partnerunternehmen, das als Werbeplattform Kunden wirbt oder als Vertriebspartner Produkte vertreibt. Dafür wird es mit einer Provision vergütet.

Aggressiv Adjektiv, das einen Spieler bezeichnet, der oft und viel wettet und erhöht.

All-In Ein Spieler setzt alle Chips, die ihm verbleiben. Er ist dann All-In.

Angle Shooter Ein Spieler, der jeden Vorteil bewusst für sich ausnutzt. Er verdeckt z. B. absichtlich seine Karten, um die Spieler hinter ihm zum Handeln zu bringen, obwohl sie noch nicht dran sind.

Ante Gezwungener Einsatz, der bei einigen Pokervarianten, insbesondere bei späteren Phasen von Turnieren, von allen Spielern gesetzt werden muss.

Average Average, auch Average Stack genannt, ist die durchschnittliche Anzahl der Chips an einem Tisch oder in einem Turnier.

Backdoor Eine Hand wird erst mit den letzten beiden Gemeinschaftskarten erreicht, meistens Back-Door-Flush-Draw oder Back-Door-Straight-Draw.

Bad-Beat Wenn man sich als sicherer Gewinner des Pots wähnt, ihn dann aber doch noch unglücklich verliert.

Bankroll Das Geld, das ein Pokerspieler zum Pokerspielen verwendet.

Bankroll-Management Regeln, nach denen man seine Bankroll einsetzt. Ziel des Bankroll-Management (kurz BRM) ist es, sicherzustellen, dass man nicht pleitegeht.

Base-Dealing Eine Schummelvariante, bei der der Dealer Karten von der Unterseite des Kartenstoßes nimmt, um sie sich oder anderen Spielern zuzuspielen. Auch Bottom-Dealing genannt.

Belly-Buster Eine Belly-Buster-Straight ist eine Straße, bei der noch eine Karte in der Mitte fehlt. Z.B. 2, 3, 5, 6. Auch Gutshot-Straight genannt. Siehe auch Inside-Straight-Draw.

Berry-Patch Ein Pokerspiel, das wegen der schwachen Mitspieler als leicht angesehen wird. Auch Soft-Seat genannt.

Bet Wette oder Einsatz.

Bet the Pot Es wird so viel gewettet, wie im Pot ist. Beim Pot-Limit gleichbedeutend mit der höchstmöglichen Erhöhung.

Bicycle Straße mit A2345. Auch Wheel oder Bike genannt.

Big-Blind Die höhere der gezwungenen Wetten in der ersten Wettrunde beim Texas Hold'em.

Big-Stack Ein Spieler mit vielen Chips.

Blank Eine nutzlose Karte, die höchstwahrscheinlich keinem Mitspieler hilft.

Blind Die gezwungene Wette eines Spielers, bevor er seine Karten bekommt. Beim Texas Hold'em zahlt der Spieler zur Linken des Dealers die Small-Blind und der links danach die Big-Blind.

Blow-Up Wutausbruch oder emotionale Reaktion eines Spielers, die mit schlechtem Spiel einhergeht.

Bluff Man setzt viele Chips auf ein schlechtes Blatt in der Hoffnung, der Gegner denkt, man hätte ein gutes und gibt auf.

Bluff-Catcher Eine Hand, die gerade noch gut genug ist, um einen Bluff auffliegen zu lassen und so noch zu gewinnen. Wenn man einen Bluff provoziert, sollte man zumindest einen Bluff-Catcher auf der Hand haben.

Board Die Karten in der Mitte des Tisches beim Texas Hold'em, die jeder benutzen darf. Auch Community-Cards oder Gemeinschaftskarten genannt. Beim Seven-Card-Stud oder Five-Card-Stud ist Board die Bezeichnung für die Karten, die bei den Gegnern liegen.

Boat Full-House, auch Full-Boat genannt – ein Drilling und ein Paar, zum Beispiel Q♠ Q♣ Q♥ 2♥ 2♦.

Bottom-Pair Wenn ein Spieler die niedrigste der Gemeinschaftskarten benutzt, um ein Paar mit einer seiner verdeckten Karten zu bilden.

Boxed-Card Eine Karte, die verkehrt herum im Kartendeck liegt.

Bracelet Ein Armband, das man erhält, wenn man ein Event bei der World Series of Poker (WSOP) gewinnt.

Bring-In Auch Forced-Bet genannt. Der Einsatz, den der Spieler beim Stud-Poker mit der niedrigsten offenen Karte bringen muss, um die erste Einsatzrunde zu beginnen.

Broadway Die höchste Straße, TJQKA.

Bubble Die Spieler eines Turniers sind in der Bubble, wenn ein Spieler mehr übrig ist, als Plätze ausbezahlt werden. Werden z. B. die ersten zwei Plätze ausbezahlt, so sind die Spieler in der Bubble, wenn noch drei von ihnen übrig sind. In der Bubble auszuscheiden ist ärgerlich.

Bubble-Boy Bezeichnung für den Spieler, der bei einem Pokerturnier einen Platz belegt, der knapp am Geld vorbeigeht.

Bullet Ein Ass. Auch eine Bezeichnung für ein Turnier-Buy-In, die auch Ammo genannt werden.

Bully Ein Spieler, der durch sein dominantes Benehmen den Tisch beherrscht und die anderen Spieler regelrecht überfährt.

Burn-Card Die Karte, die der Dealer jeweils verbrennt, d. h. verdeckt weglegt, bevor er den Flop, den Turn und den River auflegt.

Busted Ein Spieler hat all seine Chips verloren. Er ist dann »busted« bzw. ein »bust-out«. Auch eine Bezeichnung für eine unvollständige Kartenkombination. Zum Beispiel »busted« Straight für eine Straße mit nur 4 Karten.

Button Ein großer Chip, der signalisiert, wer Dealer ist. Der Button geht im Uhrzeigersinn herum und wird vor allem benutzt, wenn die Spieler nicht selber dealen, z. B. im Casino. Als Button bezeichnet man auch die letzte und beste Position im Poker.

Buy-In Der Preis für die Chips beim Turnier oder der Mindestgeldumtauschbetrag beim Cash-Game.

Call Den bisherigen Einsatz bezahlen. Mitgehen.

Calling-Station Ein loose-passiver und verlierender Spieler, der fast keine Erhöhungen macht, aber oft mitgeht, obwohl er nichts auf der Hand hat.

Cap Anzahl der maximalen Erhöhungen für eine Einsatzrunde. Auch Bezeichnung für die letztmögliche Erhöhung beim Limit-Texas Hold'em.

Card-Dead Ein Spieler bekommt über einen bestimmten Zeitraum keine guten Karten.

Cash-Game Ein Pokerspiel, bei dem die Chips echtem Geld entsprechen, die Blinds konstant sind und man jederzeit Chips nachtauschen kann. Man kann jederzeit in das Spiel ein- oder aussteigen. Auch Ringgame genannt.

Cash-Out Beim Cash-Game aus dem Spiel austreten und die Chips in bares Geld umtauschen.

Catch Wenn man die für seinen Draw benötigten Karten bekommt.

Catch Perfect Wird auch Runner-Runner genannt. Wenn man genau die zwei Karten bekommt, die man für seinen Draw, typischerweise einen Flush- oder Straßen-Draw, benötigt. Ein solcher Draw heißt Backdoor-Draw.

Chase Wenn man Wettrunden mitgeht, um noch einen unprofitablen Draw zu bekommen. Man sagt dazu auch, dass man einem Draw »hinterherjagt«. Bezeichnung für schlechte Spielweise. »Don't Chase«, besagt ein bekannter Spruch im Poker.

Cheating Beim Poker schummeln oder betrügen.

Check Schieben, also nicht wetten, wenn vorher noch nicht gewettet wurde.

Check-Raise Eine taktische Variante. Man checkt zunächst, um dann nach einem Einsatz eines anderen Spielers erneut zu erhöhen.

Chip Spielgeld beim Poker. Der Spieler tauscht vor dem Pokerspiel echtes Geld in Chips um bzw. er kauft sich bei einem Turnier für einen bestimmten Betrag eine festgelegte Anzahl von Chips.

Chip-Dumping Eine Form des verbotenen Zusammenwirkens zweier Spieler. Der eine Spieler überlässt dem anderen Spieler Chips, z. B. indem er in einem Turnier absichtlich mit einer schlechteren Hand All-In geht.

Chip-Race In einem Turnier mit steigenden Blinds werden die Chips, die man wegen ihrer Wertigkeit nicht mehr braucht, umgetauscht. Die überzähligen Chips lässt jeder Spieler vor sich liegen. Dann erhält jeder Spieler pro Chip eine Karte. Derjenige mit der höchsten Karte gewinnt alle überzähligen Chips.

Chipleader Derjenige am Pokertisch mit den meisten Chips.

Coffeehousing Unangenehme Form von Small Talk am Pokertisch. Man macht z. B. Kommentare über eine aktuelle Hand oder verwirrende Aussagen über das eigene Spiel.

Coinflip Ein Ausdruck, der benutzt wird, wenn die endgültige Gewinnwahrscheinlichkeit von Starthänden im Texas Hold'em annähernd gleich ist. Ein Spieler hat ein kleines Paar, z. B. 55. Der andere Spieler hat zwei hohe Karten, z. B. AK. Da die endgültige Gewinnwahrscheinlichkeit von beiden Händen jeweils bei ungefähr 50 % liegt, bezeichnet man solche Situationen als Coinflip, zu Deutsch Münzwurf.

Cold-Call Mitgehen, wenn vorher schon gewettet und erhöht wurde. Wenn ein Spieler zum Beispiel auf dem Flop in Late-Position mitgeht, nachdem zuvor ein Spieler gewettet und ein anderer erhöht hat.

Cold Deck Ein zum Schummeln vorbereitetes Kartenspiel, das während eines Spiels heimlich die ursprünglichen Karten ersetzt. Cold Deck heißt übersetzt »kaltes Deck«, weil das Kartenspiel neu ins Spiel kommt und noch nicht durch die Hände des Dealers »gewärmt« wurde.

Collusion Zu Deutsch Kollusion, bezeichnet ein Zusammenwirken zweier oder mehrerer Spieler zum Nachteil der anderen, z. B. durch das gegenseitige Zuspielen von Chips.

Commited Ein Spieler hat schon so viel Geld im Pot, dass er seine Karten im Grunde nicht mehr wegschmeißen kann.

Community-Cards Gemeinschaftskarten beim Texas Hold'em, die offen auf dem Tisch liegen und von allen Spielern benutzt werden können. Auch Board oder Common-Cards genannt.

Connectors Zwei Karten mit aufeinanderfolgendem Rang, z. B. 67.

Continuation-Bet Auch Fortsetzungswette genannt. Ein Spieler wettet und hatte schon in der Wettrunde zuvor gewettet.

Cooler Ein unangenehmes Ereignis beim Poker, z. B. wenn ein Gegner noch unerwartet eine für ihn gute Gemeinschaftskarte bekommt und so gewinnt.

Covered Ein Spieler hat mehr Chips als ein anderer Spieler, er hat ihn »covered«.

Crap-Shoot Ein Pokerturnier, das wegen sehr schnell ansteigender Blinds einem reinen Glücksspiel ähnelt.

Crippled Ein Spieler ist crippled, zu Deutsch verkrüppelt, wenn ihm nach einer verlorenen Hand nur noch sehr wenige Chips verbleiben.

Crying Call Ein Call, der in der Erwartung gemacht wird, die Hand zu verlieren. Es besteht aber dennoch die schwache Hoffnung, dass der Gegner blufft und man doch noch gewinnt.

Cut-Card Eine Karte, die keine Spielkarte ist, die dazu benutzt wird, den Kartenstoß von unten zu verdecken, damit man beim Mischen nicht die unterste Karte sehen kann.

Cutoff-Seat Auch einfach Cut-Off genannt. Der Platz am Pokertisch vor dem Dealer-Button bzw. der Spieler, der als Letzter vor dem Button dran ist. Zweitbeste Position beim Texas Hold'em.

Data Mining Man sammelt möglichst viele Daten über die Spielweise eines Gegners, im Online-Poker meist mit Hilfsprogrammen.

Dead Hand Eine Hand, die nicht mehr spielt und keinen Anspruch mehr auf den Pot erheben kann.

Dead Money Chips, die keinem Spieler mehr zugeordnet werden können und in den Pot gelegt werden. Auch ein Ausdruck für einen schlechten Spieler.

Deal Die verbleibenden Spieler in einem Pokerturnier vereinbaren die Aufteilung des Preisgeldes selber.

Dealer Ein Spieler, der in einer Spielrunde die Karten und den Pot verteilt und das Spiel überwacht.

Dealer's Choice Eine Pokerspielvariante, bei der der Spieler am Button jeweils das Spiel für die nächste Runde bestimmen darf.

Deck Der Kartenstoß, aus dem der Dealer die Karten gibt.

Deep-Stack Ein Turnier, bei dem die Spieler im Verhältnis zu den Blinds sehr hohe Stacks haben. Auch Bezeichnung für einen Stack, der signifikant höher als das maximale Buy-In für den Tisch ist.

Deuces Ein Zweierpaar. Zweien.

Diamond Karo.

Dog Ein Dog oder Underdog ist eine Hand, die im Vergleich zu einer anderen Hand schlechte Gewinnchancen hat.

Dominated Hand Eine Hand, die einer anderen Hand ähnlich ist, aber statistisch gesehen weit schlechtere Chancen hat, zu gewinnen. Zum Beispiel ist AQ gegenüber AK eine Dominated Hand.

Donk, Donkey Schlechter Spieler.

Door-Card Die offene Karte in einer Seven-Card-Stud Starthand. Auch die erste Karte im Flop beim Hold'em.

Double or Nothing Auch DoN, ein Turnier, bei dem die Hälfte der Spieler leer ausgeht, die andere Hälfte verdoppelt ihren Buy-In.

Double-Belly-Buster Eine Straße, bei der noch zwei Karten aus der Mitte fehlen. Zum Beispiel 35679.

Double-Suited Eine Starthand im Omaha Poker, die jeweils zwei Karten der gleichen Farbe aufweist und somit gute Flush-Chancen gibt.

Double-Up, Double-Through Ein Spieler verdoppelt durch eine gewonnene All-In Hand seine Chips.

Down-Card Eine Karte, die verdeckt ausgegeben wird.

Draw Eine Hand, die noch Verbesserung braucht. Zum Beispiel eine Straße, bei der noch eine Karte fehlt. Auch Drawing-Hand genannt.

Draw-Poker Eine Pokervariante mit fünf verdeckten Karten für jeden Spieler, wobei jeder Spieler die Möglichkeit hat, bis zu vier Karten einmal zu tauschen. Es gibt eine Wettrunde vor und eine Wettrunde nach dem Tauschen.

Drawing-Dead Eine Hand, die nicht mehr gewinnen kann. Man hofft, dass eine Karte kommt, die einem hilft, der Gegner hat aber schon eine höhere Hand. Ein Beispiel ist, dass ich hoffe, einen Flush zu bekommen, und der Gegner hat längst ein Full-House.

Dump Eine große Anzahl von Chips an einen anderen Spieler in einer oder mehreren Händen verlieren.

Early-Position Eine Position in einer Wettrunde, bei der ein Spieler als erster im Vergleich zu den anderen Spielern am Tisch handeln muss. Die Blinds und die Early-Position sind beim Texas Hold'em die schlechteste Position.

Edge Ein Vorteil, den man gegenüber einem anderen Spieler hat.

Eight or Better Bezeichnung für die Low-Wertung in einem Split-Pot-

Spiel, für die man sich qualifizieren muss, indem man fünf Karten hat, die vom Wert her Acht oder niedriger sind. Zum Beispiel 24567. Auch Bezeichnung für High-Low Variante eines Spiels, z. B. Omaha Eight or Better.

EPT European Poker Tour, von PokerStars gesponserte Turnierserie mit Stopps in Europa.

Expected Value Auch EV genannt. Der Erwartungswert in Chips, den man einer gewissen Spielsituation zumisst.

Family-Pot Ein Pot, bei dem alle oder viele Spieler beteiligt sind.

Fifth-Street Die fünfte Gemeinschaftskarte bei Texas Hold'em. Auch River genannt. Beim Seven-Card-Stud die fünfte Karte, die ein Spieler bekommt, und die Bezeichnung für die dritte Wettrunde.

Final Table Bei einem Turnier mit mehreren Tischen, MTT, der Tisch, der am Ende übrig ist und an dem ein Sieger ausgespielt wird.

First to act Der Spieler, der als erster an der Reihe ist.

Fish Ein schlechter Spieler.

Five-Card Stud Eine Pokervariante, bei der jeder Spieler eine verdeckte und vier offene Karten erhält.

Flashed-Card Eine Karte, die teilweise aufgedeckt wurde, sodass man sie sehen konnte.

Flat-Call Eine Wette mitgehen, ohne zu erhöhen.

Floating Spielzug, bei dem der Aggressor in einer Wettrunde nur gecallt wird, um in der folgenden Wettrunde, sofern der Gegner es zulässt, selbst die Initiative zu übernehmen.

Floorman, Floor Der Angestellte des Casinos, der die Regeln bestimmt und die Entscheidungen trifft.

Flop, Floppen Die ersten drei Gemeinschaftskarten, die beim Hold'em auf einmal auf den Tisch kommen. Auch als Verb gebraucht, wenn man mit dem Flop etwas trifft. »Er hat ein Full-House gefloppt.«

Flush Fünf Karten in der gleichen Farbe, z. B. A♦ Q♦ 8♦ 3♦ 2♦.

Flush-Draw Wenn man bereits vier Karten einer Farbe hat und noch die Möglichkeit hat, eine fünfte derselben Farbe zu erhalten.

Fold Aufgeben, aus dem Spiel aussteigen, auch »Pass« genannt. Ich »passe«.

Fold Equity Wahrscheinlichkeit, dass ein Gegner oder mehrere Gegner aufgeben und man die Hand dadurch gewinnt.

Forced Bet Eine gezwungene Wette. Blinds sind z. B. Forced Bets.

Four of a Kind Vierling. Auch »Poker« oder Quads genannt.

Fourth-Street Die 4. Gemeinschaftskarte bei Texas Hold'em. Auch Turn genannt. Beim Seven-Card-Stud die vierte Karte, die ein Spieler bekommt, und Bezeichnung für die zweite Wettrunde.

Free-Card Der Spieler erhält eine Karte bzw. eine Gemeinschaftskarte, ohne dafür Chips gelegt zu haben.

Free-Roll Die Chance, etwas ohne Risiko bzw. ohne Kosten zu gewinnen. Ein Free-Roll-Turnier ist ein Turnier ohne Eintrittspreis.

Freeze-Out Das Ausscheiden eines Spielers bei einem Turnier. Auch die Bezeichnung für ein Turnier, bei dem es keinen Re-Buy oder Add-On gibt.

Full-House Kombination von einem Drilling und einem Paar.

Gamble, Gambler Glücksspiel, Glücksspieler. Auch Bezeichnung für eine Spielweise, bei der bewusst Risiken in Kauf genommen werden.

Gap-Konzept Das Phänomen, dass man beim Pokern eine bessere Hand zum Mitgehen als zum Erhöhen braucht. Erstmals von David Sklansky beschrieben. Den Unterschied in der erforderlichen Handstärke nennt man Gap, auf Deutsch »Lücke«.

Grinding Ein Spielstil mit einem minimalen Risiko und maßvollen Gewinnen während einer langen Zeitperiode. »Grinding it out on his fucking leather ass. No, thank you«, aus dem Film »Rounders«.

Gutshot Eine Gutshot-Straight ist eine Straße, bei der eine Karte in der Mitte fehlt. Zum Beispiel 2356. Auch Belly-Buster-Straight genannt. Siehe auch Inside-Straight-Draw.

H.O.R.S.E. Eine Turniervariante, die 2006 erstmals bei der WSOP angeboten wurde. Es wird jede Runde die Spielvariante gewechselt. Die Reihenfolge ist: Hold'em, Omaha, Razz, Seven-Card Stud, Seven-Card Stud Eight or better.

Hammer Eine hohe Erhöhung. Auch Bezeichnung für eine Strategie gegen einen aggressiven Spieler, bei der man seine Wette nochmals signifikant erhöht.

Hand for Hand Play In einem MTT, einem Multi-Table-Tournament, wird in der Bubble-Phase an jedem Tisch nach dem Beenden einer Hand gewartet, bis alle anderen Tische ebenfalls diese Hand beendet haben. Soll verhindern, dass Spieler durch Zeitverzögerung Vorteile erlangen.

Hanger Ein Spieler, der schummelt und die Karten von unten oder mitten aus dem Deck nimmt und dabei so unglücklich hängen bleibt, dass andere Spieler dies sehen können. »He caught a hanger«.

Heads-Up Poker mit nur zwei Spielern.

Hearts Herz.

Hero Bei der Schilderung einer Pokerhand die Perspektive, in der man selber ist. Der Gegner wird oft als »Villain« bezeichnet.

High-Card Die Kartenkombination beim Showdown, die noch nicht einmal ein Paar enthält. Auch: Zu Anfang eines Pokerspiels wird der erste Dealer ausgelost, indem man jedem Spieler eine Karte gibt. Der Spieler mit dem höchsten Kartenwert ist dann in der ersten Runde der Dealer.

High-Low Pokervarianten, bei denen der Pot zwischen der höchsten und der niedrigsten Hand geteilt wird.

Hole-Card Eine verdeckte Karte, die nur der Spieler sieht.

Hollywood Bezeichnung für einen Spieler, der schauspielert, um seine Handstärke zu verbergen. Wird auch benutzt, wenn ein Spieler sehr lange überlegt, was einen irritierenden Effekt beim anderen Spieler hervorrufen soll.

Home-Game Ein Pokerspiel in einem privaten Haus.

ICM Independent Chip Model. Hiermit berechnet man, wie viel ein Chip in einem Turnier wert ist. Vor allem bei Deals bedeutsam, in denen das Preisgeld vorzeitig aufgeteilt wird.

Implied Odds Bei der Berechnung der zu gewinnenden Potgröße berücksichtigt man, wie viel man im Lauf des Spiels wegen einer guten Hand noch gewinnen kann.

In the money Eine Platzierung in einem Pokerturnier, bei der man Geld erhält. Kurz: »ITM«.

In Turn Wenn ein Spieler handelt, wenn er an der Reihe ist, so handelt er »in Turn«.

Inside-Straight-Draw Ein Inside-Straight-Draw ist eine Straße, bei der eine Karte in der Mitte fehlt. Zum Beispiel 4578. Auch Belly-Buster-Straight oder Gutshot-Straight genannt.

Intimidating Einen anderen Spieler einschüchtern.

Jack Bube, Junker.

Junk-Hand Eine schlechte Hand.

Key-Hand Schlüsselhand. Eine Hand, die einen Wendepunkt in einem Pokerspiel markiert, egal ob zum Guten oder zum Schlechten.

Kicker Als Kicker oder Side-Card bezeichnet man die spielentscheidende Beikarte. Haben z. B. beide Spieler ein Ass-Paar, so gewinnt der Spieler, der neben dem Paar den höheren Kicker hat.

LAG Abkürzung für Loose Aggressive. Spielstil, bei dem viele Hände sehr offensiv gespielt werden.

Late-Position Eine gute Position während eines Pokerspiels, bei der man relativ weit hinten sitzt.

Lay-Down Aufgeben. Auch Aufgeben mit einer guten Hand, die aber wahrscheinlich geschlagen ist.

Legitimate-Hand Eine starke Hand, die nicht geblufft ist.

Limit-Poker Poker mit festen Einsätzen. In einem 2€ – 4€ Limit Spiel sind alle Wetten und Erhöhungen in den ersten beiden Wettrunden 2 € und 4 € in den letzten beiden Wettrunden.

Limp-in, limpen Den bisherigen Einsatz bezahlen. Beim Texas Hold'em in der ersten Wettrunde die Big-Blind mitgehen.

Live-Hand Eine Hand, die den Pot noch gewinnen kann.

Loose Eine Spielweise, bei der viele Hände gespielt werden. Das Gegenteil von tight.

Low Bezeichnung für die Wertung in einem Split-Pot Spiel, in der die niedrigste Kartenkombination den halben Pot gewinnt. Zum Beispiel beim Omaha High-Low oder Seven-Card-Stud High-Low.

Low-Limit Ein Spiel, bei dem die Einsätze niedrig sind.

Lowball Eine Pokervariante, bei der die niedrigste Hand gewinnt.

M-Ratio Gibt das Verhältnis der individuellen Chips zu der Summe der Blinds und Anten in einem Pokerturnier an. Wenn man zum Beispiel 12 000 Chips hat und die Blinds betragen 1000/2000 beträgt die M-Ratio 4. Auch einfach nur »M« genannt.

Made Hand Eine fertige Hand, z. B. ein Paar, die jetzt schon im Showdown Gewinnchancen hätte.

Maniac Ein sehr aggressiver Spieler, der viele Hände spielt. Loose-aggressiv.

Markup Der Prozentanteil, den ein Stakee, also ein Spieler, der von einem Backer gestaked wird, auf seinen Kurs aufschlägt.

Micro-Limit Ein Pokerspiel, meist Online, das mit so geringen Einsätzen gespielt wird, dass es für ein Live-Casino unprofitabel wäre.

Middle-Pair Wenn man mit einer seiner verdeckten Karten und der von der Wertigkeit her mittleren Karte des Flops ein Paar bildet.

Middle-Position Mittelgute Position an einem Pokertisch zwischen der Early-Position und der Late-Position.

Min-Cash Der kleinstmögliche Geldgewinn in einem Pokerturnier.

Min-Raise Eine Erhöhung um den kleinstmöglichen Betrag.

Minimum Buy-In Der kleinste Betrag, mit dem man das Spiel starten kann.

Misdeal Ein Dealerfehler, wegen dem neu gegeben werden muss.

Monster Eine sehr gute Hand.

MTT Multi-Table-Tournament. Bezeichnung für ein Turnier mit mehreren Tischen.

Muck Aufgeben. Auch Englisch »to fold« genannt. Auch der Stoß der weggeworfenen Karten der Spieler. Wenn die Karten eines Spielers den Muck berühren, so ist er aus dem Spiel, und seine Hand ist »tot«.

Multitable Bezeichnung für ein Turnier mit mehreren Tischen. MTT.

Nit, nitty Ein geiziger, ängstlicher und meist tight-passiver Spieler.

No-Limit Eine Pokervariante, bei der ein Spieler unbegrenzt hoch wetten kann. Wettet er alle Chips, die er hat, so ist er All-In.

Nuts Die bestmögliche Hand in einer Runde. Wird auch benutzt, um die beste Hand in einer Kategorie zu bezeichnen, z. B. Nut-Flush als höchster Flush mit einem Ass.

Odds Die Wahrscheinlichkeit, seine Hand zu verbessern und zu gewinnen. Wird in Prozent angegeben.

Offsuit Karten mit unterschiedlichen Farben, zum Beispiel K♦ Q♠.

Omaha Pokervariante, ähnlich Texas Hold'em, bei der jeder Spieler vier verdeckte Karten bekommt und am Ende beim Showdown zwei seiner verdeckten Karten und drei der Gemeinschaftskarten verwenden muss.

On the Button Der Dealer, der die beste Position in einem Texas Hold'em-Spiel hat.

Open Den ersten Einsatz machen.

Open-End-Straight Vier aufeinanderfolgende Karten, bei denen auf beiden Seiten eine Straße möglich ist. Zum Beispiel 3456. Eine weitere 2 oder 7 vervollständigt die Straße. Auch Open-End-Straight-Draw genannt.

Open-Pair Ein offen aufgelegtes Paar.

Out of Turn Handeln beim Poker, obwohl man nicht an der Reihe ist.

Out-Button Ein Chip, den ein Spieler vor sich legt, um zu zeigen, dass er momentan nicht spielen, aber am Tisch bleiben will.

Outs Die Anzahl der Karten im Kartendeck, die die Hand verbessern.

Over the Top Ein Re-Raise.

Overcall Mitgehen, wenn bereits ein anderer Spieler zuvor mitgegangen ist.

Overcard Eine Karte in der verdeckten Hand, die höher ist als alle Gemeinschaftskarten. Hat man beim Texas Hold'em z.B. einen König auf der Hand und das Board zeigt als höchste Karte einen Buben, so ist der König eine Overcard.

Overpair Das Paar, das ein Spieler auf der Hand hält, ist von der Wertigkeit höher als die höchste Gemeinschaftskarte.

Paint Bildkarte: Bube, Dame, König.

Pair Ein Paar.

Passen Aufgeben. Auch Fold.

Passiv Das Adjektiv für einen Spieler, der selten wettet oder erhöht.

Playing the Board Man kann die Gemeinschaftskarten mit seinen verdeckten Karten nicht verbessern und benutzt beim Showdown nur diese. Etwa mit 6♥ 6♠ auf einem A♥ A♠ Q♦ Q♣ 9♠-Board.

Pocket-Pair Ein Paar, das man mit seinen verdeckten Karten bildet.

Position Der Sitzplatz des Spielers in Bezug auf den Dealer. Je weiter hinten in der Runde man sich befindet, desto besser ist in der Regel die Position, sodass auch schlechtere Hände gespielt werden können.

Position-Raise Eine Erhöhung, die nur wegen der guten Position eines Spielers gemacht wird.

Post Legen, hinlegen.

Post-Oak-Bluff Ein Bluff, bei dem ich relativ niedrig wette oder erhöhe, damit der andere denkt, ich hätte eine gute Hand und will den Pot mästen.

Pot Das Geld oder die Chips in der Tischmitte, das die Spieler zu gewinnen versuchen.

Pot-Committed Eine Spielsituation, bei der man bereits so viel Geld in den Pot bezahlt hat, dass man schon aus diesem Grund dabeibleiben muss.

Pot-Limit Pokerspiel, bei dem man bis zu der gesamten Potsumme setzen kann.

Pot-Odds Pot-Odds geben das Verhältnis zwischen der derzeitigen Potgröße und dem Betrag, den ich zum Mitgehen einsetzen muss, an.

Pre-Flop Die Wettrunde beim Texas Hold'em vor dem Flop, wenn man nur zwei Karten in der Hand hat.

Protection Oft muss man seine fertige Hand durch Erhöhungen oder Wetten davor beschützen, dass sich andere Spieler verbessern und einen schlagen.

Push Ein Spieler setzt alle Chips, er geht All-In.

Quads Vierling.

Qualifier Turnier, um sich für ein anderes Turnier zu qualifizieren, auch Satellite genannt. In High-Low-Varianten die Bezeichnung für eine Hand, die sich für die Low-Wertung qualifiziert, z. B. 24567.

Quartering Eine Situation bei Split-Pot-Varianten, bei der man ein Viertel des Pots gewinnt, weil man die gleiche Low-Hand hat wie ein anderer Spieler. Nicht wünschenswert.

Queen Dame.

Rabbit Hunting Nachschauen, welche Gemeinschaftskarten noch gekommen wären, obwohl die Runde schon vorbei ist.

Rags Schlechte Karten.

Railbird Ein ausgeschiedener Spieler oder ein Zuschauer, der bei einem Pokerspiel um den Tisch herumsteht.

Rainbow Flop Wenn der Flop aus unterschiedlichen Farben besteht und somit die Flush-Chancen gering sind.

Raise Erhöhung.

Rake Betrag, der für den Veranstalter des Pokerspiels aus dem Pot genommen wird. Oft 5 bis 10 %.

Rakeback Ausgesuchten Spielern wird regelmäßig ein fixer prozentualer Anteil des gezahlten Rakes bzw. der gezahlten Turniergebühren erstattet.

Range Bandbreite von Händen, die man seinem Gegner aufgrund verschiedener Indizien gedanklich zumisst.

Rank Karten- oder Handwert.

Ratholing Schummeln, indem man Chips versteckt. Auch »going South« genannt.

Razz Pokervariante mit 5 Wettrunden. Jeder Spieler erhält erst 2 verdeckte Karten und 1 offene Karte, gefolgt von der 1. Wettrunde. Danach erhalten die Spieler 3 offene Karten, jeweils gefolgt von einer Wettrunde. Am Schluss erhält jeder Spieler eine verdeckte Karte, gefolgt von der 5. und letzten Wettrunde. Die schlechtesten 5 Karten gewinnen.

Re-Buy Eine Geldsumme, die der Spieler bezahlt, um sich während eines Turniers wieder einzukaufen, wenn er pleite ist.

Re-Raise Eine nochmalige Erhöhung.

Reading, Read Analyse von Spielern bzw. deren Hände anhand ihres Spiels, ihres Benehmens und ihrer Sprache.

Represent Ein Spieler repräsentiert durch eine Aktion eine bestimmte Hand, z. B. Top-Pair beim Texas Hold'em, egal, ob er sie tatsächlich hat oder nicht.

Reverse-Tell Das absichtliche Vorspiegeln eines Tells, um den Gegner zu verwirren. Zum Beispiel absichtliches Zittern der Hand, um Stärke vorzutäuschen.

Rigged Ein Pokerspiel ist auf unzulässige Weise manipuliert. Das Spiel ist »rigged«.

Ring-Game Normales Pokerspiel, das kein Turnier ist und bei dem die Chips im Gegensatz zum Turnier echtem Geld entsprechen. Auch Cash-Game genannt.

River Die fünfte und letzte Karte der Gemeinschaftskarten beim Texas Hold'em, auch als 5th Street bekannt.

River-Rat Ein Spieler, der sich durch die Gemeinschaftskarten verbessert und gewinnt, obwohl seine Chancen sehr schlecht waren. Siehe auch Suck-Out.

Rock Ein tight-passiver Spieler.

ROI Return of Investment, der Profit eines Spielers.

Royal Flush Die absolut bestmögliche Kartenkombination bei einem Pokerspiel: etwa A♠ K♠ Q♠ J♠ T♠.

Run Eine Serie gewonnener Pötte eines Spielers, auch Lauf genannt.

Runner-Runner Man braucht nach dem Flop zwei bestimmte Karten, um seine Hand zu vervollständigen. Siehe auch Backdoor.

Rush Ein Spieler gewinnt mehrere Hände oder Sessions in kurzer Zeit, auch »Lauf« genannt.

Rush Poker Fast Fold Poker im Online-Bereich. Wenn man aufgibt, wird man augenblicklich an einen neuen Tisch gesetzt und muss nicht auf das Ende der Hand warten.

Sandbagging Sich in seinem Wettverhalten zurückhalten, ungeachtet der Tatsache, dass man eine sehr gute Hand hat. Meistens will man die echte Handstärke verstecken, um den anderen in sich hineinlaufen zu lassen. Siehe auch Slow-Play oder Trapping.

Satellite Ein Turnier mit kleinem Buy-In, bei dem man das höhere Buy-In für ein größeres Turnier gewinnen kann.

Scare-Card Eine Gemeinschaftskarte, die es wahrscheinlich macht, dass ein anderer Spieler eine höhere Hand hat. Übersetzt »Angstkarte«.

Scared-Money-Phänomen Man spielt um ungewohnt hohe Geldbeträge und spielt deswegen aus Angst schlechter als normal.

Scoop Bei Split-Pot-Poker-Varianten den ganzen Pot gewinnen.

SCOOP Spring Championship of Online Poker – große Turnierserie auf PokerStars.

Semi-Bluff Wetten oder erhöhen, obwohl die Hand nicht die beste ist, aber noch mit der Chance, seine Hand zu verbessern.

Set Ein Drilling, der mit einem Paar auf der Hand gebildet wird.

Seven-Card-Stud Pokervariante mit fünf Wettrunden. Jeder Spieler erhält erst zwei verdeckte und eine offene Karte, gefolgt von der ersten Wettrunde. Danach erhalten die Spieler drei offene Karten, jeweils gefolgt von einer Wettrunde. Am Schluss erhält jeder Spieler eine verdeckte Karte, gefolgt von der fünften und letzten Wettrunde. Die besten fünf Karten gewinnen.

Shootout Eine Turnierform, bei der man sich erst durch einen Sieg an einem Vorrundentisch für den Final-Table oder den nächsten Shootout-Tisch qualifizieren muss.

Short-Handed Das Adjektiv, das ein Spiel mit wenigen Spielern bezeichnet.

Short-Stack Ein Spieler am Tisch mit wenigen Chips.

Showdown Zeigt das Ende einer Runde an. Nach der letzten Wettrunde zeigen die Spieler ihre Karten, und die beste Hand erhält den Pot.

Side-Bet Eine Wette zwischen zwei oder mehr Spielern, die unabhängig vom derzeitigen Pot ist. Zum Beispiel können zwei Spieler um 3 € wetten, dass Spieler X die Hand mit einem Flush gewinnt oder eben nicht. Meist verboten.

Side-Pot Kommt es zu einer All-In Situation, wird ein weiterer Pot gebildet, um den dann der All-In Spieler noch kämpft.

Sit 'n' Go Ein Turnier ohne feste Anfangszeit, das losgeht, sobald sich eine bestimmte Anzahl Spieler eingefunden hat.

Sixth Street Vierte Wettrunde beim Seven-Card-Stud, bei der jeder Spieler sechs Karten vor sich liegen hat.

Skill Fähigkeiten eines Pokerspielers.

Slow-Play Sich in seinem Wettverhalten zurückhalten, ungeachtet der Tatsache, dass man eine sehr gute Hand hat. Meistens will man die echte Handstärke verstecken, um den anderen in sich hineinlaufen zu lassen. Siehe auch Sandbagging oder Trapping.

Slow-Rolling Wenn ein Spieler die Gewinnerhand im Showdown unangenehm langsam und mit viel Show aufdeckt. Fällt unter schlechtes Benehmen im Poker, weil es den unterlegenen Opponenten unnötig quält.

Small-Blind Die kleine gezwungene Wette in der ersten Wettrunde eines Texas Hold'em-Spiels.

Soft-Play Ein Spieler schont einen anderen Spieler, indem er nicht oder nur niedrig gegen ihn wettet oder erhöht.

Soft-Seat Ein Pokerspiel, das wegen der schwachen Gegner als einfach angesehen wird.

Squeeze-Play Wenn ein Spieler wettet, ein anderer mitgeht und der nächste Spieler erhöht, macht der letzte Spieler ein Sqeeze-Play. To squeeze heißt auf Deutsch zusammendrücken.

Stack Aktuelle Anzahl der Chips, die ein Spieler vor sich liegen hat.

Stalling Verzögerungstaktik beim Pokern.

Steal-Raise Eine Erhöhung von jemandem in Late-Position, um die Zahl der Spieler zu reduzieren oder den Pot zu stehlen.

Steamrolling Nochmalige Erhöhung, mit dem Ziel, einen bestimmten Spieler zwei Einsätze bezahlen zu lassen.

Steel-Wheel Ein Straight-Flush mit den Karten A2345. Die Karten müssen dieselbe Farbe haben. Zum Beispiel A♦ 2♦ 3♦ 4♦ 5♦.

Stone-Cold-Nuts Bestmögliche Hand in der Pokerrunde.

Straddle-Bet Im Cash-Game eine Wette, die der doppelten Big-Blind entspricht, die der Spieler links von der Big-Blind legt, ohne seine Karten erhalten zu haben. Wenn alle nur mitgehen, so hat er noch mal das Recht zu erhöhen, wie ursprünglich die Big-Blind. Meist verboten.

String-Bet Eine Wette oder Erhöhung, die nicht auf einmal, sondern in mehreren Schritten gelegt wird. Ist in allen Pokerspielen verboten.

Structure Die Höhe der Blinds und der Wetten in einem Pokerspiel.

Suck-Out Wenn der andere Spieler am Ende mit einer völlig unwahrscheinlichen Kombination gewinnt. Er bekommt z.B. die beiden Lücken in seiner Straße mit den letzten beiden Gemeinschaftskarten gefüllt.

Sucker Ein schlechter Pokerspieler. Auch Bezeichnung dafür, wenn ein Spieler mit der letzten Gemeinschaftskarte beim Texas Hold'em noch etwas trifft und so unerwartet gewinnt.

Suited Karten der gleichen Farbe.

Swings Die durch Glück und Pech bedingten Erfolgsschwankungen.

TAG Tight-aggressiver Spieler. Ein Spieler spielt eher nur gute Hände, setzt dann aber recht hoch.

Tell Ein Verhalten, das einen Hinweis darauf gibt, welche Karten jemand hält. Zum Beispiel Zittern der Hand bei starken Karten.

Third-Street Die erste Wettrunde beim Seven-Card-Stud Poker, bei der die Spieler drei Karten vor sich liegen haben.

Tight Adjektiv für einen Spieler, der eher nur gute Hände spielt.

Tilt Das Verhalten nach dem Verlieren, meistens negativ. Man spielt zu viele Hände und viel zu emotional.

Toke Trinkgeld für den Dealer.

Top-Pair Die höchste Karte der Gemeinschaftskarten bildet mit einer verdeckten Karte eines Spielers ein Paar.

Top-Two Pair Man bildet mit seinen verdeckten Karten jeweils ein Paar mit der besten und der zweitbesten Karte der Gemeinschaftskarten.

Trips Drilling, der beim Texas Hold'em mit einem Paar auf dem Board gebildet wird.

Turn Die vierte Gemeinschaftskarte beim Texas Hold'em Poker.

Two-Pair Zwei Paar.

Under the Gun Der erste Spieler nach den Blinds, der an der Reihe ist. UTG.

Under-Full Das niedrigste mögliche Full-House in einer Runde. Wenn man beim Texas Hold'em zum Beispiel 22 auf der Hand hat und das Board zeigt 2A33Q.

Undercards Startkarten, die niedriger sind als das Board, oder Startkarten, die niedriger sind als die Startkarten des Gegners bei Heads-Up-Situationen.

Underdog Eine Hand, die schlechte Chancen gegen eine andere Hand hat. Siehe auch Dog.

Unsuited Karten von unterschiedlicher Farbe.

Value Bet Eine Wette mit einer guten Hand, die in der Erwartung abgegeben wird, der andere Spieler geht mit und mästet so den Pot.

Varianz Abweichungen von der zu erwartenden Normalverteilung eines Zufallswertes.

VPIP »Voluntary put money into the pot.« Gibt an, in wie viel Prozent der Fälle ein Spieler in der ersten Wettrunde freiwillig Geld investiert.

Wake-Up Man entdeckt eine gute Starthand erst dann, wenn vor einem in der Wettrunde schon gewettet und erhöht wurde. Man wacht quasi mit einer Monsterhand auf.

Wheel Straße mit A2345. Auch Bicycle genannt.

Worst Hand Die schlechteste Hand.

WPT World Poker Tour

Wrap, Wraparound-Draw Im Omaha Poker die Bezeichnung für eine nach beiden Seiten hin offenen Straße, die aus zwei Gemeinschaftskarten und drei Startkarten des Spielers besteht. Wenn ein Spieler zum Beispiel 345A auf der Hand hat und das Board 67K zeigt, dann hat der Spieler einen Wrap. Jede Drei, Vier, Fünf oder Acht macht ihm die Straße. Eine Hand mit 4589 bei gleichem Board wird Big-Wrap genannt, hier gibt es sogar 20 Outs.

WSOP World Series of Poker. Die alljährliche Weltmeisterschaft im Poker in Las Vegas.

Zombie Bezeichnung für einen Spieler, der nicht lesbar ist.